Christian Niemeyer
Friedrich Nietzsches „Also sprach Zarathustra"

WERKINTERPRETATIONEN

Christian Niemeyer

Friedrich Nietzsches „Also sprach Zarathustra"

Für Laura und Leonard

Die Deutsche Nationalbibliothek verzeichnet diese Publikation in der Deutschen Nationalbibliografie; detaillierte bibliografische Daten sind im Internet über http://dnb.d-nb.de abrufbar.

Das Werk ist in allen seinen Teilen urheberrechtlich geschützt. Jede Verwertung ist ohne Zustimmung des Verlages unzulässig. Das gilt insbesondere für Vervielfältigungen, Übersetzungen, Mikroverfilmungen und die Einspeicherung in und Verarbeitung durch elektronische Systeme.

© 2007 by WBG (Wissenschaftliche Buchgesellschaft), Darmstadt
Die Herausgabe des Werkes wurde durch
die Vereinsmitglieder der WBG ermöglicht.
Einbandgestaltung: Peter Lohse, Büttelborn
Satz: Setzerei Gutowski, Weiterstadt
Gedruckt auf säurefreiem und alterungsbeständigem Papier
Printed in Germany

Besuchen Sie uns im Internet: www.wbg-darmstadt.de

ISBN 978-3-534-19517-6

Inhalt

Vorwort 7

I Also sprach Zarathustra (1883) 9
   I/1   Zarathustra's Vorrede 9
   I/2   Von den drei Verwandlungen 14
   I/3   Von den Lehrstühlen der Tugend 16
   I/4   Von den Hinterweltlern 17
   I/5   Von den Verächtern des Leibes 18
   I/7   Vom bleichen Verbrecher 18
   I/8   Vom Lesen und Schreiben 19
   I/9   Vom Baum am Berge 20
   I/10   Von den Predigern des Todes 22
   I/11   Vom Krieg und Kriegsvolke 24
   I/12   Vom neuen Götzen 24
   I/16   Von tausend und Einem Ziele 26
   I/17   Von der Nächstenliebe 30
   I/19   Von alten und jungen Weiblein 32
   I/22   Vom freien Tode 33
   I/23   Von der schenkenden Tugend 34

II Also sprach Zarathustra (1883) 37
   II/1   Das Kind mit dem Spiegel 37
   II/2   Auf den glückseligen Inseln 38
   II/3   Von den Mitleidigen 39
   II/4   Von den Priestern 41
   II/5   Von den Tugendhaften 42
   II/6   Vom Gesindel 42
   II/7   Von den Taranteln 43
   II/8   Von den berühmten Weisen 45
   II/9   Das Nachtlied 46
   II/10 Das Tanzlied 48
   II/11 Das Grablied 51
   II/12 Von der Selbst-Ueberwindung 52
   II/14 Vom Lande der Bildung 54
   II/17 Von den Dichtern 56
   II/20 Von der Erlösung 57

II/21	Von der Menschen-Klugheit	59
II/22	Die stillste Stunde	61

III Also sprach Zarathustra III (1884) 63
III/1	Der Wanderer	63
III/2	Vom Gesicht und Räthsel	66
III/3	Von der Seligkeit wider Willen	69
III/5	Von der verkleinernden Tugend	71
III/10	Von den drei Bösen	74
III/11	Vom Geist der Schwere	76
III/12	Von alten und neuen Tafeln	76
III/13	Der Genesende	79
III/14	Von der grossen Sehnsucht	82
III/15	Das andere Tanzlied	84
III/16	Die sieben Siegel (Oder: das Ja- und Amen-Lied)	86

IV Also sprach Zarathustra IV (1885) 88
IV/1	Das Honig-Opfer	89
IV/2	Der Nothschrei	90
IV/3	Gespräch mit den Königen	91
IV/5	Der Zauberer	94
IV/6	Ausser Dienst	96
IV/7	Der hässlichste Mensch	98
IV/8	Der freiwillige Bettler	100
IV/9	Der Schatten	102
IV/10	Mittags	105
IV/11	Die Begrüssung	106
IV/12	Das Abendmahl	108
IV/13	Vom höheren Menschen	111
IV/14	Das Lied der Schwermuth	113
IV/15	Von der Wissenschaft	114
IV/16	Unter Töchtern der Wüste	116
IV/17	Die Erweckung	119
IV/18	Das Eselsfest	120
IV/19	Das Nachtwandler-Lied	121
IV/20	Das Zeichen	125

Anmerkungen 131

Literatur 151

Sachregister 159

Vorwort

soll ich zu der absurden Rolle hinabsteigen,
meinen Zarathustra [...] <u>erklären</u> zu müssen?
Dafür, denke ich, werden irgendwann einmal Lehrstühle und Professoren dasein.
(Nietzsche, Ende April 1884, KSB 8: 597)

Viele wissen nur wenig von Nietzsche – aber dass er ein Buch mit dem rätselhaften Titel *Also sprach Zarathustra. Ein Buch für Alle und Keinen* (im Folgenden: Za) verfasste, war lange Jahre jedem halbwegs beschlagenen Gymnasiasten in Deutschland und anderswo geläufig. Einige von ihnen könnten vielleicht auch noch einige Sprüche aus diesem Werk freihändig zitieren, wie beispielsweise: „Gelobt sei, was hart macht!" (194,20)[1] oder: „‚Du gehst zu Frauen? Vergiss die Peitsche nicht!'" (86,18) Vor einigen Jahren hätte man wohl zusätzlich noch zur Antwort erhalten, Nietzsches Za habe zur Grundausstattung der deutschen Soldaten im Ersten Weltkrieg gehört, und sei es wegen Sprüchen wie beispielsweise: „nur wo Gräber sind, giebt es Auferstehungen." (145,13) Wer so, wie ein „plündernde[r] Soldat" (KSA 2: 436)[2], zitiert und ableitet, widersetzt sich allerdings den Forderungen Nietzsches an seine Leser (vgl. Niemeyer 1998: XVIII ff.). Er dürfte darüber hinaus – was diesen konkreten Fall angeht – einem Mythos aufsitzen.[3]

Unabhängig davon bleibt festzustellen, dass schon so manch Leser die Lektüre dieses Werkes nach einiger Zeit unwillig eingestellt hat mit dem Befund[4], dass man es, abgesehen von zumeist fragwürdigen Parolen wie den vorgenannten, schlicht nicht verstehen könne und Nietzsche insofern durchaus hellsichtig geurteilt habe, als er unmittelbar nach Fertigstellung von Za I meinte: „von jetzt ab werde ich wohl in Deutschland unter die Verrückten gerechnet werden." (KSB 6: 321)[5] Gerade aber wenn dem so ist und Nietzsches Za, „vielleicht das populärste philosophische Werk unserer Zeit und [...] zugleich das befremdlichste" (Stegmaier 1997: 191), nach wie vor mit einem geradezu empörten Stoßseufzer ad acta gelegt wird[6], ist es wichtig, für Aufklärung zu sorgen. Dass der Markt in dieser Frage nichts zu bieten hat, wird man wohl nicht sagen können.[7] Was allerdings aussteht, ist ein knapper, einführender Kommentar zu den zentralen Abschnitten dieser Schrift.[8]

Wichtig ist dabei: Za ist Nietzsches Hauptwerk, die Diagnose vom Tod Gottes sowie die Lehren vom Übermenschen, von der ewigen Wiederkunft sowie vom Willen zur Macht kann man hier gleichsam in ihrer ersten, unverhüllten Gestalt in die Welt treten sehen. Man will auch gern glauben, dass der Autor keine Schwierigkeiten hatte, seine „ganze Philosophie" hinter „all den schlichten und seltsamen Worten" dieses Buches verborgen zu sehen (KSB 6: 386). Dem zeitgenössischen Leser war damit allerdings nicht geholfen. Er musste notwendig kapitulieren vor dem Umstand, dass einige Abschnitte insbesondere von Za II in einer Art Privatsprache verfasst sind und nur verstanden werden können, wenn man um die dahinter verborgenen Erlebnisse Nietzsches – insbesondere um seine große Liebestragödie – weiß.

Wissen muss man des Weiteren um die von Nietzsche eingebauten zahllosen Quellen, von denen im Folgenden nur jene nachgewiesen werden, die für das Verständnis unabdingbar sind.[9] Auch war es nicht Anliegen dieses Kommentars, Nietzsche als Dichter zu rechtfertigen.[10] Das wichtigste Ziel bestand vielmehr darin, die zentralen Argumentationsstränge herauszuarbeiten, den Sinn der Erzählung zu erläutern, die Funktion einzelner Handlungsträger durchschaubar zu machen und die Dichtung, wenn irgend möglich, in Theoriesprache zu übersetzen, und dies auf dem Stand der aktuellen internationalen Nietzscheforschung. Angesprochen werden sollte so auch derjenige, der von Nietzsche nur wenig weiß, pädagogisch gesprochen: Ich wollte den Leser dort abholen, wo er steht, und mit ihm zusammen eine Wanderung durch einen Text antreten, der auf den ersten Blick so fremdartig wirkt wie wohl kein zweiter in der neueren Geistesgeschichte.

Nicht versäumt sei abschließend der Dank an meine Dresdener Kollegen Lutz-Michael Alisch und Heiner Drerup sowie an Dr. Bernd Villhauer von der WBG für wichtige Hinweise zu einer früheren Fassung dieser Arbeit.

Dresden, im Dezember 2006   Christian Niemeyer

I Also sprach Zarathustra.
Ein Buch für Alle und Keinen. [Erster Teil] (1883)

Mit Za I[11] stellte sich Nietzsche dem zeitgenössischen (spärlichen) Publikum erstmals als Dichter vor, und dies auch noch in Anspielung auf eine historische Figur – normalerweise ‚Zoroaster' geschrieben –, deren Bezüge zur Kunstfigur des Zarathustra (im Folgenden: Z)[12] Nietzsche im Frühjahr 1884 mit den Worten umriß: „Ich mußte Zarathustra, einem *Perser*, die Ehre geben: Perser haben zuerst Geschichte im Ganzen Großen *gedacht*. Eine Abfolge von Entwicklungen, jeder präsidiert ein Prophet. Jeder Prophet hatte seinen *hazar*, sein Reich von tausend Jahren." (KSA 11: 53) Dies ist zentral, um die Gesamtkonzeption des Za und den prophetischen Anspruch des Protagonisten (Z) sowie Autors (Nietzsche) einordnen zu können. Vier Jahre später hielt Nietzsche Zoroaster unter der Aufforderung: „man hätte mich fragen sollen, was gerade in meinem Munde, im Munde des ersten Immoralisten, der Name *Zarathustra* bedeutet", vor, „zuerst im Kampf des Guten und des Bösen das eigentliche Rad im Getriebe der Dinge gesehn" und insoweit den „verhängnisvollsten Irrthum, die Moral" (KSA 6: 367) geschaffen zu haben – ein Fehler, den zu korrigieren Z's Auftrag sei. So gesehen gilt: „Nietzsches Zarathustra (ist) ein Anti-Zoroaster" (Wohlfahrt 1997: 324) – und mithin eben auch ein ‚Immoralist' (wie Nietzsche). Unter dieser Maßgabe wollen wir nun einsteigen in die Analyse des Gesamtwerks.

I/1 Zarathustra's Vorrede

Zarathustra's Vorrede, deren Wichtigkeit außer Frage steht[13], wird mit dem Satz eröffnet, dass Z, als er „dreissig Jahre alt war", seine Heimat verließ und in das Gebirge ging, wo er „seines Geistes und seiner Einsamkeit (genoss)" und „dessen zehn Jahre nicht müde (wurde)." (11,3–6) Nietzsche wählte diesen Einstieg wohl in der Absicht, eine Parallele darzubieten zur Jesus-Erzählung des Matthäus-Evangelium.[14] Zu beachten ist des Weiteren die gleich nachfolgende Anrufung der „Sonne" (11,8) – seit Platon „Inbegriff und Quell alles Wahren, des Seins und des Wissens" (Zittel 2000: 153) –, der Z Dank sagt dafür, dass sie seit nun zehn Jahren heraufkam zu seiner Höhle. Ausgehend vom Höhlengleichnis im 7. Buch von Platons *Politeia* und dem dabei maßgebenden Bild der in der Höhle gefesselten Menschen, die sich einen Reim zu machen suchen auf die Schattenbilder an der Wand, ist dies kaum anders zu deuten als im Sinne einer anti-platonischen Parodie, die an Brisanz dadurch gewinnt, dass sie der anti-christlichen gleich nachfolgt (vgl. Gooding-Williams 1994: 54). Nietzsche wollte damit offenbar zeigen, dass man unter der Herrschaft dieser zwei zentralen ‚großen Erzählungen' humanistischer Bildung weder zur Erkenntnis noch zur Tugend kommen kann, im Gegensatz zu Z, der sich von Beidem lossagt und vor seiner Höhle dank der zu ihm aufsteigenden Sonne auf der sicheren Seite zu sein scheint, jedenfalls was die Erkenntnis angeht: „wir (Z, sein Adler und seine Schlange[15]; d. Verf.) warteten deiner (der Sonne; d. Verf.) an jedem Morgen, nahmen dir deinen Überfluss ab und segneten dich dafür." (11,14–15) Die sich hier andeutende und auch für das Gesamtwerk nachweisbare pädagogische Thematik sowie erzieherische Absicht (vgl. Schacht 1995: 241 ff.) setzt sich fort in Gestalt des Satzes: „Ich bin meiner Weisheit überdrüssig, wie die Biene, die des Honigs zu viel gesammelt hat, ich bedarf der Hände, die sich ausstrecken." (11,16–18)[16]

Soviel zur Vorrede insgesamt, nun zu einigen Details: Der erste Abschnitt der insgesamt zehnteiligen Vorrede bringt eine Variante zum letzten Aphorismus des Vierten Buches von *Die Fröhliche Wissenschaft* namens *Incipit tragoedia*. Hier wie dort lauten die letzten Zeilen in annähernder[17] Übersetzung: „Also begann Zarathustra's Untergang." (12,10)[18] Das Wort ‚Untergang' verweist allerdings weit weniger auf Tragödie (resp. Parodie) denn auf den Umstand, dass sich Z den Sonnen-Untergang zum Vorbild nimmt. Entsprechend will er, wie er der Sonne sagt, „in die Tiefe steigen", „wie du des Abends thust" (11,22), er will der „Unterwelt" (11,23) Licht bringen, er will „verschenken und austheilen, bis die Weisen unter den Menschen wieder einmal ihrer Thorheit und die Armen wieder einmal ihres Reichthums froh geworden sind." (11,19–21) Dies ist fürwahr ein umfängliches Bildungsprogramm (aus dem dann allerdings auch Tragödien resultieren mögen).

Die folgenden neun Abschnitte haben Nietzsches Diagnose vom Tod Gottes sowie seine Lehre vom Übermenschen zum Inhalt. Bereits Nietzsches Arrangement der ersten Szene hat es in sich: Z trifft einen Heiligen, der zu Gott betet. Als Z wieder allein ist, spricht er zu sich: „‚Sollte es denn möglich sein! Dieser alte Heilige hat in seinem Walde noch Nichts davon gehört, dass *Gott todt* ist!'" (14,5–7)[19] Damit ist dessen zentrales Defizit markiert: Es geht um Skandalisierung von weltfernen Eskapismus und um die dahinter verborgene Aufforderung, gerade nun, in einer Welt ohne Gott, zum Wissen über den Menschen zu kommen zuungunsten einer Verachtung desselben als einer vermeintlich „zu unvollkommene[n] Sache" (13,5), zumindest seiner Idee nach (vgl. auch Sonoda 1972: 238).

Der nächste (insgesamt dritte) Abschnitt zeigt Z in der nächsten Stadt, wo er „viel Volk" versammelt findet „auf dem Markte" (14,9–10), eines ‚Seiltänzers' harrend – ein Szenario, das ihm Anlass gibt, in medias res zu gehen:

Ich lehre euch den Übermenschen. Der Mensch ist Etwas, das überwunden werden soll. Was habt ihr getan, ihn zu überwinden? / Alle Wesen bisher schufen Etwas über sich hinaus: und ihr wollt die Ebbe dieser grossen Fluth sein und lieber noch zum Thiere zurückgehn, als den Menschen überwinden? (14,13–15)

Zum ersten mal in Nietzsches Werk taucht hier der Ausdruck ‚Übermensch' auf.[20] Die Bedeutung dieser Schlüsselszene kann also schwerlich überschätzt werden. Und wenn man an die Kultur- und Bildungskritik des ‚frühen' Nietzsche[21] zurückdenkt, kann auch ihr Sinn kaum fraglich sein: Nietzsche klagt darüber, dass ausgerechnet der so fragwürdige und philisterhafte Jetztzeit-Mensch meint, der Forderung nach Selbstkonstitution enthoben zu sein. Dem korrespondiert Z's Lob der „Stunde der grossen Verachtung", der Stunde also, „in der euch auch euer Glück zum Ekel wird und ebenso eure Tugend und eure Vernunft" (15,24–26) – und in welcher der zum Übermenschenideal konvertierte Mensch gelernt haben wird, voller Stolz auszurufen:

‚Was liegt an meinem Glücke! Es ist Armut und Schmutz, und ein erbärmliches Behagen. Aber mein Glück sollte das Dasein selbst rechtfertigen!' (15,27–29)

Deutlich ist hier der Paradigmenwechsel weg vom auf die Ästhetik (Wagners) zentrierten Ideal des frühen Nietzsche[22] hin zum Anspruch auf Daseinsrechtfertigung mittels selbst bestimmter Lebensführung in einer Epoche, in welcher mit dem Tod Gottes die Schöpfungsvollmacht für den Menschen verfügbar scheint.

Aber noch etwas anderes macht dieses Statement deutlich: Prägend für den Begriff des Übermenschen ist die Konnotation des Ausdrucks in Richtung eines Wesens, das für gelungene Überwindung des den Einzelnen bisher bindenden Artcharakters steht gemäß dem Slogan vom Frühjahr 1884: „ich nahm euch Alles, den Gott, die Pflicht, – nun müßt ihr die *größte* Probe einer *edlen* Art geben." (KSA 11: 88) Es geht also nicht um einen Menschentypus, der über anderen steht – wie etwa der ‚Seiltänzer'.[23] Um dieses Missverständnis erst gar nicht aufkommen zu lassen, hat Nietzsche dieses Szenario geschaffen und lässt diesen Abschnitt mit den Worten ausklingen:

Als Zarathustra so gesprochen hatte, schrie Einer aus dem Volke: ‚Wir hörten nun genug von dem Seiltänzer; nun lasst ihn uns auch sehen!' Und alles Volk lachte über Zarathustra. Der Seiltänzer aber, welcher glaubte, dass das Wort ihm gälte, machte sich an sein Werk. (16,19–21)

Wie man sieht, unterliegt auch das ‚Volk' eben diesem Missverständnis – und übersieht, worum es in Wahrheit geht: nämlich um das dem Menschen abzuverlangende Vermögen, sich selbst als „Seil, geknüpft zwischen Thier und Übermensch" (16,25–26), auszulegen und zur Geltung zu bringen. Z jedenfalls ist nun, nach dieser Szene, klar, dass er bei seinem Versuch, als ‚Lehrer des Übermenschen' zu reüssieren, kläglich gescheitert ist.

Von den folgenden Versuchen Z's in dieser Angelegenheit sind eigentlich nur die Parolen, nicht die Methoden berichtenswert: Der Mensch sei „eine Brücke und kein Zweck" (16,30–17,1), lesen wir da, oder: es sei an der Zeit, dass er „sich sein Ziel stecke" (19,9), „den Keim seiner höchsten Hoffnung pflanze" (19,10), den „Pfeil seiner Sehnsucht" (19,15–16) über sich hinauswerfe, und schließlich: „Ich sage euch: man muss noch Chaos in sich haben, um einen tanzenden Stern gebären zu können. Ich sage euch: ihr habt noch Chaos in euch." (19,18–20) Diese Bilder erlauben es, deutlicher als bisher zu resümieren, wofür die Rede vom Übermenschen stehen soll: Es geht um eine Rede mit aufrüttelnder Absicht, „um den bisherigen Menschen allererst in sein noch ausstehendes Wesen zu bringen und ihn darin fest zu stellen." (Heidegger 1954: 76) Dies ist ein der deutschsprachigen Pädagogik durchaus vertrauter Ansatz (vgl. Niemeyer 1998: 342ff.).

Auch aus didaktischer Sicht agiert Z bei seinem zweiten Versuch, als ‚Lehrer des Übermenschen' zu reüssieren, durchaus konventionell: Er nimmt das zuletzt genannte Bild, nämlich dass man noch Chaos – im Sinne des antiken Schöpfungsmythos – in sich haben müsse, und hält dem ‚Volk' mahnend eine Zeit vor Augen, in der dies nicht mehr gegeben sei, weil der Anti-Übermensch, genannt der „letzte Mensch", dominiere: ein Mensch also, der weder „Liebe" kenne noch „Schöpfung" noch „Sehnsucht" (19, 25–26) und der gleichwohl meint, er habe „das Glück erfunden" (19,30), und sei es nur, weil es ihm gelang, die Gegenden zu verlassen, „wo es hart war zu leben" (19,32); oder aber auch, weil er eine Lektion gelernt hat, nämlich: „Ein wenig Gift ab und zu: das macht angenehme Träume. Und viel Gift zuletzt, zu einem angenehmen Sterben." (20,4–5) In immer neuen Anläufen, voller Sarkasmus und durchaus mit einiger Relevanz für gegenwartsbezogene Kulturkritik (vgl. Pieper 2001: 153ff.) porträtiert Z diesen ‚letzten Menschen', „der Alles klein macht" (19,28); der zwar noch arbeitet, „denn Arbeit ist eine Unterhaltung. Aber man sorgt, dass die Unterhaltung nicht angreife" (20,6–7); und der letztlich dem Nihilismus huldigt nach dem Motto: „Man wird nicht mehr arm und reich: Beides ist zu beschwerlich. Wer will noch regieren? Wer noch gehorchen? Beides ist zu beschwerlich." (20,8–10) Bitterböse wird schließlich der eigentliche Skandal auf den Punkt gebracht:

Kein Hirt und Eine Heerde! Jeder will das Gleiche, Jeder ist gleich: wer anders fühlt, geht freiwillig in's Irrenhaus. (20,11–12)

Aber auch von diesem Porträt des ‚letzten Menschen', bei dem Gedankenlosigkeit und Zynismus herrschen nach dem Motto: „Man hat sein Lüstchen für den Tag und sein Lüstchen für die Nacht: aber man ehrt die Gesundheit" (20,18–19), ließ sich das ‚Volk' nicht abschrecken – im Gegenteil, wie der nun erneut (vgl. 19,30–31) vorgetragene Refrain belegt: „‚Wir haben das Glück erfunden' – sagen die letzten Menschen und blinzeln."[24] (20,20–21) Schlimmer noch: „alles Volk", so notiert Z mit bitterer Miene, „jubelte und schnalzte mit der Zunge" und rief: „‚Gieb uns diesen letzten Menschen, oh Zarathustra [...], mache uns zu diesen letzten Menschen! So schenken wir dir den Übermenschen!'" (20,24–26)

Z zieht aus dieser für ihn inakzeptablen Reaktion und am Ende einer in den Abschnitten 6 bis 9 geschilderten und hier nicht relevanten Nebenhandlung[25] zwei Konsequenzen. Die eine lautet, dass mit Widerstand und Unverständnis zu rechnen sei nach dem Muster: „Siehe die Guten und Gerechten! Wen hassen sie am meisten? Den, der zerbricht ihre Tafeln der Werthe, den Brecher, den Verbrecher: – das aber ist der Schaffende" (26,6–8).[26] Z, ‚der Schaffende', muss lernen, mit diesem Hass zu leben. Aber – und dies ist die zweite Konsequenz – er muss zugleich auch lernen, sich „Gefährten" zu suchen, „Mitschaffende" (26,12–13), und zu diesen soll er reden, „nicht zum Volke", denn: „Viele wegzulocken von der Heerde – dazu kam ich. Zürnen soll mir Volk und Heerde: Räuber will Zarathustra den Hirten heissen." (25,29–26,1–2) Dies ist eine Kampfansage im Blick etwa auf das Gleichnis vom guten Hirten.[27] Sie wird vorgetragen von einem, der noch einmal den zentralen Inhalt seiner Lehre fixiert: „den Regenbogen will ich ihnen (den [Mit-]Schaffenden; d. Verf.) zeigen und alle die Treppen des Übermenschen." (26,33–34)

Dass diese Lehre allein nicht ausreichen dürfte, zeigt der gleich nachfolgende letzte Abschnitt in Gestalt einer Art Fabel, die zum Inhalt hat, dass Z plötzlich „über sich den scharfen Ruf eines Vogels" (27,10) hört und hochblickend erfreut feststellt, dass es sich um seine Tiere handele, genauer: „Ein Adler zog in weiten Kreisen durch die Luft, und an ihm hieng eine Schlange, nicht einer Beute gleich, sondern einer Freundin: denn sie hielt sich um seinen Hals geringelt." (27,11–13) Mit dieser Anspielung auf die zwei zentralen Symbole der ewigen Wiederkunft (vgl. Heidegger 1954: 75)[28] endet *Zarathustra's Vorrede*, die intoniert, was in I/2 folgen wird: Nietzsche muss zeigen können, wie Einzelne wegzulocken sind von der Herde, und sei es nur – darin der Tradition des Bildungsromans folgend (vgl. Higgins 1987: 104; Braun 1998: 233ff.) – an seinem Exempel.

I/2 Von den drei Verwandlungen

Eingeleitet wird diese Lektion Nietzsches mit den Worten:

Drei Verwandlungen nenne ich euch des Geistes: wie der Geist zum Kameele wird, und zum Löwen das Kameel, und zum Kind zuletzt der Löwe. (29,3–5)

Es geht also um ein Rätsel, dass das ‚Volk' zu lösen hat. Dabei spielt Z's Frage an das ‚Volk', ob es schwer sei, auf „hohe Berge steigen, um den Versucher zu versuchen" (29,17–18), auf die Versucherszene des Matthäus-Evangelium an.[29] Verdeutlicht werden soll so, dass sich in der durch die Versucherszene bewirkten Verfestigung des Glaubens an nur einen Gott lediglich eine ‚leichte' Lösung verbirgt im Vergleich zu der ‚schweren', die sich in der Herausforderung an den Menschen Ausdruck verschafft, seinen Geist auf die höchste Stufe, die des ‚Kindes', zu bringen. Exemplarisch – so die hier verfochtenen Hypothese – ist dabei an den Prozess von Nietzsches Selbstkonstitution (als Subjekt) zu denken, mit der Folge, dass sich hinter allen drei Handlungsträgern Nietzsche verbirgt.

Dies lässt sich vergleichsweise leicht zeigen für das ‚Kamel', das die erste Stufe der Geistesentwicklung repräsentiert und das vorgestellt wird als der „tragsame Geist", der „gut beladen sein (will)" (29,10). Denn diese Worte, vor allem aber die in III/11 nachgelieferte Erläuterung, dass sich „der starke, tragsame Mensch, dem Ehrfurcht innewohnt", „zu viele *fremde* schwere Worte und Werthe (auf)lädt" (243,7–8), erinnern an Nietzsches vielfältige Klagen über seine Schul- wie Studienzeit. Des ‚Kamels' Frage beispielsweise, ob der Sinn tatsächlich darin liegen könne, „sich von Eicheln und Gras der Erkenntniss nähren und um der Wahrheit willen an der Seele Hunger leiden" (29,19–20), war exakt Nietzsches selbstquälerische Frage als Student, die ihn notwendig von der Philologie weg und in die Philosophie hineinführte (vgl. Niemeyer 1998: 91 ff.). Und: Die mutige Entscheidung, die Z zufolge vom – die zweite Stufe der Geistesverwandlung repräsentierenden – ‚Löwen' getroffen wird, verweist auf Begriffskonzepte des frühen Nietzsche. Dies gilt beispielsweise für die Überlegung:

Welches ist der grosse Drache, den der Geist nicht mehr Herr und Gott heissen mag? ‚Du-sollst' heisst der grosse Drache. Aber der Geist des Löwen sagt ‚ich will'. (30,12–14)

Denn dass es um ein „neues Geschlecht" zu gehen habe, das sein moralisches „So soll es sein" unerschrocken gegen das geschichtliche „So ist es" (KSA 1: 311) setzt, war Nietzsche schon in *Vom Nutzen und Nachteil der Historie für das Leben* (1874) als Quintessenz des Vatermordes an seinem ‚Doktorvater' Friedrich Ritschl klar gewesen. Gleiches gilt für die Überlegung, dass dies nicht ohne inneren Kampf abgehen könne:

Recht sich nehmen zu neuen Werthen – das ist das furchtbarste Nehmen für einen tragsamen und ehrfürchtigen Geist. Wahrlich ein Rauben ist es ihm und eines raubenden Thieres Sache. (30,30–33)

Dieses ‚raubende Tier', der ‚Löwe', steht allerdings nicht für die dritte und höchste Stufe der Geistesverwandlung des Menschen. Dies mag überraschen, weil auf dieser Stufe der Übermensch situiert ist, dem viele Nietzscheinterpreten sicherlich unbesehen die Fähigkeit zum löwenartigen Rauben neuer Werte zutrauen würden. Als habe Nietzsche vielen entsprechend justierten Interpreten ein Schnippchen schlagen wollen, präsentiert er auf der dritten Stufe ein Symbol, das man fraglos nicht erwartet hätte: das ‚Kind'. Das Rätsel löst sich sofort, da Z die entscheidende Frage stellt: „Aber sagt, meine Brüder, was vermag noch das Kind, das auch der Löwe nicht vermochte?" (31,4–5) In der Antwort, die offensichtlich von den derart Angesprochenen kommt, werden Attribute genannt wie „Unschuld", „Vergessen", „Neubeginnen", „Spiel", „rollendes Rad", „erste Bewegung", „heiliges Ja-sagen" – Attribute, die zu der Antwort Z's führen:

Ja, zum Spiel des Schaffens, meine Brüder, bedarf es eines heiligen Ja-sagens: *seinen* Willen will nun der Geist, *seine* Welt gewinnt sich der Weltverlorene. (31,10–12)

Damit wird klar, was die Kindmetaphorik für Z so attraktiv macht: „Es ist der Geist der Unschuld, des Spielens, des völligen Mangels an Zeitgefühl, des völligen Lebens im Augenblick, des schnellen Getröstetseins über alle verpaßten Gelegenheiten." (Gadamer 1986: 6) Etwas weniger dramatisch gesprochen: Es ist die wohl durch Heraklit angeregte (vgl. Wohlfahrt 1997: 325) und schon den jungen Nietzsche beschäftigende[30] Hoffnung auf Wiedergewinn des Spielerisch-Zweckfreien auf der Ebene der Einstellung des vermeintlich Erwachsenen (vgl. hierzu auch Byrum 1974) im Akt der Bejahung eines Lebens, das sich seiner schwersten (‚Kamel') und einschränkendsten (‚Löwe') Lasten ledig weiß.

Fassen wir zusammen: Was Nietzsche in I/2 vorgelegt hat, ist die Skizze einer befreiungsorientierten Theorie des Bildungsgangs, die ihr Zentrum erkennbar auf der zweiten Stufe findet: auf der des ‚Löwen' also, der an Nietzsche in seiner nach-philologischen Ära erinnert und dessen Auftrag ein zweigleisiger ist:
- Nach hinten hin hat er die Destruktion der das ‚Kamel' (den Philologen Nietzsche) regierenden Klugheit ebenso zu leisten wie die Zerstörung der die Unbefragtheit dieser Bildungsetappe begründeten Pseudo-Wahrheiten.
- Nach vorn hin muss dieser ‚Löwe' die Schaffung neuer Werte und mithin eine Lebensform vorbereiten, in der dann, in Gestalt des hier als Übermenschen gelesenen ‚Kindes', die Weisheit und das Motiv der Selbstbestimmung das Regiment übernehmen kann.

So gesehen offeriert Nietzsche in dieser Rede seine eigene Bildungsgeschichte als Exempel für die Realisierbarkeit der bildungsphilosophischen Absicht, die er mit dem Übermenschen-Konstrukt verfolgt. Dies erfordert, wie im Folgenden deutlicher werden wird, einen Rollenwechsel Z's: nicht nur als Erzieher und mithin als Lehrer der ‚Lehre des Übermenschen' muss er reüssieren, sondern auch als Psychologe, und zwar – so müssen wir die Schlusszeilen von I/2 verstehen – „in der Stadt, welche genannt wird: die bunte Kuh." (31,17–18)[31]

I/3 Von den Lehrstühlen der Tugend

In dieser Rede wird gerichtet über jene, die mit den falschen Mitteln das Falsche lehren. Dazu gehört ein ‚Weiser', der (angeblich) „gut vom Schlafe und der Tugend zu reden wisse" (32,2–3) nach dem Motto: „Werde ich falsch Zeugniss reden? Werde ich ehebrechen? / Werde ich mich gelüsten lassen meines Nächsten Magd? Das Alles vertrüge sich schlecht mit gutem Schlafe." (32,23–24,33,1–2) Man muss es wohl nicht erläutern: Z nimmt hier Bezug auf die Zehn Gebote – und verdeutlicht durch den spöttischen Nachsatz, dass er von ihnen so gut wie nichts hält, weil ihnen, aus moraltheoretischer Sicht betrachtet, inhärent ist, als Tugend zu deklarieren, was letztlich nur auf Kalkül beruht. Hinzu kommt: „Allen diesen gelobten Weisen der Lehrstühle war Weisheit der Schlaf ohne Träume: sie kannten keinen bessern Sinn des Lebens" (34,25–26) – und verrieten eben dadurch den Auftrag, der Utopie in Gestalt des Traums von einem besseren Leben zu ihrem Recht zu verhelfen.

Des Weiteren präsentiert Z eine bitterböse Abrechnung mit dem Spießbürger, der zum „beste[n] Hirte[n]" den deklariert, der ihn „auf die grünste Aue führt" (33,14–15) und der sich dort gegen Abend, wiederkäuend und „geduldsam gleich einer Kuh", frage, welches seine „zehn Überwindungen" (33,29–30) gewesen seien. Z ergänzt dies noch um den Befund, dass sich in der Logik der ‚Lehre vom guten Schlaf' Herrschaft trefflich absichern lasse, nach dem Muster: „Ehre der Obrigkeit und Gehorsam, und auch der krummen Obrigkeit! So will es der gute Schlaf. Was kann ich dafür, dass die Macht gerne auf krummen Beinen wandelt?" (33,11–13) Z's Resümee ist unmissverständlich: Er versichert den (christlichen) ‚Weisen': „ihre Zeit ist um" (34,28) – und entlässt sie mit dem folgenden Spottvers, der wohl als Parodie auf den Beginn der Bergpredigt des Matthäus-Evangelium (Mt 5,1–11) verstanden werden will: „Selig sind diese Schläfrigen: denn sie sollen bald einnicken." (34,30)

I/4 Von den Hinterweltlern

Kaum weniger böse oder anti-christlich argumentiert Z in dieser Rede. Der Ausdruck ‚Hinterweltler' ist in zwei Hinsichten lesbar: in der Hauptbedeutung als wörtliche Übersetzung von Metaphysiker; und in einer Nebenbedeutung als Anspielung auf ‚Hinterwäldler', also Ungebildete. Das Thema selbst wird exponiert mittels einer kaum verklausulierten Rückerinnerung an Nietzsches eigene frühe metaphysische Phase aus der Zeit der *Geburt der Tragödie* (vgl. De Bleeckere 1979: 273): „Einst warf auch Zarathustra seinen Wahn jenseits des Menschen, gleich allen Hinterweltlern. Eines leidenden und zerquälten Gottes schien mir da die Welt." (35,2–4) Dann aber, so geht die Mär weiter, habe er „den Leidenden", überwunden, sich eine „hellere Flamme" erfunden und sei nun der „Genesene" (34, 24–35,1–3). Wichtig ist der Befund, zu dem Z in Sachen seiner eigenen metaphysischen Phase kommt:

Müdigkeit, die mit Einem Sprunge zum Letzten will, mit einem Todessprunge, eine arme unwissende Müdigkeit, die nicht einmal mehr wollen will: die schuf alle Götter und Hinterwelten. (36,9–11)

Diese Diagnose bleibt ihrer Struktur nach auch noch bestimmend für Z's Analyse der Ursprünge christlicher Metaphysik: „Kranke und Absterbende waren es, die verachteten Leib und Erde und erfanden das Himmlische und die erlösenden Blutstropfen" (37,8–10). Diese Stelle nimmt Bezug auf das Neue Testament (1 Petr 1,18.19) und gewinnt an Brisanz durch die Fortführung:

„Allzugut kenne ich diese Gottähnlichen: sie wollen, dass an sie geglaubt werde, und Zweifel Sünde sei. Allzugut weiss ich auch, woran sie selber am besten glauben. / Wahrlich nicht an Hinterwelten und erlösende Blutstropfen: sondern an den Leib glauben auch sie am besten, und ihr eigener Leib ist ihnen ihr Ding an sich." (37, 32–38,1–3)

Diese frivole Anspielung auf die unerwünschte und oft verleugnete Nebenfolge des Zölibat dürfte die Empörung erklären, auf die Nietzsche in Kirchenkreisen zumal um die vorletzte Jahrhundertwende traf. Für uns bleibt vorerst nur wichtig, dass Nietzsche, ausgehend von dieser insoweit in sexualaufklärerischer Absicht geübten Kritik am Christentum, die Alternative präziser in den Griff bekam. Sie wird denn auch in der gleich nachfolgenden Rede markiert.

I/5 Von den Verächtern des Leibes

Zentral an dieser in jüngerer Zeit viel beachteten (vgl. etwa Gerhardt 2000a) Rede ist die provokante Setzung:

Leib bin ich ganz und gar und Nichts ausserdem; und Seele ist nur ein Wort für ein Etwas am Leibe. (39,7–9)

Was daraus folgt, wird wenige Zeilen später klar:

‚Ich' sagst du und bist stolz auf diess Wort. Aber das Grössere ist, woran du nicht glauben willst, – dein Leib und seine grosse Vernunft: die sagt nicht Ich, aber thut Ich. (39,15–17)

Z führt hiermit die erstmals 1881 vorgetragene Überlegung Nietzsches weiter, wonach im „sogenannten ‚Ich'" nicht eigentlich eine Tatsache zu sehen sei, sondern allenfalls das Resultat unserer „Meinung" über uns (KSA 3: 108) resp. ein Indiz für die dem Menschen eigene Neigung, das „Activum und das Passivum [zu] verwechseln" (ebd.: 115) oder, wie es nun, wiederum in Vorwegnahme der Denkweise Freuds (vgl. Niemeyer 1998: 288), heißt:

Immer horcht das Selbst und sucht: es vergleicht, bezwingt, erobert, zerstört. Es herrscht und ist auch des Ich's Beherrscher. (40,1–2)

Die Konsequenz für die Pädagogik und speziell für die Selbstauslegung Z's als ‚Lehrer des Übermenschen' ist erheblich. Denn Z verabschiedet sich vom Weg der „Verächter des Leibes": „Ihr seid mir keine Brücken zum Übermenschen!" (41,5–6) Wessen es ersatzweise bedarf, ist eine Theorie der Leiblichkeit, man darf vielleicht auch sagen: eine Theorie der Psychologie des Unbewussten, die wiederum einer Pädagogik des Übermenschen zuzuarbeiten hat. Hiermit sowie mit der in *Ecce homo* nachgereichten Titulierung Z's als „Psycholog[e] der Guten" und „Freund der Bösen" (KSA 6: 369) sind die entscheidenden Stichworte genannt. Denn tatsächlich erweist sich Z zumindest in einigen der Reden, die noch folgen, als beides, und dies in durchaus raffinierter Konstruktion, denn:
– als ‚Psychologe der Guten' auftretend ist Z zugleich der vermeintlich Guten hartnäckigster ‚Feind';
– und als ‚Freund der Bösen' agierend ist Z zugleich der vermeintlich Bösen hartnäckigster Psychologe.

I/7 Vom bleichen Verbrecher

In dieser Rede tritt Z als Kritiker der Selbstgerechtigkeit des ‚Guten' nach Art des Diktums auf: „Und du, rother Richter, wenn du laut sagen wolltest, was du Alles schon in Gedanken gethan hast: so würde Jedermann schreien: ‚Weg mit diesem Unflath und Giftwurm!'" (45,21–23) Des Weiteren exponiert Z sein Verständnis als ‚Freund der Bösen' – und bezieht für Letzteren resp. den ‚bleichen Verbrecher' wie folgt Partei: „‚Feind' sollt ihr sagen, aber nicht ‚Bösewicht'; ‚Kranker' sollt ihr sagen, aber nicht ‚Schuft'; ‚Thor' sollt ihr sagen, aber nicht ‚Sünder'." (45,18–20) Z geht es hier um die Neuetikettierung abweichenden Verhaltens, am Beispiel des ‚bleichen Verbrechers' gesprochen, der, zur Empörung seiner Richter, mordete, obwohl er ‚nur' hätte rauben können (womit er ihnen zum ‚Sünder' geriet): Es geht Z um den Hinweis, dass dem ‚bleichen Verbrecher' der Mord tatsächlich das allererste Anliegen war und der Raub nur folgte, weil er seine wahren Motive verdecken, weil er also „sich nicht seines Wahnsinns schämen (wollte)." (46,21–22) Denn nur in der Linie dieses Hinweises greift das neue Sprachspiel – ‚Feind', ‚Kranker', ‚Thor' –, mehr als dies: Erst jetzt greift der Auftrag Z's, eine Theorie resp. Psychologie des Wahnsinns zu entwickeln.

Man sieht: Z ist ‚Freund der Bösen' auch dadurch, dass er sich als Psychologe – auch des vermeintlich ‚Bösen' – erweist, und er tut dies in zwei Hinsichten: Er fordert eine (psychologische) Theorie über den Wahnsinn *vor*, aber auch *nach* der Tat, am Exempel des ‚bleichen Verbrechers' gesprochen:

– Eine Theorie über dessen Wahnsinn müsste klären, warum dieser *nach* der Tat meint, er sei der Täter seiner Taten, denn dies hieße in Anbetracht der von Z in I/5 vorangetriebenen Aufwertung der Leiblichkeit sowie angesichts der von Nietzsche 1881 geleisteten Entwichtung der Kategorie des Ich in Gestalt des Befundes: „du wirst gethan! in jedem Augenblicke!" (KSA 3: 115), dass „die Ausnahme [...] sich ihm zum Wesen (verkehrte)." (46,7)
– Aber auch (psychologische) Aufklärung in Sachen des Wahnsinns *vor* der Tat ist mehr als dringlich, und Z fordert sie von den Richtern vehement ein mittels Klagen, Fragen und Aufforderungen wie: „Ach, ihr krocht mir nicht tief genug in diese Seele!" (46,12–13) „Was ist dieser Mensch?" (46,27) „Seht diesen armen Leib!" (46,33)

Dieses (psychologische) Forschungsprogramm, dem Freud unter Bezug auf den hier in Rede stehenden Abschnitt eine gewisse Relevanz zuerkannte[32], hat sich bei Nietzsche seit *Menschliches, Allzumenschliches* konturiert (vgl. Niemeyer 1998: 221ff.).

I/8 Vom Lesen und Schreiben

Z eröffnet diese Rede mit der Kritik am „lesenden Müssiggänger", der nicht in der Lage sei, „fremdes Blut zu verstehen" (48,5–6), und er hält dagegen den Rat:

Schreibe mit Blut: und du wirst erfahren, dass Blut Geist ist. (48,3–4)

‚Blut' ist hier eine Metapher, beim ersten Satzteil mit Blick auf einen besonderen Erkenntnismodus, beim zweiten Satzteil unter Konzentration auf einen Erkenntnisgegenstand, welcher zunächst noch unverstanden ist, also der Verwandlung in ‚Geist', will sagen: der Übersetzung in eine Theoriesprache bedarf. Dies wiederum legt die Annahme nahe, dass auch die Vokabel ‚Lesen' aus der Überschrift dieser Rede als Metapher zu deuten ist für eben diese Übersetzungsleistung, also: für die Dechiffrierung nicht nur von Worten, sondern auch von menschlichen Handlungen.

Z konzentriert sich in der Folge vor allem auf den Erkenntnismodus in Gestalt etwa der These aus dem Nachlass, dass der – stammesgeschichtlich an Krieg und Jagd gewöhnte – Mann „jetzt die Erkenntniß als die umfänglichste Gelegenheit für Krieg und Jagd" (KSA 10: 131) liebe.[33] Denn ähnliches findet sich auch in I/8, etwa in Gestalt der Variante:

Muthig, unbekümmert, spöttisch, gewaltthätig – so will uns die Weisheit: sie ist ein Weib und liebt immer nur einen Kriegsmann. (49,8–10)

Besondere Beachtung verdient dabei der – allerdings mitunter bestrittene (vgl. Wilcox 1998) – Umstand, dass die dritte Abhandlung der *Genealogie der Moral* (1887), Nietzsche zufolge (vgl. KSA 5: 256), der Auslegung dieses ‚Kriegsmann'-Aphorismus dient. Hier finden sich Tugenden aufgelistet, die Nietzsche sich selbst ohne jede Frage zugesprochen hätte (vgl. Niemeyer 1998: 257f.).[34] Die Deutung des zentralen Sinns der hier thematischen Rede lautet mithin: Nietzsche meinte über die Entfaltung seines Wahrheitsbegriffs – und natürlich auch seines Schreibstils – einen Zugang gefunden zu haben sowohl zur Kritik der Menschen in ihrer moralischen Verfasstheit als auch zur Entwicklung einer in menschenkundlicher Absicht ansetzenden aufklärungskritischen Psychologie, die den Weg vom ‚Blut' zum ‚Geist' auszuschildern vermag.

I/9 Vom Baum am Berge

Z gibt in dieser Rede den ersten Beleg für die Vorzüge eines gleichsam ‚kriegerischen' Wahrheitszugriffs in Sachen Menschenkunde.[35] Er tut dies – so die These des Folgenden – mit dem Ergebnis des wohl frühesten dichterischen Zeugnisses für modernes Denken auf dem Felde der Entwicklungspsychologie.

Z eröffnet seine Rede mit dem Bericht, er habe eines Abends vor den Toren der – gegen Ende von I/2 erstmals erwähnten – Stadt namens ‚die bunte Kuh' einen „Jüngling" gefunden, „wie er an einem Baum gelehnt sass und müden Blickes in das Thal schaute" (51,5–6), und er habe dann Folgendes gesprochen: „Wenn ich diesen Baum da mit meinen Händeln schütteln wollte, ich würde es nicht vermögen. / Aber der Wind, den wir nicht sehen, der quält und biegt ihn, wohin er will. Wir werden am schlimmsten von unsichtbaren Händen gebogen und gequält." (51,9–13) Dass es hier um ein Gleichnis geht, wird durch Z's Antwort deutlich: „Aber es ist mit dem Menschen wie mit dem Baume. / Je mehr er hinauf in die Höhe und Helle will, um so stärker streben seine Wurzeln erdwärts, abwärts, in's Dunkle, Tiefe – in's Böse." (51,16–20) Nicht minder deutlich ist die Fortführung[36]: „„Ja in's Böse! rief der Jüngling. Wie ist es möglich, dass du meine Seele entdecktest?'" (51,21–22) Rekurriert wird mit dieser Szene offenbar vor allem[37] auf das Gespräch, das Jesus mit Nikodemus führte. Als Vorlage für den Eröffnungssatz hat die Formulierung zu gelten:

Der Wind bläst, wo er will, und du hörst sein Sausen wohl; aber du weißt nicht, woher er kommt und wohin er fährt. Also ist in jeglicher, der aus dem Geist geboren ist (Joh 3,8).

Hiermit besiegelt Jesus die Zweifel des Nikodemus an der Kernthese: „Was vom Fleisch geboren ist, das ist Fleisch: und was vom Geist geboren ist, das wird Geist." (Joh 3,6) Es ist exakt diese These, der Nietzsche spätestens seit 1878 vehement widerspricht – und der auch Z in I/8 entgegentrat: „Schreibe mit Blut: und du wirst erfahren, dass Blut Geist ist." (48,3–4) Insoweit ist kaum noch Zweifel möglich:
– Z will mit dieser Rede jene metaphysische Kernthese einer Trennbarkeit von Fleisch und Geist infrage stellen.
– Er tut dies, indem er durch Einfügung einiger neuer Vokabeln zugleich Programmsätze für das markiert, was nun, der bis zu diesem Zeitpunkt entwickelten Psychologie Nietzsches zufolge, zu gelten hat.

Ein Beispiel, um das Gemeinte zu verdeutlichen: Der angeführte Satz, wonach wir ‚am schlimmsten von unsichtbaren Händen gebogen und gequält' werden, ist weit weniger metaphysisch als das angeführte Bibel-Äquivalent: ‚Der Wind bläst […], aber du weißt nicht, woher er kommt und wohin er fährt'. Vielmehr könnte man die Vokabel ‚schlimm' triebtheoretisch übersetzen und die Vokabel ‚unsichtbar' mittels der Kategorie „unbewusst" elaborieren – und insgesamt interpretieren, dass Z mit dieser Bemerkung des Jünglings pubertäre Krise spiegeln will.

Für diese Lesart spricht ein einfaches Gedankenexperiment. Man könnte nämlich den Leser fragen, ob der folgende Satz nicht auch Sinn ergeben könnte in ganz anderen Kontexten – beispielsweise wenn ein Jugendlicher einem Erwachsenen Einblick gibt in die Abgründe adoleszenter Sinnsuche:

Ich traue mir selbst nicht mehr, seitdem ich in die Höhe will, und Niemand traut mir mehr, – wie geschieht diess doch? / Ich verwandle mich zu schnell: mein Heute widerlegt mein Gestern. Ich überspringe oft die Stufen, wenn ich steige – das verzeiht mir keine Stufe. / Bin ich oben, so finde ich mich immer allein. Niemand redet mit mir, der Frost der Einsamkeit macht mich zittern. Was will ich doch in der Höhe? (52,2–10)

Z's Reaktion ist jedenfalls bemerkenswert, insofern er in seiner ‚Beratung' zwar das Streben des Jünglings nach Höhe lobt, aber hinzusetzt, dass auch die „schlimmen Triebe" resp. die „wilden Hunde" nach Freiheit dürsten und „vor Lust in ihrem Keller [bellen], wenn dein Geist alle Gefängnisse zu lösen trachtet." (53,9–11) Denn dies klingt nach einer verklausulierten Anerkennung der Sexualität als gesonderte Macht im Seelenhaushalt des Pubertierenden. Mehr als dies: Z's Formulierung wirkt wie ein Statement in Sachen Johannes-Evangelium, also wie die Forderung nach Anerkennung von Geist und Körper als ineinander jeweils übersetzbaren und keineswegs grundlegend getrennten Entitäten.

Und: Indem Z das Streben des Jünglings nach Höhe und nach Neuem mit der Kategorie des ‚Edlen' belegt und darüber einen gleichsam notwendigen Gegensatz zum ‚Guten' meint begründen zu können, der „Altes will [...] und dass Altes erhalten bleibe" (53,26–27), gewinnt er einen neuen Blick für die aus diesem intergenerationellen Konfliktfeld resultierenden Gefahren auch für den ‚Jüngling'. Denn zum einen – so könnte man Z verstehen – unterliegt der ‚Jüngling' dem Risiko der gleichsam klassischen jugendlichen Hybris: Er droht, ein „Frecher" zu werden, „ein Höhnender, ein Vernichter" (53,29). Zum anderen aber unterliegt er der Gefahr, vollständig zu resignieren, in den Worten Z's: „Ach, ich kannte Edle, die verloren ihre höchsten Hoffnungen. Und nun verleumdeten sie alle hohen Hoffnungen. / Nun lebten sie frech in kurzen Lüsten, und über den Tag hin warfen sie kaum noch Ziele." (53,30–34) Die Wortwahl erinnert an I/1 und an das dortige Porträt des ‚letzten Menschen'. Sie offenbart damit eine gewisse Ratlosigkeit in der Hauptsache, zumal nur Imperative folgen wie etwa: „wirf den Helden in deiner Seele nicht weg! Halte heilig deine höchste Hoffnung!" (54,4–6)

I/10 Von den Predigern des Todes

Der Preis für derlei Theorieabstinenz ist in dieser Rede leicht erkennbar. Denn Theorie findet man hier nur noch am Rande. So offeriert Z beispielsweise eine Art Typenlehre eben jener ‚Prediger' und hebt die Gattung der „Fürchterlichen" heraus, „welche in sich das Raubthier herumtragen und keine Wahl haben, es sei denn Lüste oder Selbstzerfleischung." (55,9–11) Ein besonderes Augenmerk fällt auch auf die Gattung der „Schwindsüchtigen der Seele":

kaum sind sie geboren, so fangen sie schon an zu sterben und sehnen sich nach Lehren der Müdigkeit und Entsagung. (55,15–17)

Dies scheint mit Seitenblick auf Wagner gesprochen zu sein (vgl. Borchmeyer/Salaquarda 1994: 1355). Die nachfolgende Charakterisierung hingegen gemahnt – wenn man um die diesbezüglichen Details weiß (vgl. Niemeyer 1998: 67f.) – eher an Nietzsches Mutter:

> Eingehüllt in dicke Schwermuth und begierig auf die kleinen Zufälle, welche den Tod bringen: so warten sie und beissen die Zähne auf einander. (56,1–3)

Z's Hauptanliegen weist eindeutig in die Richtung praktischer Konsequenzen im Blick auf derlei Varianten des ‚letzten Menschen' resp. der (vermeintlich) ‚Guten'. Dies zeigt sich schon an dem wahren Paukenschlag, mit dem die Rede beginnt:

> Es giebt Prediger des Todes: und die Erde ist voll von solchen, denen Abkehr gepredigt werden muss vom Leben. / Voll ist die Erde von Überflüssigen, verdorben ist das Leben durch die Viel-zu-Vielen. Möge man sie mit dem ‚ewigen Leben' aus diesem Leben weglocken! (55,2–6)

Dies mochte zwar auf den ersten Blick noch als paradoxe Intervention lesbar sein mit Blick auf die Lebensverleugnung, die der Jenseitsorientierung des Christen anhaftet. Aber der weitere Argumentgang macht deutlich, dass es Z nicht allein um die Christen zu tun ist. Denn gegen Ende seiner Rede setzt er ausdrücklich hinzu:

> Und auch ihr, denen das Leben wilde Arbeit und Unruhe ist: seit ihr nicht sehr müde des Lebens? Seid ihr nicht sehr reif für die Predigt des Todes? / Ihr Alle, denen die wilde Arbeit lieb ist und das Schnelle, Neue, Fremde, – ihr ertragt euch schlecht, euer Fleiss ist Flucht und Wille, sich selber zu vergessen. (56,27–32)

Zumindest mit dem Nachsatz erweist sich Z als großer Psychologe.

Man kann noch einen Schritt weitergehen: Beschrieben wird hier Nietzsche, der mit seiner Arbeit an diesem Buch das Vergessen sucht angesichts der Lebenskrise, in die ihn zeitgleich die Lou-Affäre[38] gestürzt hat, über die er Overbeck am 25. Dezember 1882 Bericht erstattet, folgernd: „Wenn ich nicht das Alchemisten-Kunststück erfinde, auch aus diesem – Kothe *Gold* zu machen, so bin ich verloren." (KSB 6: 312) Man muss genau hinschauen, was hier passiert (vgl. auch Volz 1995):

– Im Brief beschreibt Nietzsche, welche Funktion das damals noch in Planung befindliche Werk angesichts der Lou-Affäre erfüllen soll.
– Im Werk hingegen kritisiert Nietzsche mithilfe seines Sprechers Z eben dieses ‚Alchemisten-Kunststück' unter den Vorzeichen der (Selbst-) ‚Flucht' und des ‚Willens, sich selber zu vergessen'.

Diese Kritik entspricht zwar ganz dem Sinn des ersten Aphorismus von *Menschliches, Allzumenschliches* (1878). Die Krux ist nur, dass Z bei dieser psychologischen Lektion nicht stehen bleibt, sondern folgert:

> Überall ertönt die Stimme Derer, welche den Tod predigen: und die Erde ist voll von Solchen, welchen der Tod gepredigt werden muss. / Oder das ‚ewige Leben': das gilt mir gleich, – wofern sie nur schnell dahinfahren! (57,3–5)

Der letzte Satz klingt fast so, als schäme sich Z für den ersten Satz. In jedem Fall deutet sich hier ein erneuter Paradigmenwechsel an, diesmal weg von der Psychologie, hin zur Biologie. Dieser Aspekt wird uns noch im Zusammenhang mit der Diskussion von I/22 beschäftigen.

I/11 Vom Krieg und Kriegsvolke

Bekannt geworden ist diese Rede vor allem durch die Editionspolitik Förster-Nietzsches im Ersten Weltkrieg.[39] Tatsächlich findet man in dieser Rede vermeintlich sich von selbst verstehende martialische Imperative wie beispielsweise den folgenden:

Ihr sagt, die gute Sache sei es, die sogar den Krieg heilige? Ich sage euch: der gute Krieg ist es, der jede Sache heiligt. (59,7–8)

Aber der Versuch, aus derlei Zitaten die These zu stärken, Nietzsche müsse als der entscheidende ‚Kriegsphilosoph' der Deutschen gelten, ist zum Scheitern verurteilt. Das macht schon der Beginn der Rede klar. Z nämlich offeriert zwar die scheinbar unmissverständliche Liebeserklärung: „Meine Brüder im Kriege! Ich liebe euch von Grund aus, ich bin und war Euresgleichen." (58,5–6) Dem folgt allerdings die Versicherung nach, er sei „auch euer bester Feind" (58,6), was wie eine Drohung klingt, insofern sich Z hiermit als Psychologe outet – und seinen ‚Brüdern' tatsächlich als ‚bester Feind' manch bittere Wahrheit sagt, um sie schließlich aufzufordern:

Und wenn ihr nicht Heilige der Erkenntniss sein könnt, so seid mir wenigstens deren Kriegsmänner. (58,11–12)

Dies klingt nach dem ‚Kriegsmann'-Aphorismus aus I/8 und stellt insgesamt klar, dass es um ‚Krieg' geht im Sinne geistigen Ringens (vgl. auch Kaufmann 1982: 450ff.) bzw. im „Gehorsam" gegenüber Z, denn: „Euren höchsten Gedanken aber sollt ihr euch von mir befehlen lassen – und er lautet: der Mensch ist Etwas, das überwunden werden soll." (60,1–3) Dies ist keine wirklich neue Botschaft, aber sie stellt eines klar: ‚Krieg' meint hier vor allem Selbstüberwindung des Menschen im Interesse der Herausbildung des Übermenschen als jener Seinsform des Menschen, die Hoffnung macht und in deren Linie die „Liebe zum Leben" (59,33) neue Nahrung erfährt.

I/12 Vom neuen Götzen

Die in dieser Rede vorgetragene Kritik an den „Überflüssigen" (62,5) unter den Vorzeichen ihres fragwürdigen Bildungs-, Reichtums- und Machterwerbs dient wiederum dem Zweck, für die Idee des Übermenschen

Propaganda zu machen. Originell freilich ist die Kritik nicht, und sie ist schon gar nicht psychologisch angelegt.

Mehr Aufmerksamkeit verdient die Frage, was es mit jenem ‚Götzen' auf sich hat. Das Wort selbst weist zurück auf die Versucherszene, insofern das Versprechen des Satans an Jesus: „Das alles will ich dir geben, so du niederfällst und mich anbetest" (Mt 4,8,9), erkennbar als Vorlage diente für den Satz: „Alles will er *euch* geben, wenn *ihr* ihn anbetet, der neue Götze" (62,21–22). Dass der Staat jener ‚Götze' ist, dem der Mensch in seiner ganzen erbärmlichen Jagd nach Bildung, Reichtum und Macht seinen Dienst zu erbringen sucht, ist zunächst nur zu vermuten. Deutlicher wird der Hintergrund, vor dem Z mit dieser Pointe argumentiert, wenn man einbezieht, dass er schon im zweiten Satz vorträgt: „Staat? Was ist das? Wohlan! Jetzt thut mir die Ohren auf, denn jetzt sage ich euch mein Wort vom Tode der Völker." (61,4–5) ‚Kommissar' Z zögert nicht lange – und präsentiert den Staat als „das kälteste aller kalten Ungeheuer" und mithin zugleich als Mörder des Volkes, denn: „Kalt lügt es auch; und diese Lüge kriecht aus seinem Munde: ‚Ich, der Staat, bin das Volk.'" (61,6–8) Mit dieser Wendung, die erkennbar auf den (absolutistischen) Topos ‚L'état, c'est moi' rekurriert, will Z offenbar den ideologischen und totalitarismusverdächtigen Aspekt jetztzeitlicher Herrschaft geißeln. Die Kritik kann dabei kaum schärfer gedacht werden. Denn – so das ihr unterliegende Kalkül – analog dazu, wie die absolutistische Herrschaftsform des Sonnenkönigs den Volkswillen nie erfragte, sondern ihn sich zu Eigen machte in Gestalt der Rede vom Gottesgnadentum, agiere auch der jetztzeitliche Staat: Volkes Stimme werde weder – etwa qua Bildung – qualifiziert noch wirklich erfragt. Zu reden sei insofern eher von der Stimmung propagandistisch vereinheitlichter Konformisten, die in dieser Gestalt als Zustimmung gewertet werde.

Diese Überlegung erlaubt es für sich genommen natürlich noch nicht, Z resp. Nietzsche als Demokratietheoretiker zu lesen. Immerhin ist auffällig, dass Nietzsche die Staatsidee als solche schon lange verdächtig war. Mit dem Begriff des Volkes hingegen werden Vorstellungsinhalte verknüpft, die auf organismische Gestaltungsaspekte sowie altruistische und sozialintegrative Motive Bezug nehmen – was wiederum die Eingangssätze der hier thematischen Rede erklären könnte: „Irgendwo giebt es noch Völker und Heerden, doch nicht bei uns, meine Brüder: da giebt es Staaten." (61,2–3) Die These, dass das eine das andere ‚morde', ist hier im Hintergrund wirksam, an einigen Beispielen gesprochen: Alles, was das Volk in positiver Hinsicht ursprünglich ausmachte, „seine Zunge des Guten und Bösen" (61,20) etwa oder eben auch seine „Sitten und Rechte" (61,19), ging, so hat man Z's Klage zu verstehen, infolge des Aufkommens der Staatsidee verloren und wurde restlos überformt im Zuge der Staats- und Kulturentwicklung und ihrer Wirkung auf die Empfindungsweise der Menschen.

Folgerichtig lautet der Auftrag, die ‚wahre' Volkskultur als eine zentrale Restitutionsbedingung des im Staatsdienst unweigerlich denaturierenden Menschen zu begreifen. Dies macht vor allem der Abgesang auf jene deutlich, die es zum Staatsdienst drängt, ohne dass sie dabei bedenken, was ihnen damit abverlangt wird: Selbstverleugnung und Handhabung von Klugheitsstrategien. Denn Z bevorzugt in diesem Zusammenhang die auf das Ende des Sokrates anspielende Metaphorik:

Staat nenne ich's, wo Alle Gifttrinker sind, Gute und Schlimme: Staat, wo alle sich selber verlieren, Gute und Schlimme: Staat, wo der langsame Selbstmord Aller – ‚das Leben' heisst. (62,30–33)

Das Wort ‚Selbstmord aller' erinnert an die Vokabel ‚Krieg aller gegen alle' aus Thomas Hobbes' *Leviathan* (1651). Insoweit könnte es sein, dass Z die Hobbessche These problematisieren will, nur die Staatsgründung in ihrer ordnungs- wie sozialpolitischen Zielsetzung könne dem ‚Krieg aller gegen alle' abhelfen (vgl. Niemeyer 1998: 395 ff.). Z – so könnte man weiter ableiten – macht die Rechnung auf über die Folgen, die Hobbes nicht ins Kalkül zog. Der Mensch nämlich wird häufig für Staatszwecke instrumentalisiert, in Vergessenheit gerät so der Satz:

Dort, wo der Staat aufhört, da beginnt erst der Mensch, der nicht überflüssig ist: da beginnt das Lied der Nothwendigen, die einmalige und unersetzliche Weise. (63,31–33)

Freilich: Dies wiederum klingt fast wie O-Ton Wagner[40], ebenso wie die Fortführung: „Dort, wo der Staat *aufhört*, – so seht mir doch hin, meine Brüder! Seht ihr ihn nicht, den Regenbogen und die Brücken des Übermenschen? –" (64,1–3)[41] Im Ergebnis hätten wir es insoweit mit einem Ausblick auf eine vollkommene, von Staatszwecken ebenso wie von der Gottesidee freigesetzte Sozialordnung zu tun, die sich mittels des Begriffs des Volkes nur noch unzulänglich charakterisieren lässt.

I/16 Von tausend und Einem Ziele

Z berichtet hier über seine Erfahrungen in vielen Ländern und mit vielen Völkern, entdeckt „vieler Völker Gutes und Böses" (74,3) – und kommt zu einem Schluss, der mit Vokabeln wie „ethischer Relativismus" (Kaufmann 1982: 233) oder „vergleichende Verhaltensforschung" (Schmidt/Spreckelsen 1995: 82) belegt sein mag: „Vieles, das diesem Volke gut hiess, hiess einem anderen Hohn und Schmach: also fand ich's. Vieles fand ich hier böse genannt und dort mit purpurnen Ehren geputzt." (74,7–9) Dass es in jeder Kultur etwas als absolut Gesetztes gibt, ist damit schon angesprochen und wird von Z auch noch gesondert hervorgehoben:

Eine Tafel der Güter hängt über jedem Volke. Siehe, es ist seiner Überwindungen Tafel; siehe, es ist die Stimme seines Willens zur Macht. (74,12–14)

Zum ersten Mal in dem von Nietzsche bis dato veröffentlichten Werk trifft der Leser hier auf den berühmt-berüchtigten Ausdruck ‚Wille zur Macht'. Zu seiner Bedeutung lässt sich im Lichte dieses Zitats zunächst nur sagen, dass er Nietzsche resp. Z zur Bezeichnung des Aktes der Diskriminierung in ‚gut' und ‚böse' dient, dessen sich ein Volk im Interesse seiner Selbstdefinition bedient.

Z allerdings geht es um mehr als dies, wie der wenig später folgende Satz belegt:

Was da macht, dass es herrscht und sieht und glänzt, seinem Nachbarn zu Grauen und Neide: das gilt ihm als das Hohe, das Erste, das Messende, der Sinn aller Dinge. (74,18–20)

Dem ‚Willen zur Macht' – so darf man vielleicht übersetzen – ist zuzuschreiben, dass die ‚kulturrelativistische' Sicht ausgespielt hat bzw. der Rechtfertigung bedarf. Auf welche Seite aber schlägt sich Z (und mit ihm Nietzsche) angesichts dieses Theorieproblems? Wie steht er zu jenem ‚Willen zur Macht', dem ja eine fatale Wirkung zuzuschreiben ist?

Die Antwort kann kaum fraglich sein, wenn man sich um genaue Analyse des nun folgenden Abschnitts bemüht, in welchem insgesamt vier ‚kulturimperialistische' Modelle diskutiert werden. Die Ausführungen zum ersten dieser Modelle erfordern noch den vergleichsweise geringsten Deutungsaufwand, insofern es heißt:

‚Immer sollst du der Erste sein und den Andern vorragen: Niemanden soll deine eifersüchtige Seele lieben, es sei denn den Freund' – diess macht einem Griechen die Seele zittern: dabei gieng er seinen Pfad der Grösse. (75,1–4)

Das Wort ‚Grieche' erlaubt zusammen mit der Reflexion auf den Urheber dieses Textstücks kaum noch einen Zweifel in Sachen raumzeitlicher Zuordnung: Nietzsche, der gelernte Altphilologe, redet hier dem Freundschaftskult der griechischen Antike das Wort. Das tut er nicht primär in tadelnder Absicht im Blick auf den dahinter sich verbergenden ‚Kulturimperialismus' resp. den ‚Willen zur Macht', sondern eher im Gestus der versonnenen Rückerinnerung an vergangene Zeiten, denen zumal der ‚frühe' Nietzsche seinen Respekt nicht zu versagen vermag.

Etwas komplizierter verhält es sich mit dem zweiten Modell, das Z mit den Worten skizziert:

‚Wahrheit reden und gut mit Bogen und Pfeil verkehren' – so dünkte es jenem Volke zugleich lieb und schwer, aus dem mein Name kommt – der Name, welcher mir zugleich lieb und schwer ist. (75,5–8)

Dies war für zeitgenössische Leser nicht ohne weiteres verständlich. Ein Grund dafür ist, dass sie noch der Fingerzeige entbehrten, wie sie Nietzsche beispielsweise Heinrich Köselitz am 20. Mai 1883 zukommen ließ.[42] Die Stelle, auf die Nietzsche in jenem Brief hinweist, ist die eben angeführte. Wir haben also allen Anlass, das zweite, hier zu diskutierende ‚kulturimperialistische' Modell das ‚persische' zu nennen – und es als Zeugnis dafür zu lesen, dass Nietzsches frühe ‚Griechenbegeisterung' ein Stück weit dem Interesse an anderen versunkenen Kulturen gewichen ist.

Das dritte ‚kulturimperialistische' Modell stellt Z mit den Worten vor:

‚Vater und Mutter ehren und bis in die Wurzel der Seele hinein ihnen zu Willen sein': diese Tafel hängte ein andres Volk über sich auf und wurde mächtig und ewig damit. (75,9–11)

Z meint hier offenbar das Volk der Juden (vgl. KSA 14: 291) und rekurriert, was den als Zitat ausgewiesenen Satzteil angeht, auf das zweite Buch Mose[43] bzw. die Zehn Gebote, konkret: auf das vierte Gebot (‚Elterngebot'), das selbstredend auch für Nietzsche als Pastorensohn im Verlauf seiner Sozialisation verpflichtend war. Es bedarf wohl kaum der Erläuterung, dass es Z, der ja nun gleichsam als Antichrist eingeführt ist, keineswegs um das Lob des diesem Modell innewohnenden ‚Willen zur Macht' geht, eher im Gegenteil.

Eine weitere Steigerung dieser kritischen Haltung offeriert das vierte ‚kulturimperialistische' Modell, zu welchem Z ausführt:

‚Treue üben und um der Treue Willen Ehre und Blut auch an böse und fährliche Sachen setzen': also sich lehrend bezwang sich ein anderes Volk, und also sich bezwingend wurde es schwanger und schwer von grossen Hoffnungen. (75,12–15)

Z hat hier die Deutschen im Sinn (vgl. KSA 14: 291). Als Assoziation bietet sich die erst wenige Jahre zurückliegende Reichsgründung an – ein Ereignis, infolgedessen das Deutsche Reich ‚schwanger und schwer von grossen Hoffnungen' wurde sowie ‚Treue' resp. ‚Ehre und Blut' zu einem unverbrüchlichen Dual verschmolzen. Insoweit liegt die Vermutung nahe, Z habe mit diesem vierten Modell die fatale Allianz von Kreuz und Schwert geißeln und vorbeugend jene Nietzscheinterpreten kritisieren wollen, die eben darin den eigentlichen Sinn der Rede vom ‚Willen zur Macht' meinten erblicken zu können. Für diese Vermutung spricht, dass Nietzsche, als er die eben zitierten Sätze (wie gesagt: im Januar 1883) schrieb resp. Z in den Mund legte, längst schon seine unter dem Einfluss Wagners sich forcierende Begeisterung für die Reichsgründung ad acta gelegt hatte (vgl. Niemeyer 1998: 154ff.). Insoweit mag der erste Teil der Deutung, nämlich dass sich Nietzsche hier gegen jenen ‚kaiserreichsdeutschen' Kulturimperialismus aussprechen wollte, noch auf Akzeptanz stoßen.

Wie aber verhält es sich mit dem zweiten Teil der Deutung? Denn Nietzsche wegen Zs viertem Modell eine vorbeugende Verwahrung gegen jene seiner Interpreten unterstellen zu wollen, die, wie die Wirkungsgeschichte zeigen sollte, die Formel vom ‚Willen zur Macht' vor allem in reichsdeutsch-machtpolitischer Absicht interpretierten, klingt mehr als verwegen. Und doch sei die Hypothese riskiert, dass Nietzsche sich, in Kenntnis der ihm zu Ohren gekommenen ersten Missverständnisse seines ‚Wille-zur-Macht'-Konstrukts, gewünscht hätte, mancherlei anders und deutlicher zu formulieren – beispielsweise auch die hier zur Diskussion stehende Rede. Für diese Hypothese sprechen einige Nachlassnotate vom Herbst 1887, darunter das folgende: „Ich lese Zarathustra: aber wie konnte ich dergestalt meine Perlen vor die Deutschen werfen!" (KSA 12: 451)[44] In der Summe gibt dies Anlass für einen Satz des Inhalts, dass man Za in den ersten Jahren der Rezeption sehr zum Ärger Nietzsches im Sinne „reichsdeutsche[r] Aspirationen" (KSA 12: 450) gelesen hat.

Kehren wir, nach diesem kurzen Ausflug in die Abgründe der Nietzsche-Philologie, zur abschließenden Deutung der hier thematischen Rede zurück. In dem zuletzt betrachteten Passus – dies sei noch einmal in Erinnerung gerufen – demontiert Z vier ‚kulturimperialistische' Modelle:
– das ‚griechische' und den Imperativ: „‚Immer sollst du der Erste sein und den Andern vorragen: Niemanden soll deine eifersüchtige Seele lieben, es sei denn den Freund'";
– das ‚persische' und den Imperativ: „‚Wahrheit reden und gut mit Bogen und Pfeil verkehren'";
– das ‚jüdische' und den Imperativ: „‚Vater und Mutter ehren und bis in die Wurzel der Seele hinein ihnen zu Willen sein'"; sowie
– das ‚kaiserreichsdeutsche' und den Imperativ: „‚Treue üben und um der Treue Willen Ehre und Blut auch an böse und fährliche Sachen setzen'" (75,1–13).

Dabei ist festzuhalten, dass Z dem ersten, ‚griechischen', aber auch dem zweiten, ‚persischen' Imperativ eine gewissen Anerkennung nicht versagt. Ersteres erklärt sich aus des ‚frühen' Nietzsche ‚Griechenbegeisterung'. Letzteres hat seinen Grund darin, dass Z als Inkarnation Zoroasters an der Rehabilitierung des – als ‚persisch' begriffenen – Wahrheitredens gelegen sein muss. Aber dies berührt nur Nebenaspekte und trifft noch nicht den Kern des von Z hier thematisierten Kulturimperialismus, dessen dunkle Seite im Blick auf den dritten, ‚jüdischen' Imperativ sich vor allem in dem unterschwellig als Wahn demaskierten Glauben verbirgt, ein Volk werde infolge von „Überwindung" nicht nur „mächtig", sondern auch „ewig" (75, 11). In Sachen des vierten, ‚kaiserreichsdeutschen' Imperativs wird diese dunkle Seite vor allem in der solcherart bewirkten Heiligsprechung von so fragwürdigen Werten wie „Treue" sowie „Ehre und Blut" (75,12) erblickt.

Dies vorausgesetzt, ist für den weiteren Argumentationsgang Z's das Resümee kennzeichnend, das er als gemeinsame Lektion aus diesen vier Fallbeispielen zieht:

Werthe legte erst der Mensch in die Dinge, sich zu erhalten – er schuf erst den Dingen Sinn, einen Menschen-Sinn! Darum nennt er sich ‚Mensch‘, das ist: der Schätzende. (75,19–21)

Für Z ist damit die Sache klar: Es geht darum, den Menschen als ‚Schätzenden‘ zu begreifen und gegen die ältere Freude der Herde an der Lust die „Lust am Ich" (75,33) zur Geltung zu bringen, und zwar gegen „das schlaue Ich, das lieblose, das seinen Nutzen im Nutzen Vieler will" und das „nicht der Heerde Ursprung, sondern ihr Untergang (ist)" (76,4–5) und das Z mit dem Auftrag versieht, in Zukunft und im Gegenzug zu jeder Form von ‚Kulturimperialismus‘ nur noch einem Ziel zuzuarbeiten: dem Ziel „Menschheit", im Zusammenhang gesprochen: „Aber sagt mir doch, meine Brüder: wenn der Menschheit das Ziel noch fehlt, fehlt da nicht auch – sie selber noch?" (76,18–19) Mit diesen Worten endet diese Rede. Die einzige interpretatorische Unwägbarkeit verbirgt sich in den Sätzen, die den eben zitierten Worten unmittelbar vorhergehen:

Tausend Ziele gab es bisher, denn tausend Völker gab es. Nur die Fessel der tausend Nacken fehlt noch, es fehlt das Eine Ziel. Noch hat die Menschheit kein Ziel. (76,15–17)

Denn dies klingt keineswegs ‚kulturrelativistisch‘, sondern eher wie eine Drohung – die uns noch im Zusammenhang mit III/21 beschäftigen wird. Vorerst freilich sei eine zusammenfassende Deutung riskiert: Was Z in dieser Rede skizziert, läuft auf eine Theorie des sich seiner eigenen Bestandsvoraussetzungen ermächtigenden ‚Ichs‘ resp. Subjekts hinaus. Dahinter verbirgt sich die Absicht, jenem gleichsam blinden ‚Willen zur Macht‘, wie er sich in der Geschichte in diskriminierender Selbstauslegung von sich gegeneinander abgrenzenden Völkern ergeben hat, grundlegend und mittels einer Perspektive zu widerstehen, an der das Attribut ‚Menschheit‘ zentral ist und die insoweit mit der Vokabel ‚kosmopolitisch‘ belegt werden kann.

I/17 Von der Nächstenliebe

In etwas kleinerer Münze wird man die Vokabel ‚kosmopolitisch‘ auch auf diese Rede beziehen dürfen. Denn Z geißelt hier nicht nur die Nächstenliebe und hängt damit eine (alttestamentarische) ‚Gütertafel‘ aus, die zum Grundtatbestand christlich geprägter Kulturen gehört.[45] Sondern er bringt in Gestalt der Forderung nach „Fernsten-Liebe" (77,11) auch eine Alternative in Vorschlag, in deren Linie sich eine anti-hegemoniale resp. ‚kosmopolitische‘ Option verbirgt, mittels derer sich der ‚Wille zur Macht‘ – als Dekadenzsymptom je eines Volkes – ebenso im Zaum halten lässt wie die entscheidende Pointe des Nächstenliebe-Gebotes, die erst das Neue Testament verrät, insofern es hier heißt: „Ihr habt gehört, daß gesagt ist: Du sollst deinen Nächsten lieben *und deinen Feind hassen.*" (Mt 5,43; Herv. d. Verf.) Gewiss: Das Matthäus-Evangelium bringt gleichsam als Replik auf den hier hervorgehobenen Satzteil als neues Gebot das der Feindesliebe, mit welchem sich Z in I/20 auseinandersetzen wird. Dennoch dürfte Nietzsche die alttestamentarische Pointe des Gebots der Nächstenliebe – „und deinen Feind hassen" – nicht entgangen sein und veranlasst haben, eben jene ‚kosmopolitische' „Fernsten-Liebe" zu fordern.

Soweit die Annahme, die nun genauer zu erläutern ist. Wichtig ist dabei der Hinweis, dass Nietzsche schon 1878 kritisiert hatte, dass es mitunter nichts anderes sei als die Neugierde, die „sich unter dem Namen der Pflicht oder des Mitleides in das Haus der Unglücklichen und Bedürftigen [schleicht]." (KSA 2: 255) 1881 ergänzte er, dass im Rücken des vermeintlich durch Mitleid motivierten Hilfehandelns mitunter ganz andere Interessen wirksam seien, etwa das am Empfinden unseres „Glücks-Gegensatz[es]" oder am Sieg über die „Langeweile" (KSA 3: 126). Von diesem Hintergrund aus besehen haben wir es letztlich mit einem ‚alten' Befund zu tun, wenn Z seine Rede I/17 mit den Worten eröffnet:

Ihr drängt euch um den Nächsten und habt schöne Worte dafür. Aber ich sage euch: eure Nächstenliebe ist eure schlechte Liebe zu euch selber. / Ihr flüchtet zum Nächsten vor euch selber und möchtet euch daraus eine Tugend machen: aber ich durchschaue euer ‚Selbstloses' (77,2–7).

Vergleichsweise neu ist allerdings, dass Z das Lob der Nächstenliebe durch das der „Nächsten-Flucht" und der „Fernsten-Liebe" ersetzt, ausrufend:

Höher als die Liebe zum Nächsten ist die Liebe zum Fernsten und Künftigen (77,12–13).

Z, so könnte man vielleicht auch zusammenfassen, vertritt in Erweiterung von Nietzsches Kritik an der helfenden resp. fördernden Beziehung das Modell einer bildenden resp. fordernden Freundschaftsbeziehung. In dieser Hinsicht führt er eine Überlegung weiter, die sich in I/15 unter der Losung „möge es Freundschaft geben!" (73,14) angedeutet findet. Zentral ist bei diesem Modell, dass das ‚Fernste und Künftige' und mithin das ‚Vorgefühl des Übermenschen' allein im Horizont einer dem Menschen unterstellten „Bildsamkeit" (Herbart) erreicht werden kann. Der ‚Nächste' hingegen vertritt das Hemmnis, dem nachzugeben bedeuten würde, die Entdeckung und vor allem das Werden des Neuen zu behindern. Damit kommen wir zu der eingangs angesprochenen Lesart der ‚Fernsten-Liebe'. Denn indem Z sie fordert und gar höher wertet als die ‚Nächsten-Liebe', scheint zugleich auch der Liebe des Anderen und Fremden als Teil jener zukünftig zu schaffenden und in I/16 geforderten ‚Menschheit' das Wort geredet. In der Abwertung der ‚Nächsten-Liebe' könnte entsprechend der

Versuch verborgen sein, einem Übereinkommen vorzubeugen, an dessen Ende dann doch wieder ein Volk seine Gütertafel als Zeichen für „die Stimme seines Willens zur Macht" (74,13–14) gegenüber anderen Völkern zur Geltung bringt.

Bleibt die Frage, ob Z mit seiner Kategorie des ‚Nächsten' bzw. ‚Fernsten' nicht auch auf ganz konkrete Personen aus Nietzsches Leben anspielt – eine Frage, die sich in Kenntnis der biographischen Zusammenhänge (vgl. Niemeyer 1998: 32 ff.) wie folgt beantworten lässt:

– Z spricht in verklausulierter Form und unter der Teilüberschrift ‚Nächsten-Flucht' über Nietzsches Lektion, wonach es für ihn besser sei, Abstand zu halten von Mutter wie Schwester.
– Z spricht in gleichfalls verklausulierter Form und unter der Teilüberschrift ‚Fernsten-Liebe', von Lou v. Salomé als der ‚Fernsten und Künftigen' und mithin von den Hoffnungen, die Nietzsche an sie geknüpft hatte.[46]

I/19 Von alten und jungen Weiblein

Diese Rede bedarf hier nur der Erwähnung, weil sie berühmt-berüchtigt ist wegen frauenfeindlicher Statements wie etwa: „Das Glück des Mannes heißt: ich will. Das Glück des Weibes heisst: er will." (85,31–32) Das Ganze wäre nur halb so peinlich, wenn Z nicht ergänzen würde: „Zweierlei will der ächte Mann: Gefahr und Spiel. Desshalb will er das Weib, als das gefährlichste Spielzeug." (85,3–4) Wohlgemerkt: So spricht einer, der in I/14 der Keuschheit „Herz und Herberge" (70,18) geboten hatte. Und, nicht zu vergessen: So lässt ein Autor seinen Protagonisten reden, unmittelbar nachdem er Overbeck gegenüber Klage geführt hat, dass ihn Lou behandelt habe wie einen verliebten „Studenten von 20 Jahren" (KSB 6: 311). Dieser Widerspruch verlangt nach psychoanalytischen Erklärungsmustern, die auch nötig scheinen im Blick auf das wohl berühmteste Fundstück aus dieser Rede:

‚Du gehst zu Frauen? Vergiss die Peitsche nicht!' (86,18)

Die Debatte um dieses Zitat ist neu entbrannt (vgl. etwa Brobjer 2004; Ham 2004) und gewinnt darüber ein Gewicht, das ihr nicht zukommt. Was allerdings bei einer Deutung Beachtung verdient – im Gegensatz zum Tratsch von Nietzsches Schwester[47] –, ist die in dem Satz verborgene, auf Frauenfreundlichkeit hinauslaufende Aufforderung an Männer, den masochistischen Gelüsten entsprechend disponierter Liebhaberinnen Rechnung zu tragen (vgl. auch Higgins 1996: 5). Auch stammt der Spruch gar nicht von Z, sondern es handelt sich um die ihm übermittelte „kleine Wahrheit" eines „alte[n] Weiblein[s]" (86,16–17)[48], das dazu rät, diese wie einen Säugling zu wickeln und ihr den Mund zuzuhalten, „sonst schreit sie überlaut" (86, 14–15). Und schließlich: Der Satz lässt sich auch so deuten, als werde angespielt auf eine berühmt gewordene Fotografie vom Mai 1882, auf welcher Nietzsche zusammen mit Paul Rée einen Wagen zieht, mit der von beiden vergötterten Lou als Passagier, eine Peitsche in der Hand haltend und erkennbar das Kommando führend.[49]

Übrigens spielt die Peitsche in III/15 – und dies haben viele Interpreten übersehen – erneut eine Rolle, diesmal, wie wir noch sehen werden, eine vergleichsweise harmlose, so dass der seit Jahrzehnten veranstaltete Lärm um dieses Zitat vollends nicht einleuchten will.

I/22 Vom freien Tode

Einen scheinbar ganz neuen, tatsächlich aber an I/10 anknüpfenden Themenaspekt nimmt Z in dieser Rede auf. Zentral an ihr ist die These: „Wahrlich, zu früh starb jener Hebräer, den die Prediger des langsamen Todes ehren: und Vielen ward es seitdem zum Verhängniss, dass er zu früh starb." (95,3–5) Um wen es geht, wird rasch klar – „der Hebräer Jesus" (95,7–8) –, und warum es des Tadels bedarf, dass er zu früh starb, auch: „er selbst hätte seine Lehre widerrufen, wäre er bis zu meinem Alter gekommen!" (95,12–14) Das war geradezu tollkühn argumentiert und meinte nichts anderes, als dass Gottes Sohn persönlich den Tod Gottes erklärt und die Lehre vom Übermenschen verkündet hätte – wenn man ihm nur eben jene zehn Jahre gelassen hätte, die Z für die Restitution seiner Vernunft benötigte.

Vergleichbar tollkühn ist es, dass Z in eben dieser Rede zeigen will, was für die Auslegung des Todes folgt, wenn man den Tod Gottes als Herr über Leben und Tod in Rechnung stellt. Z jedenfalls lässt keck verlauten:

Meinen Tod lobe ich euch, den freien Tod, der mir kommt, weil *ich* will. (94,1–2)

So muss wohl jemand reden, der den infolge des Todes Gottes zur Disposition stehenden Verantwortungsbereich des Übermenschen als dem neuen Herrn über Leben und Tod durchmessen will. Vergleichsweise akzeptabel scheint Z's Überlegung, ob nicht die Würde des Sterbens dann neu gesichert werden muss nach dem Muster: „In eurem Sterben soll noch euer Geist und eure Tugend glühn, gleich einem Abendroth um die Erde: oder aber das Sterben ist euch schlecht gerathen." (95,25–27) Von hier bis hin zur Forderung nach einem – wie es mitunter in der bundesdeutschen Sozialpolitikdebatte heißt – ‚sozialverträglichen Ableben' scheint es allerdings nur noch ein kleiner Schritt, und dies umso mehr, als Z die Hauptbotschaft in Gestalt der Aufforderung präsentiert: „Stirb zur rechten Zeit", um sie wie folgt zu erläutern:

wer nie zur rechten Zeit lebt, wie sollte der je zur rechten Zeit sterben? Möchte er doch nie geboren sein! – Also rathe ich den Überflüssigen. (93,5–7)

In der Summe scheint die Deutung kaum fraglich zu sein, dass Z in dieser Rede dem biologischen Sprachspiel verfällt und den fatalen Gedanken einer Trennbarkeit der Menschen in notwendige und ‚überflüssige', den Lebenssinn verfehlende, um nicht zu sagen: ‚lebensunwerte' Menschen vertritt. Möglicherweise ist dies aber zu einseitig aus post-nationalsozialistischer Perspektive gedeutet und zu unbesorgt um die Leitbilder der stoischen Philosophie, denen Nietzsche sich verpflichtet fühlt (vgl. Vivarelli 2001: 80).[50] Auch wäre zu berücksichtigen, dass sich im Blick auf den Topos vom rechtzeitigen Tod eine Vorgeschichte bis in das Private hinein nachzeichnen lässt (vgl. Niemeyer 1998: 68ff.).[51]

I/23 Von der schenkenden Tugend

Mit dieser letzten, insgesamt dreiteiligen Rede nimmt Z Abschied von dem bisherigen Handlungsort – der in I/2 eingeführten Stadt namens ‚bunte Kuh' – sowie von seinen „Jüngern". Auch bemüht er sich um die Rechtfertigung der in diesem Buch favorisierten Erzählweise[52] und offeriert einige Imperative, die meisten gestrickt nach dem Muster: „Bleibt mir der Erde treu, meine Brüder, mit der Macht eurer Tugend!" (99,27–29) Die Erde ist hier ganz bewusst in Stellung gebracht gegen den Himmel, die Hölle, das Paradies, das Jenseits – ein antichristliches Programm mit ausgeprägter Diesseitsorientierung. Wichtiger als dies ist ein Aspekt, mit dem der zweite Teil dieser Rede endet:

Ihr Einsamen von heute, ihr Ausscheidenden, ihr sollt einst ein Volk sein: aus euch, die ihr euch selber auswähltet, soll ein auserwähltes Volk erwachsen: – und aus ihm der Übermensch. (100,33–101,1–2)

Die Brisanz dieses Satzes liegt auf der Hand. Denn zum einen – dies mit Blick auf die der Bibel zufolge auf Israel gemünzte Vokabel ‚auserwähltes Volk'[53] – haben wir nun ein Problem: Entweder unsere Deutung von I/16 war falsch, konkret: wir haben zu Unrecht angenommen, es handele sich um eine kritische, gleichsam ‚kosmopolitische' Argumentation, wenn Z hier davon redet, dass über „jedem Volke" eine spezifische „Tafel der Güter" als „Stimme seines Willens zur Macht" (74,13–14) hänge. Oder aber Nietzsche hat nun ein Problem, welches der Blick auf die Wirkungsgeschichte anschaulich macht. Denn er steht jetzt im Verdacht, den ‚Willen zur Macht' als Konstrukt verfügbar gemacht zu haben zwecks Adelung der Herrschaftsansprüche eines ‚auserwählten Volkes' bevorrechtigter Übermenschen.

Die Brisanz in der anderen Richtung – nun mit Blick auf die Vokabel ‚Übermensch' – ist nicht minder gravierend. Denn bisher konnten wir im Sinne unserer Lesart von I/2, aber auch in Bezug auf die ‚Seiltänzer'-Episode aus I/1 davon ausgehen, dass Nietzsches Übermenschen-Konstrukt nicht auf einen Menschentypus abzielt, der über anderen steht – wie eben der ‚Seiltänzer'. Vielmehr schien es uns, als gehe es um den Vorgang der nachholenden Selbsterziehung, der vom Grundsatz her jedem verfügbar ist. Im Geiste dieses Begriffsgebrauchs wäre jener ‚Einsame', den Z im Zitat anspricht, als ‚Kind' oder ‚Übermensch' zu bezeichnen. Dass dies nun nicht mehr geht, liegt auf der Hand: Es wäre jetzt allenfalls von einer Vorstufe des Übermenschen zu reden sowie davon, dass dessen Hervorbringung nur unter gesonderten Bedingungen resp. lediglich einem ‚auserwählten Volk' gelingt. Dies ist eine irritierende Vorstellung, wie man anhand der dann im ‚Dritten Reich' zu besichtigenden Farce studieren kann, wonach ausgerechnet die von Nietzsche verachteten Deutschen sich, teilweise unter Berufung auf Nietzsche, als (auserwähltes) Volk von Übermenschen gerierten, tatsächlich aber eher als ‚blonde Bestien' (im wortwörtlichen Sinne verstanden) in Erscheinung traten.

Nietzsche selbst hat offenbar den Widerspruch, den wir meinen registrieren zu müssen, nicht erkannt, einschränkender formuliert: Der dritte und letzte Teil von I/23 bringt einige Sätze, die man – so Nietzsche in *Ecce homo* im Zuge der Wiederholung einiger dieser Passagen – als Hinweis dafür lesen müsse, dass hier „kein ‚Prophet' [redet], keiner jener schauerlichen Zwitter von Krankheit und Willen zur Macht, die man Religionsstifter nennt." (KSA 6: 259) Hierzu gehört, als eine Art abschließender Ratschlag an Z's ‚Jünger' in Richtung einer ihnen abzuverlangenden Emanzipation, der Satz:

Man vergilt einem Lehrer schlecht, wenn man immer nur der Schüler bleibt. (101, 18–19)

Dies klingt zusätzlich noch ein wenig wie ein nachgereichter Trost an die Adresse Wagners. Auch Z's Aufforderung an seine Jünger, von ihm fort zu gehen und sich gegen ihn zu wehren, und dies im Interesse eigentätigen Erkenntniserwerbs, insofern gelte: „Der Mensch der Erkenntniss muss nicht nur seine Feinde lieben, sondern auch seine Freunde hassen können" (101,16–17)[54], erinnert an Nietzsches unglückselige Wagnerverehrung[55], ebenso wie die Fortführung: „Ihr hattet euch noch nicht gesucht: da fandet ihr mich. So thun alle Gläubigen; darum ist es so wenig mit allem Glauben." (101,26–27) Man kann die Schlussfolgerung also getrost variieren in Gestalt des Satzes: ‚... darum war es so wenig mit Nietzsches Glauben an Wagner'.

Von hier aus eröffnet sich auch ein interpretatorischer Zugang zu dem Ratschlag Z's an seine Jünger: „Nun heisse ich euch mich verlieren und euch finden; und erst, wenn ihr mich Alle verleugnet habt, will ich euch wiederkehren." (101,28–29) Denn Z sagt dies primär zwar gegen Jesus[56] und mithin im Interesse, das entmündigende Moment christlich geforderter Selbstverleugnung herauszustellen und dagegen das produktive Moment der Verleugnung des Lehrers „als unumgängliche Voraussetzung aller Selbst- und Sinnproduktion" (Pieper 1990: 364) zu betonen. Aber er sagt dies möglicherweise auch in der Absicht, seinen ‚Jüngern' jenes Schicksal zu ersparen, das sich an Nietzsche zur Zeit seiner unkritischen Wagnerverehrung anschaulich machen lässt.

Die Rede – und mithin das Buch – endet mit einem skizzenhaften Ausblick auf das Szenario, das Z bei seiner Wiederkehr vorzufinden hofft. Dazu gehört das Versprechen, dass er dann „mit andern Augen" sich seine „Verlorenen" suchen und sie „mit einer anderen Liebe" lieben werde (101,30–102,1–2), inklusive eines vagen Ausblicks, demzufolge er „zum dritten Mal bei euch sein [will], dass ich den grossen Mittag mit euch feiere […], da der Mensch auf der Mitte seiner Bahn steht zwischen Thier und Übermensch", wobei das Ganze besiegelt wird mit dem Wort:

‚*Todt sind alle Götter: nun wollen wir, dass der Übermensch lebe.*' – diess sei einst am grossen Mittage unser letzter Wille! (102,13–15)

Damit endet das Werk, das Nietzsche im ersten Überschwang wie sein „Testament" (KSB 6: 326) vorkam – und für das er vor allem in Phasen der „Melancholie" nicht ausschließen wollte, dass er sich „im allergröbsten Sinne über Werth und Unwerth täuschen (könnte)." (ebd.: 348) Wir meinen fast, dem Melancholiker Recht geben zu müssen.

II Also sprach Zarathustra.
Ein Buch für Alle und Keinen. Zweiter Theil (1883)

– und erst, wenn ihr mich Alle verleugnet habt, will ich euch wiederkehren. Wahrlich, mit andern Augen, meine Brüder, werde ich mir dann meine Verlorenen suchen; mit einer anderen Liebe werde ich euch dann lieben.

(105)

Za II[57] besteht aus 22 Abschnitten, zumeist Reden Z's, die allerdings nicht ausdrücklich als solche gekennzeichnet werden. Außerdem fehlt eine Vorrede. Deren Funktion soll offenbar das (auch) hier vorangestellte und von Nietzsche expressis verbis als „Motto" (KSB 6: 397) bezeichnete Zitat aus I/23 erfüllen. Dies könnte Anlass geben, jene ‚Anderen' in den ‚Augen' sowie in der ‚Liebe' Z's im Folgenden genauer zu untersuchen.

II/1 Das Kind mit dem Spiegel

Der Eröffnungssatz, mit welchem Z dem Leser präsentiert wird „wartend gleich einem Säemann, der seinen Samen ausgeworfen hat" (105,4–5), spielt auf einen Passus aus dem Matthäus-Evangelium an (gemeint ist Mt 13,3). Der Titel reflektiert auf einen Traum, über den Z Bericht erstattet und in welchem ihn ein Kind auffordert, in einen Spiegel zu schauen – mit niederschmetterndem Ergebnis: Z, der nun schon seit Jahren zurückgezogen von den Menschen im Gebirge lebt, liest die in seinem Spiegelbild sich bezeugende Wiederkehr des Teufels als Hinweis darauf, dass seine Lehre in Gefahr sei: „Unkraut will Weizen heissen!" (105,22–23)[58] Er folgert, dass es gelte, seinen inzwischen „mächtig" gewordenen „Feinden" entgegenzutreten und sich auf die Suche nach seinen verloren gegangenen „Freunden" (106,18–19) zu machen. Dabei zeigt er sich deutlich euphorisiert und überzeugt davon, dass dem erneuten Versuch, als Lehrer zu reüssieren, Erfolg beschieden sein werde, denn, in Anlehnung an den Schluss des Markus-Evangelium (etwa Mk 16,17) gesprochen: „Neue Wege gehe ich, eine neue Rede kommt mir; müde wurde ich, gleich allen Schaffenden, der alten Zungen. Nicht will mein Geist mehr auf abgelaufnen Sohlen wandeln." (106,34–107,1–2) Man kann dies im Rückblick auf Za I als herbe Selbstkritik lesen, aber auch, nach vorn schauend, als Versprechen, zumal Z nun zu wissen meint, wo er seiner verloren gegangenen Freunde habhaft werden kann:

Wie ein Schrei und ein Jauchzen will ich über weite Meere hinfahren, bis ich die glückseligen Inseln finde, wo meine Freunde weilen: – / Und meine Feinde unter ihnen! Wie liebe ich nun Jeden, zu dem ich nur reden darf! (107,6–10).

Was hier herausragt, ist der Ausdruck ‚glückselige Inseln'.[59] Wenn man nur auf die Wortverwendung Z's achtet, fällt seine Äußerung auf: „Auf eurer Herzen sanften Rasen, meine Freunde! – auf eure Liebe möchte sie [Z's ‚wilde Weisheit'; d. Verf.] ihr Liebstes betten!" (108,1–2) Denn von hier ausgehend liegt es nahe, den Ort, den Z mit dem Attribut ‚glückselige Inseln' bezeichnet, als Metapher zu lesen für eine ideale Bildungsbedingung, die das Werden des Neuen begünstigt.

II/2 Auf den glückseligen Inseln

Der Titel sowie der Umstand, dass Z, wie sich im Folgenden zeigen wird, einen Ortswechsel nicht vornimmt, spricht dafür, dass sich offenbar alle in diesem Buch geschilderten Ereignisse an diesem Ort abspielen und dieser insoweit jene Funktion erfüllt, welche die Stadt namens ‚bunte Kuh' für Za I zu leisten hatte.[60]

Den Einstieg, den Z für den spezifischen Bildungsauftrag dieser Rede wählt, ist, Za I zum Maßstab genommen, konventionell: „Einst sagte man Gott, wenn man auf ferne Meere blickte; nun aber lehrte ich euch sagen: Übermensch." (109,10–11) Vergleichsweise neu ist der Zusatz: „Gott ist eine Muthmaassung; aber ich will, dass euer Muthmaassen nicht weiter reiche, als euer schaffender Wille." (109,21–22) Die Schlussfolgerung liegt auf der Hand: Gott kann der Mensch nicht schaffen – wohl aber den Übermenschen, oder, etwas vorsichtiger gesprochen: „Nicht ihr vielleicht selber, meine Brüder! Aber zu Vätern und Vorfahren könntet ihr euch umschaffen des Übermenschen: und Diess sei euer bestes Schaffen!" (109,18–20) Freilich, so Z's Warnung: der (schaffende) Wille allein reicht dazu nicht aus, es bedarf zusätzlich der „Denkbarkeit" als Begrenzung allen Mutmaßens, kurz: Es bedarf des „Wille[ns] zur Wahrheit, dass Alles verwandelt werde in Menschen-Denkbares, Menschen-Sichtbares, Menschen-Fühlbares" (109, 22–24–110,1), in Gestalt eines Imperativs an die Adresse der Menschen gesprochen: „Eure eignen Sinne sollt ihr zu Ende denken!" (110,2) Dies darf man wohl übersetzen mit: nichts im Bereich der Vernunft zur Geltung zu bringen, was nicht zuvor in den Sinnen war. Dass diese Art Erkenntnistheorie nicht naiv-empiristisch gemeint ist, stellt der Imperativ klar. Denn dass man die Sinne zu Ende denken soll, meint eben auch, dass man sie der Kritik zu unterziehen hat.

Nicht minder aufschlussreich ist die Vokabel ‚Wille zur Wahrheit'. Denn manche – zumal postmoderne – Nietzscheinterpreten meinen, Nietzsche ein positives Verhältnis zum Wahrheitsanspruch als solchen bestreiten zu müssen. In der Summe freilich gilt eher das Umgekehrte (vgl. Niemeyer 1998: 247 ff.): Gerade nach dem Tod Gottes hielt Nietzsche Wahrheitserwerb für möglich und notwendig, ebenso wie die Schaffung einer neuen, aller metaphysischer Setzungen entkleideten Welt nach dem Muster:

Und was ihr Welt nanntet, das soll erst von euch geschaffen werden: eure Vernunft, euer Bild, euer Wille, eure Liebe soll es selber werden! (110,3–5)

Was dem noch folgt, ist eher randständig und vor allem der Person des Autors wegen interessant.[61] Die Rede endet mit Z's Beteuerung, dass er angetrieben sei von einem „inbrünstige[n] Schaffens-Wille[n]", wobei er, dem Vorbild der ihre Götter nackt in Marmor verewigenden griechischen Antike folgend (vgl. Köhler 1989: 420), das in der Pädagogikgeschichte vielfach strapazierte Bildhauer-Motiv aufgreift: „Ach, ihr Menschen, im Steine schläft mir ein Bild, das Bild meiner Bilder! Ach, dass es im härtesten, hässlichsten Steine schlafen muss!" (111,29–31) Z freilich, schaffensfroh und seiner Sache sicher, kennt keine Bedenken: „Nun wüthet mein Hammer grausam gegen sein Gefängniss. Vom Steine stäuben Stücke: was schiert mich das?" (111,31–32) Die Frage ist rhetorischer Natur.

II/3 Von den Mitleidigen

Mit dem Thema dieser Rede befindet sich Z auf vertrautem Terrain. Denken könnte man beispielsweise an seine mitleidsskeptischen Äußerungen seit *Menschliches, Allzumenschliches*, aber auch an Rede I/17, mit welcher Z Propaganda machte für das anti-christliche Gebot der Fernstenliebe. Unklar blieb dabei allerdings noch, wie erreicht werden kann, dass der Mensch sich nicht immer nur für den Leidenden interessiert, sondern auch für den ‚Versprechenden'. Ist dies aber wirklich das Thema, dem Z in dieser Rede nachgeht?

Offenbar schon, denn Z – so beginnt diese Rede – hält der ihm zu Ohren gekommenen „Spottrede", wonach er unter seinen Freunden „wie unter Thieren" wandele, seine Korrektur entgegen, dass er als „der Erkennende [...] unter Menschen *als* unter Thieren [wandelt]" (113,5–6). Das ist eine feine Bedeutungsverschiebung: Z reklamiert für sich wieder einmal die Rolle des Psychologen, der sich das Studium des Menschen unter Konzentration auf dessen Rückfall auf das ‚Tierhafte' zur Aufgabe macht, in Z's

Vokabular gesprochen: der sich für den Menschen in seinem Status als „Thier, das rothe Backen macht" (113,7–8), interessiert. ‚Rote Backen' meint hier, dass der Mensch sich eigentlich sehr viel mehr schämen müsste, weil ihm eigentlich nicht unbekannt sein dürfte, dass mitleidiges oder barmherziges Handeln sich häufig aus anderen Motiven als den christlichen erklärt. Deswegen auch lautet der erste Tadel:

Wahrlich, ich mag sie nicht, die Barmherzigen, die selig sind in ihrem Mitleiden: zu sehr gebricht es ihnen an Scham. (113,15–16)

Wie die Redeform schon andeutet, geht es Nietzsche auch hier um eine Umschrift des Neuen Testaments, hier: des Passus' aus der Bergpredigt: „Selig sind die Barmherzigen; denn sie werden Barmherzigkeit erlangen." (Mt 5,7) Z's Botschaft ist eine andere, eher gegenläufige, und auch seine Hoffnung gilt den Anderen, den „Leidlose[n]" (113,22), was man vielleicht übersetzen darf mit: es geht um jene, die sich frei wissen von dem ‚Leid', einer Tugendlehre Reverenz erweisen zu müssen, die ihnen durch Beispiel, Herkunft und Umgebung zu einer zweiten Haut geworden ist.

Der Rest des Abschnitts dient der genaueren Beschreibung dieser Anderen, und dies zunächst in Gestalt eines Lobliedes auf die Freude: „Seit es Menschen giebt, hat der Mensch sich zu wenig gefreut: Das allein, meine Brüder, ist unsere Erbsünde!" (114,4–5) Die Freude ist also jenes Mitleid-Äquivalent, das wir einleitend als Desiderat vermeldeten und auf dessen Thematisierung wir beharrten, weil andernfalls die Fernstenliebe gleichsam in der Luft hängen würde und bloß ein weiteres anti-christliches Gebot wäre. Beachtlich ist dabei die Zuweisung eines exklusiven Rangs für die Freude bei gleichzeitiger Geißelung ihrer Unterdrückung als ‚unsere Erbsünde'. Denn dahinter verbirgt sich zugleich die Leugnung des christlichen Erbsündedogmas sowie die Anerkennung, dass dem Menschen das Recht, aber auch die Pflicht zukommt, für seine eigene ‚Erlösung' zu sorgen – mit wiederum psychologisch aufschlussreichem Effekt:

Und lernen wir besser uns freuen, so verlernen wir am besten, Andern wehe zu tun und Wehes auszudenken. (114,6–7)

Der Entwurf richtigen Lebens verbirgt sich hinter diesem Satz – eines Lebens in Offenheit und Transparenz sowie jenseits der Gefährdung durch unterschwellige Ressentiments. Dem folgen einige weitere psychologische Weisheiten dieses Kalibers – und schließlich noch, als gleichsam letzter Auftrag:

Merket aber auch diess Wort: alle große Liebe ist noch über all ihrem Mitleiden: denn sie will das Geliebte noch – schaffen! / ‚Mich selber bringe ich meiner Liebe dar, *und meinen Nächsten gleich mir*' – so geht die Rede allen Schaffenden. / Alle Schaffenden aber sind hart. (116,3–7)

So wird man den Auftrag Z's dahingehend deuten dürfen, dass es im Interesse des Schaffens des ‚Geliebten' – man darf wohl auch sagen: des ‚Fernsten' – notwendig sei, hart zu sein zu den ‚Nächsten'.

II/4 Von den Priestern

Dass dieses Verständnis von Härte nicht notwendig den Verzicht auf Psychologie bzw. Nachvollzug der Handlungsmotive jener einschließt, die als Antipoden des eigenen Wollens anzusehen sind, stellt Z gleich zu Beginn dieser Rede dar: Er ermahnt seine Jünger, still an den Priestern, seinen „Feinde[n]", vorüberzugehen „und mit schlafendem Schwert", denn: „Auch unter ihnen sind Helden; Viele von ihnen litten zuviel –: so wollen sie Andre leiden machen." (117,4–7) Sowie: „Böse Feinde sind sie: Nichts ist rachsüchtiger als ihre Demuth. Und leicht besudelt sich der, welcher sie angreift." (117,8–9) Und schließlich, als spräche Nietzsche, der Pastorensohn: „Aber mein Blut ist mit dem ihren verwandt; und ich will mein Blut auch noch in dem ihren geehrt wissen." (117,10–11)[62]

Des Weiteren ist zu beachten, dass Z ganz nebenbei auch noch mit dem ‚Priester' Wagner abrechnet. Dies gilt etwa für Sätze wie: „Aber ich leide und litt mit ihnen: Gefangene sind es mir und Abgezeichnete […] / […] Ach dass Einer sie noch von ihrem Erlöser erlöste!" (117, 18–22) Z zitiert hier den Schluss des *Parsifal*, und dies mit der bitterbösen Konnotation, dass vor allem der Schöpfer dieses Werkes (Wagner) und dessen Anhänger – die ‚Priester' Amfortas und Parsifal, aber eben auch der ‚frühe' Nietzsche – der Erlösung bedürftig seien (vgl. Borchmeyer/Salaquarda 1994: 1357). Die letztgenannte Folgerung legt der Umstand nahe, dass sich Nietzsche ausgehend von der Rückerinnerung an die Kranzanschrift „Erlösung dem Erlöser!" (anlässlich von Wagners Begräbnis) zu dem (damals angeblich von vielen geteilten) heimlichen Stoßseufzer verleiten ließ: „Erlösung *vom* Erlöser!" (KSA 6: 42)

Dass es auch um den Katholizismus geht, zeigt der Rest: Was wir hier vorfinden – und dies hat insbesondere Eugen Drewermann (1989: 91 ff.) inspiriert –, ist eine scharfe, offenbar den frischen Eindruck einer Rom-Reise Nietzsches wiedergebende (vgl. KSB 6: 419) Abrechnung mit dem Typus des Klerikers. Von Kirchen als „süssduftenden Höhlen" ist da die Rede, vom „verfälschte[n] Licht" und „verdumpfte[r] Luft" (118,5). Z vergisst nicht den in seinen Augen eigentlichen Skandal: „Und nicht anders wussten sie ihren Gott zu lieben, als indem sie den Menschen an's Kreuz schlugen!" (118,20–21) Dem folgt die wohlbekannte Programmatik, diesmal allerdings mit dem skeptischen Zusatz: „Niemals noch gab es einen Übermenschen. Nackt sah ich Beide, den grössten und den kleinsten Menschen: – / Allzuähnlich sind sie noch einander. Wahrlich, auch den Grössten fand ich – allzumenschlich!" (119,26–29) Dies – einen Fingerzeig gibt hier die Vokabel „Erlöser" (119,23) – geht gegen Christus als den vermeintlich ‚grössten' Menschen. Man könnte bei diesem Satz allerdings auch an Wagner denken.[63]

II/5 Von den Tugendhaften

Nachdem Z die Priester demaskiert hat, sind nun deren Adressaten resp. Schafe an der Reihe. Der Hauptvorwurf ist noch vergleichsweise moderat: Das Kalkül auf „Lohn für Tugend" und „Himmel für Erden" und „Ewiges für euer Heute" könne nicht aufgehen – nicht, weil kein „Lohn- und Zahlmeister" mehr da sei (120,11–15), sondern weil man die Rechnungsart selbst, also „Lohn und Strafe", „in den Grund der Dinge" und „in den Grund eurer Seelen" „hineingelogen" (120,18) habe. Daraus folgt der Ratschlag: „Dass eure Tugend euer Selbst sei und nicht ein Fremdes, eine Haut, eine Bemäntelung: das ist die Wahrheit aus dem Grunde eurer Seele, ihr Tugendhaften!" (121,14–16)

Soweit die Hauptbotschaft, die Z einbettet in eine weiträumige Klage in Sachen Spießermoral, also adressiert an jene,
– die das „Faulwerden ihrer Laster" (121,20–21) Tugend heißen;
– die – wie es in Fortführung eines auf Lukas 18,14 anspielenden Scherzwortes des ‚mittleren' Nietzsche[64] heißt – sich nur „erheben", „um Andre zu erniedrigen" (122,11);
– die als Tugend gewertet wissen wollen, dass sie niemanden beissen, „Dem aus dem Weg [gehen], der beissen will" und im übrigen „in Allem [...] die Meinung [haben], die man uns giebt" (122,15–17).
– Nicht vergessen sei schließlich der – in *Jenseits von Gut und Böse* (KSA 5: 228) wiederholte – Tadel: „Und Mancher, der das Hohe an den Menschen nicht sehen kann, nennt es Tugend, dass er ihr Niedriges allzunahe sieht: also heisst er seinen bösen Blick Tugend." (122,25–27)

II/6 Vom Gesindel

Was Sprachduktus und Thema angeht, schließt diese Rede nahtlos an die vorhergehende an. Der Spießer tritt hier gleichsam im Plural auf, eben als „Gesindel" (125,5), im Blick auf die Rolle in der Gesellschaft auch als „Macht- und Schreib- und Lust-Gesindel" (125,21–22) sowie in der Politik in Gestalt von „Herrschenden", die „schachern und markten um Macht – mit dem Gesindel!" (125,12–13) Dies macht die Sache, jedenfalls in Z's Wahrnehmung, besonders schlimm: „grinsende Mäuler" (124,4–5) sichtet er, „widriges Lächeln", „Lüsternheit", „schmutzige Träume" (124,7–9) – und, zur anderen Seite hin, bei jenen, die nicht dem ‚Gesindel' zuzugehören wünschen: Lebensabkehr, Zivilisationsflucht, im Bilde gesprochen: den Gang in die Wüste, um „nicht mit schmutzigen Kameeltreibern um die Cisterne sitzen" (124,20–21) zu müssen, sowie, als gleichsam wildeste Form der Gegenwehr: die Selbstauslegung als „Vernichter", hinter welcher sich oftmals nur der Wunsch verberge, „seinen Fuss dem Gesindel in den Rachen [zu] setzen und also seinen Schlund [zu] stopfen." (124,22–24)

Man ahnt es schon: Die zuletzt genannten drei Wege der Gegenwehr gegen das ‚Gesindel', auch der von Nietzsche ab 1879 gewählte Ausweg des Lebens unter Völkern „fremder Zunge, mit verschlossenen Ohren: dass mir ihres Schacherns Zunge fremd bliebe und ihr Markten um Macht" (125,14–16), sind für Z unannehmbar. Sein Therapeutikum ist prinzipieller Natur, obgleich er substantiell nichts weiter zu bieten hat als schön klingende Worte[65], die teilweise – etwa bei jugendlichen oder gar jugendbewegten Lesern – für Aufsehen sorgten, was namentlich für das folgende Bild gilt:

Auf dem Baume Zukunft bauen wir unser Nest; Adler sollen uns Einsamen Speise bringen in ihren Schnäbeln! [...] / Und wie starke Winde wollen wir über ihnen [den ‚Unsauberen'; d. Verf.] leben, Nachbarn den Adlern, Nachbarn dem Schnee, Nachbarn der Sonne: also leben starke Winde. (126,19–29)

Die entscheidende Frage ist allerdings eine ganz andere:

hat das Leben auch das Gesindel *nöthig*? (125,4–5)

Eine Antwort wird allenfalls angedeutet (vgl. auch Loeb 2002: 96). Denn Aussagen wie: „Und nicht das ist der Bissen, an dem ich am meisten würgte" (125,1) oder: Ich, Z, „erstickte fast an meiner Frage" (125,4) weisen deutliche Parallelen auf zu jener Szene aus III/2, in welcher Z einen Hirten, „dem eine schwarze schwere Schlange aus dem Mund hieng" (201,25–26) – und der zu ersticken droht –, auffordert, deren Kopf abzubeißen. Dies wiederum könnte heißen – wir werden darauf zurückkommen –, dass Z und mit ihm Nietzsche die Schlange als Symbol der ewigen Wiederkehr des Gleichen nicht jederzeit und nicht in jeder Hinsicht gutheißt, ebenso wenig wie das ‚Gesindel' und dessen ewige Wiederkehr.

II/7 Von den Taranteln

Thema dieser Rede ist dasjenige, was das ‚Gesindel' heimlich antreibt, nämlich das Streben nach Gleichheit, weitergehender gesprochen: Thema sind die „Prediger der *Gleichheit*", auch, wie man wohl ergänzen darf, der „Gerechtigkeit" – Prediger, deren Symbol- und Wappentier, so Z, an sich die Tarantel sein müsste, denn: „Taranteln seid ihr mir und versteckte Rachsüchtige!" (128,10–11)

Die Gegenposition ist rasch gesetzt: Z, der – ähnlich wie gegen Ende von I/20 – von der Tarantel gebissen wird, weil diese meint, „Strafe muss sein und Gerechtigkeit", insofern er „der Feindschaft zu Ehren" Lieder gesungen habe, erträgt diesen Biss tapfer und kommentiert: „Lieber noch Säulen-Heiliger will ich sein, als Wirbel der Rachsucht!" (131,18–19) Soweit die private Lektion Z's, die auch, wie am Beispiel der Briefe von Mitte Juli 1883 bereits diskutiert, diejenige Nietzsches hätte sein sollen.

Was es mit dieser Lektion vom Theoretischen her auf sich hat, wird gleich zu Beginn dieser Rede angedeutet: „Denn *dass der Mensch erlöst werde von der Rache*: das ist mir die Brücke zur höchsten Hoffnung und ein Regenbogen nach langen Unwettern." (128,17–19) Z fährt nach diesem Satz, den viele deutsche Leser Nietzsches nach 1945 bei diesem nicht erwartet hätten (vgl. hierzu Heidegger 1954: 78), fort, dass der „Geist" (129,14) erst zur Geltung komme, wenn die Begeisterung des von Rache Entflammten abkühlt; dass das (deutsche?) Volk „schlechter Art und Abkunft" sei und aus den Gesichtern der dem Volk Angehörenden „der Henker und der Spürhund" (129,23–24) blicke; dass sich mitunter die „heimlichsten Tyrannen-Gelüste" im als „Tugend-Wort" (129,6) gelesenen „Wille[n] zur Gleichheit'" (129,1) vermumme. Dies sind wichtige Hinweise, die sich zu einer Theorie der dunklen Seite des Strebens nach Gleichheit und Gerechtigkeit – unter den Vorzeichen von „Dünkel und Neid" (129,8) – verdichten lassen.

Tatsächlich aber geht es Z um mehr. Denn bei seinem Alternativvorschlag schreckt er nicht vor der Inanspruchnahme eines der Werte zurück, die er an sich negiert:

Denn so redet *mir* die Gerechtigkeit: ‚die Menschen sind nicht gleich.' (130,10–11)

Trotz dieser paradoxen Struktur ist die Argumentation nicht ohne Reiz. Gleichheit und Gerechtigkeit scheinen auf den ersten Blick zwar Brüder im Geiste zu sein. Sie geraten aber spätestens dort in Konflikt, wo Ungleiches gleich behandelt wird und dadurch Ungerechtigkeit entsteht. Also hängt alles davon ab, ob es gelingt, Ungleichheit nicht nur als Makel anzusehen, sondern als produktives Moment, das es unter Schutz zu stellen gilt. Eben dies ist die Position, für die Z vehement eintritt, wenn auch mit Ironie, denn: „Was wäre denn meine Liebe zum Übermenschen, wenn ich anders spräche?" (130,12–13) Nicht, dass der Übermensch andere überragen und sein Recht auf Ungleichheit geltend machen *soll*, ist Z's resp. Nietzsches Problem. Es geht vielmehr um die Frage, ob der Übermensch unter dem Regiment der Idee der Gleichheit überhaupt als eine dem Menschen verfügbare Möglichkeit real werden *kann*. Z ist entschieden der Meinung, dass dem nicht so ist und setzt hinzu: „Auf tausend Brücken und Stegen sollen sie sich drängen zur Zukunft, und immer mehr Krieg und Ungleichheit soll zwischen sie gesetzt sein: so lässt mich meine grosse Liebe reden!" (130, 14–16) Dies klang so, als gehe es um eine harte Schule der Auslese mit vielen ‚Sitzenbleibern' und nur wenigen Übermenschen, denen der Weg ins gelobte Land – im Sinn der in I/23 verwendeten Rede vom ‚auserwählten Volk' – offen steht.

Insoweit ist es hilfreich, dass Z nachträgt: „Gut und Böse, und Reich und Arm, und Hoch und Gering, und alle Namen der Werthe: Waffen sollen es sein und klirrende Merkmale davon, dass das Leben sich immer wieder selber überwinden muss!" (130,20–24) Denn dies erlaubt den Schluss, es gelte, den Kampf gegen die Nivellierung der Differenz im Zuge des Strebens nach Gleichheit auch deshalb zu führen, weil sich eben in dieser Differenz und in der Auseinandersetzung mit ihr das „Geheimniss alles Lebens" (131,1) und mithin auch aller Entwicklung höherer Formen inklusive der Hervorbringung des Übermenschen verbirgt. Eines jedenfalls scheint nun klar zu sein: Nietzsche plädierte nicht für Ungleichheit aus sozialpolitischer Ignoranz heraus, sondern im Interesse, den Menschen der Verpflichtung zu unterwerfen, die Verantwortung für seine Lebensgestaltung zu übernehmen und darin seinen Status als unverwechselbares Subjekt festzustellen und geltend zu machen.

II/8 Von den berühmten Weisen

Was das ‚Gesindel' oder das ‚Volk' glaubt, ist nicht ganz unabhängig zu sehen von dem, was ihn seine „berühmten Weisen" lehren. Das ist die Grundüberlegung Z's, die ihm in dieser Rede Anlass wird zu einer scharfen Attacke im Sinne einer Art Wissenschaftskritik. Denn, so Z's zentraler Tadel: „Laue" (134,27) – wohl in Anspielung auf Offb 3,16 gesprochen[66] – seien diese ‚Weisen', kaum darüber in Kenntnis gesetzt, dass nicht „der Geist Berge versetzt" (134,12), sondern dass es gilt (und so beendet Z seine Parodie auf den betreffenden Teil[67] des Neuen Testaments): „mit Bergen soll der Erkennende *bauen* lernen" (134,11). Als „Diener des Volkes" (135,3) würden diese ‚Weisen' ihren Auftrag verraten; von des Geistes „Stolz" (135,15) wüssten sie wenig, ebenso wenig wie vom „Glück im Schrecken des Geistes" (135,24–25) – und gar nichts davon, dass die „Blindheit des Blinden" mitunter „von der Macht der Sonne" (134,8–9) zeuge, in die er wenigstens zu schauen sich getraut habe. Z's Resümee ist eindeutig und nimmt die Gestalt eines Spottverses an: „Eurem Volke wolltet ihr Recht schaffen in seiner Verehrung: das hiesset ihr ‚Wille zur Wahrheit', ihr berühmten Weisen!" (132,16–17)

Auch der dem wissenschaftlichen Handwerk vermeintlich innewohnende „Unglaube" – Wahrheitsstreben wird seit Kant als antipodisch zum Glauben gedacht, – vermag Z nicht zu beeindrucken, „weil er ein Witz und Umweg war zum Volk" (132,5–6) und insofern eher Anlass gäbe zu Spottversen wie etwa dem Folgenden: „So lässt der Herr seine Sclaven gewähren und ergötzt sich noch an ihrem Übermuthe." (132,6–7)

Die Gegenposition ist rasch gesetzt: Z singt sein Loblied auf den, der „dem Volke verhasst ist wie ein Wolf den Hunden", nämlich „der freie Geist, der Fessel-Feind, der Nicht-Anbeter, der in Wäldern Hausende." (132,8–10) Dieses Loblied, selbstredend ein Nachhall auf Nietzsches Freigeistepoche, wird in der Folge immer wieder neu intoniert: etwa in Gestalt von Refrains derart: „Hungernd, gewaltthätig, einsam, gottlos: so will sich selbst der Löwen-Wille." (133,14–15) Dies erinnert an das ‚Löwen'-Porträt aus I/2 sowie an den ‚Kriegsmann'-Aphorismus aus I/8. Darum geht es auch hier: um einen ‚Kriegsmann' (der Erkenntnis), etwa nach dem Motto:

Frei von dem Glück der Knechte, erlöst von Göttern und Anbetungen, furchtlos und fürchterlich, gross und einsam: so ist der Wille des Wahrhaftigen. (133,16–18)

In eben diese Richtung weist auch der – in IV/4 wieder aufgenommene – Spruch: „Geist ist das Leben, das selber in's Leben schneidet: an der eignen Qual mehrt es sich das eigne Wissen." (134,3–4)

II/9 Das Nachtlied

Das Nachtlied[68] ist ergreifend. Schon der Anfang, der verrät, dass dieses Lied in Rom geschrieben wurde[69] – ein für Nietzsche nicht ganz unverfänglicher, auf Lou v. Salomé hinweisender Ort[70] –, ist anrührend:

Nacht ist es: nun reden lauter alle springenden Brunnen. Und auch meine Seele ist ein springender Brunnen. / Nacht ist es: nun erst erwachen alle Lieder der Liebenden. Und auch meine Seele ist das Lied eines Liebenden. (136,2–5)

Wenn man der Selbstauslegung des Autors – aus *Ecce homo* – trauen will, geht es hier um die „Klage, durch die Überfülle von Licht und Macht, durch seine [Z's; d. Verf.] *Sonnen*-Natur, verurtheilt zu sein, nicht zu lieben." (KSA 6: 345) Freilich: Wenn man die Druckvorlage heranzieht, stellt man fest, dass die erste Intention des Autors offenbar dahin ging, zu enden mit: „[...] nicht geliebt zu werden" (vgl. Kjaer 1995: 132) – ein Sachverhalt, der den Verdacht freisetzt, hier sei gar nicht von Z, sondern von Nietzsche die Rede und von einer Ideologie, die ihm hilft, das Ausbleiben von Lou v. Salomés Gegenliebe rational zu erklären.[71]

Als weitere Schwierigkeit kommt hinzu, dass Nietzsche in *Ecce homo* meinte: „Dergleichen ist nie gedichtet, nie gefühlt, nie *gelitten* worden: so leidet ein Gott, ein Dionysos." (KSA 6: 348) Ersteres stimmt zwar nicht ganz – zu denken ist an Hölderlins Elegie *Brot und Wein* (vgl. Braun 1998:

50ff.) –, wichtiger ist aber ein anderer, von Joachim Köhler (1989: 473f.) herausgestellter Gesichtspunkt: Nietzsche hat durch den Folgesatz: „Die Antwort auf einen solchen Dithyrambus der Sonnen-Vereinsamung im Lichte wäre Ariadne ... Wer weiss ausser mir, was Ariadne ist! ..." (KSA 6: 348) haltlose und die Vokabel ‚was' im eben gegebenen Zitat ignorierende Spekulationen darüber ausgelöst, dass er in II/9 in Wahrheit Cosima Wagner gedenke, seiner – so Nietzsche am 3. Januar 1889 – „Prinzeß Ariadne", seiner „Geliebte[n]" (KSB 8: 572). Tatsächlich aber wollte er offenbar nur eine Nebelkerze zünden zwecks Unkenntlichmachung seines eigentlichen Klagemotivs, eben Lou v. Salomé, auf die auch die Zeilen hinzudeuten scheinen:

Ein Ungestilltes, Unstillbares ist in mir; das will laut werden. Eine Begierde nach Liebe ist in mir, die redet selber die Sprache der Liebe. (136,5–8)

Eine weitere Ebene der Interpretation eröffnet sich im Blick auf Sätze wie:

Viel Sonnen kreisen im öden Raume: zu Allem, was dunkel ist, reden sie mit ihrem Lichte, – mir schweigen sie. (137,24–25)

Denn dies scheint fast schon nach einer psychoanalytischen Lesart zu verlangen, aus der heraus man diese Zeilen als Zeugnis nehmen könnte für eine psychotische Episode des Autors mit Zügen von Depersonalisation und Objektbeziehungsstörung (vgl. Klaf 1959).[72]

Und schließlich noch wollte Nietzsche hier offenbar seinem Gefühl der „Einsamkeit aller Schenkenden" (137,22) Ausdruck geben, will sagen: der Not des immer nur denkenden und schaffenden, aber nie zur Ruhe des rein Rezeptiven findenden Geistes. Dies gilt etwa für den Satz: „Ich kenne das Glück des Nehmenden nicht; und oft träumte mir, dass Stehlen noch seliger sein müsse, als Nehmen." (136,18–19) Was jenseits dieses – wiederum als Parodie auf das Neue Testament zu lesenden[73] – Scherzwortes an tieferem Gehalt verbleibt, ist Nietzsches Zweifel an seiner Resonanz, nach dem Muster: „Sie nehmen von mir: aber rühre ich noch an ihre Seele?" (137,3–4) Dieser Zweifel wäre an sich nicht schlimm, würde in seinem Rücken nicht der Hunger mächtig nach „Bosheit", etwa nach jener, die Hand zurückzuziehen, „wenn sich ihr schon die Hand entgegenstreckt" (137,9–10). Derlei ist eigentlich untersagt, wie II/7 lehrt. Nietzsche resp. sein Protagonist resümiert denn auch, allerdings überraschend hilflos: „Solche Rache sinnt meine Fülle aus; solche Tücke quillt aus meiner Einsamkeit." (137,12–13) Das ist nicht weiterführend – wohl, weil die Zensur Nietzsches wirksam war[74] –, und der Rest ist Sehnsucht nach dem Muster der Eingangssätze.

II/10 Das Tanzlied

Z gibt hier, so will es zunächst scheinen, den Mann von Welt: Er geht eines Abends – so, in dieser Märchenform, beginnt diese Rede – mit seinen Jüngern durch den Wald, „da kam er auf eine grüne Wiese, die von Bäumen und Büschen still umstanden war: auf der tanzten Mädchen miteinander." (139,2–5) Und, siehe da: Z ist kein „Mädchen-Feind" (139,10), im Gegenteil: „Wie sollte ich, ihr Leichten, göttlichen Tänzern feind sein? Oder Mädchen-Füssen mit schönen Knöcheln?" (139,12–13) Diese Bemerkung des nicht mehr ganz so jungen Zaungastes dieses durchaus weltlichen Geschehens verdient nur ein Attribut: schlüpfrig.

Freilich: Dass es in diesem Abschnitt um anderes und um mehr geht, zeigt ein Brief Nietzsches an Köselitz vom 16. August 1883, in dem es heißt:

wenn Sie Zarathustra II zu Ende gelesen haben werden, wird dies Ihnen deutlich sein, wo ich meine ‚glückseligen Inseln' suchte. ‚Cupido mit den Mädchen tanzend' ist nur in Ischia sofort verständlich: (die Ischiotinnen sagen ‚Cupedo'). Kaum bin ich mit meiner Dichtung fertig, bricht die Insel in sich zusammen. (KSB 6: 429)

Mit der ersten Bemerkung spielte Nietzsche auf eine – in der lateinischen Poesie auf die Insel Ischia verlegte – Romanze des Liebesgottes Cupido bzw. Amor (griech. Eros) an. Die zweite Bemerkung nimmt Bezug auf den Umstand, dass Nietzsche eine Zeitlang geplant hatte, den Sommer auf Ischia, in Casamicciola, zuzubringen – in eben jenem Ort, der nur wenige Wochen zuvor, am 28. Juli, bei einem Erdbeben völlig zerstört worden war. Zu beachten ist dabei vor allem Nietzsches Fortführung: „Sie wissen, daß in der Stunde, in der ich den ersten Zarath<ustra> im Druck-Manuscript vollendete – Wagner gestorben ist." (ebd.) Denn dies klingt so, als habe er beide Zeichen als eine Art Gottesstrafe für Za I und Za II gelesen.

Darüber hinaus hatte Nietzsche offenbar eine Art Schicksalsschlag mit einem gleichsam irdischen Urheber im Sinn. Denn zu Beginn der Woche, an deren Ende er sich – wie er seiner Schwester am 10. Juli 1883 triumphierend mitgeteilt hatte – bereit sah „zur *Absendung des druckfertigen Manuscriptes*" (ebd.: 394) von Za II, erhielt er einen Brief seiner Schwester, in welchem sie erneut auf die Lou-Affäre zurückkam und Nietzsche zu einer geradezu hektischen Folgekorrespondenz animierte, die insgesamt zeigt, dass er vorübergehend zum Sinnbild des von ihm in Za I so scharf gegeißelten ‚letzten' Menschen mutierte. Von hier aus lässt sich der Satz „Kaum bin ich mit meiner Dichtung fertig, bricht die Insel in sich zusammen" dahingehend deuten, dass Nietzsche in II/10 die Utopie einer ‚glückseligen Insel' schildern wollte, die nicht zuletzt von seiner Rückerinnerung an Lou v. Salomé auch erotisch konnotiert war und in der weiterhin träumerisch zu verweilen ihm infolge der Invektiven seiner Schwester unmöglich wurde.

Schauen wir, wie weit diese Hypothese trägt. Zunächst: Cupido wird als der „kleine Gott" eingeführt, neben dem Brunnen liegend, „still, mit geschlossenen Augen", weil er offenbar zu viel „nach Schmetterlingen" (139,17–21) haschte. Diese wenige Worte sind durchaus geeignet, ihn uns lebhaft zu Augen zu führen. Z freilich ist kaum weniger ‚schlimm', er ist vielmehr Cupidos Antreiber und Versucher. Denn erst, nachdem er ihn ein wenig gezüchtigt hat, ist Cupido bereit, mit den Mädchen zu tanzen, begleitet von Z, der ein Lied dazu singt, und zwar ein ganz spezielles:

Ein Tanz- und Spottlied auf den Geist der Schwere, meinen allerhöchsten grossmächtigsten Teufel, von dem sie sagen, dass er ‚der Herr der Welt' sei. (140,1–3)

Mit ‚sie' und dem als Zitat ausgewiesenen Satzteil spielt Z auf jene Passage aus dem Johannes-Evangelium an, in der Jesus das Gerücht weiter trägt, dass „der Fürst dieser Welt ausgestoßen werden [wird]" (Joh 12,31). ‚Fürst' meint hier: der Teufel, der sich allerdings immer wieder über vielfältige Versuchungen als Herr der Welt zu inthronisieren sucht. Sehr viel unklarer ist aber, ob Z diesen meint, wenn er von ‚seinem allerhöchsten großmächtigsten Teufel' spricht – oder ob er nicht Gott als eine Art Teufel, als lebens- und liebesfeindliche Macht, brandmarkt und ausstoßen möchte. Für diese Annahme spricht, dass Nietzsche hier offenbar das folgende Motiv aus I/8 aufgreift, das wir bisher unbeachtet gelassen haben:

Ich würde nur an einen Gott glauben, der zu tanzen verstünde. / Und als ich meinen Teufel sah, da fand ich ihn ernst, gründlich, tief, feierlich: es war der Geist der Schwere – durch ihn fallen alle Dinge. / Nicht durch Zorn, sondern durch Lachen tödtet man. Auf, lasst uns den Geist der Schwere tödten! (49, 28–33)

In der Figur Cupidos hat Nietzsche offenbar jenen (Liebes-)Gott gefunden, ‚der zu Tanzen versteht' – und der in der Lage scheint, jenen ‚Teufel' als Inkarnation des ‚Geistes der Schwere' und mit ihm die darin präsente lebensfeindliche Gottesvorstellung zu töten.

Aber mehr als dies: Das Szenario ist deutlich erotisch angelegt. Es soll offenbar die Agape, also das biblische Gegenstück zum Eros, als nur vermeintlich höhere, vergeistigte Form der Liebe skandalisieren. Der Liebesgott Cupido spielt dabei den Verführer und Z seinen Antreiber. So gesehen hat auch der Rest der Rede Sinn. Denn um ‚Ausstoß' des Gott-Teufels geht es auch in Z's ‚Tanz- und Spottlied', dies aber folgerichtig nicht im Kontext einer Lobpreisung von Gottes Sohn als des wahren Herrn der Welt, sondern im Kontext eines Jubels über das Leben, über den Sieg von Eros über Agape, deutlicher vielleicht noch: im Kontext einer neuen, durchaus kühnen Sicht auf das ‚Weib' (vgl. hierzu Lorraine 1994).

Spätestens hier bietet sich die Anknüpfung an die Lou-Affäre vom Sommer 1882 an. Denn wo Z als Nietzsches Sprecher diese neue Sicht her hat, kann kaum fraglich sein, wenn man an diese Affäre denkt. Fast will es scheinen, als spiele Z mit den ersten Zeilen seines Liedes exakt hierauf an: „In dein Auge schaute ich jüngst, oh Leben! Und ins Unergründliche schien ich mir da zu sinken." (140,6–7) Auch könnte es sein, dass Z Nietzsches Erinnerungen an Reden Lou v. Salomés aus eben jenem unglückseligen Sommer wiedergibt – etwa die folgende:

‚Aber veränderlich bin ich nur und wild und in Allem ein Weib, und kein tugendhaftes: /' Ob ich schon euch Männern ‚die Tiefe' heisse oder ‚die Treue', die ‚Ewige', die ‚Geheimnisvolle'. / ‚Doch ihr Männer beschenkt uns stets mit den eignen Tugenden – ach, ihr Tugendhaften!' / Also lachte sie, die Unglaubliche; aber ich glaubte ihr niemals und ihrem Lachen, wenn sie bös von sich selber spricht. (140,12–19)

Der Sinn dieser Zeilen scheint jedenfalls klar: Die ‚Tugend' des Weibes wird geschützt durch die Konstrukte, die der Mann für es in Vorrat hält – jedenfalls solange er dem christlich verstandenen Konzept von Liebe verpflichtet bleibt und auf es verpflichtet wird, so wie dies für Nietzsche gesagt werden darf (vgl. Niemeyer 1998: 38ff.). Fällt dieser Wertkanon aber weg oder tritt er – so wie im Fall des Liebesgottes Cupido – erst gar nicht in Geltung, scheint alles möglich. Nietzsche beispielsweise – diese Vermutung über den Hintersinn von Z's Rede darf hier angeschlossen werden, – hätte damals, im Sommer 1882, nur den amoralischen Mut aufbringen müssen, Lous Worte nicht als ‚böse' zu verdammen und ihr zu glauben, etwa im Sinne der tiefen Wahrheit über sich, um die er doch eigentlich wusste und die sich beispielsweise in den Worten verbirgt:

Vielleicht ist sie böse und falsch und in allem ein Frauenzimmer; aber wenn sie von sich selber schlecht spricht, da gerade verführt sie am meisten. (141,9–11)

Statt dessen aber schilt er mittels seines Sprechers Z seine „wilde Weisheit" als ‚böse', nur weil sie ihm letztlich auch noch die andere Wahrheit sagt: „‚Du willst, du begehrst, du liebst, darum allein *lobst* du das Leben!'" (140,21–22) Diese Wahrheit kann Nietzsche nicht akzeptieren, weil er dann den Schutz verlöre im Blick auf eine Zeit, zu der nichts mehr lebt – noch nicht einmal mehr Gott –, was er wollen, begehren und lieben kann. Darum entscheidet er sich für die andere, resignative Wahrheit: „Von Grund aus liebe ich nur das Leben – und, wahrlich, am meisten dann, wenn ich es hasse!" (140,26–28)

Dies ist eine tieftraurige Pointe, und auch der Rest kann dann nicht mehr überraschen: der Tanz ist zu Ende, die Mädchen sind fort, und Z sieht sich mit Fragen konfrontiert wie:

Was! Du lebst noch, Zarathustra? / Warum? Wofür? Wodurch? Wohin? Wo? Wie? Ist es nicht Thorheit, noch zu leben? (141,24–27)

Man muss nur die Briefe Nietzsches im Zusammenhang der Lou-Affäre durchgehen, um zu wissen, dass es sich hier um Fragen handelt, die sich

Nietzsche zeitgleich stellte. Verständlich wird dann auch die Schlusswendung: „Ach, meine Freunde, der Abend ist es, der so aus mir fragt. / Vergebt mir meine Traurigkeit!" (141,28–29) Denn so spricht nur derjenige, der ablenken will vom selbsttherapeutischen Charakter dieser Rede, an deren Beginn es noch so schien, als rede hier ein Lebemann.

II/11 Das Grablied

Was Z in dieser ‚Rede' beklagt, ist Gewalt, Betrug, Täuschung. Und was er diesen destruktiven Mächten in Rechnung stellt, ist die Zerstörung der wahren Empfindung, der Liebe, des Begehrens, der Treue und Wahrhaftigkeit, und dies offenbar mit Seitenblick auf den Bildungswerdegang Nietzsches.[75] Insoweit haben wir es (erneut) mit einer schwermütigen Klage zu tun in Richtung auf ungelebtes Leben, auf verpasste Chancen, möglicherweise auch – so die Vermutung von Rüdiger Braun (1998: 227) – im Rückblick auf Wagner, wie die Zeilen zu belegen scheinen:

Und einst wollte ich tanzen, wie nie ich noch tanzte [...]. Da überredetet ihr meinen liebsten Sänger. / Und nun stimmte er eine schaurige dumpfe Weise an; ach, er tutete mir, wie ein düsteres Horn, zu Ohren! (144,20–24)

Geht es aber wieder einmal auch um die Lou-Affäre? Offenbar schon, wenn man nur bedenkt (vgl. auch Venturelli 1998: 34; Vivarelli 2000: 333), dass Nietzsche dieser Affäre in einem Brief an Overbeck vom Dezember 1882 mit dem Wort gedachte, es falls ihm nun schwer, sich (erneut) an die Emerson-Devise zu halten: „alle Erlebnisse nützlich, alle Tage heilig und alle Menschen göttlich" (KSB 6: 312). Denn eine Variante dieses Lebensmottos begegnet einem auch in dem ein halbes Jahr später verfassten Sätzen für II/11: „Also sprach zur guten Stunde einst meine Reinheit: ‚göttlich sollen mir alle Wesen sein.'" (143,26–27) Schon der Folgesatz lässt ahnen, welches persönliche Drama hier beschrieben wird: „Da überfiel ihr mich mit schmutzigen Gespenstern; ach, wohin floh nun jene gute Stunde!" (143,28)

Dass es hier um die Lou-Affäre geht, zeigt auch ein Brief, den Nietzsche am 4. August 1882 von Tautenburg aus an Köselitz schrieb und in dem es gleich zu Anfang heißt: „Eines Tages flog ein Vogel an mir vorüber; und ich, abergläubisch wie alle einsamen Menschen, die an einer Wende ihrer Straße stehen, glaubte einen Adler gesehen zu haben. Nun bemüht sich alle Welt darum, mir zu beweisen, daß ich mich irre" (KSB 6: 235). Denn dies klingt fast wie der folgende Satz aus II/11:

Einst begehrte ich nach glücklichen Vogelzeichen: da führtet ihr mir ein Eulen-Unthier über den Weg, ein widriges. Ach, wohin flog da meine zärtliche Begierde? /

> Allem Ekel gelobte ich einst zu entsagen: da verwandeltet ihr meine Nahen und Nächsten in Eiterbeulen. Ach, wohin floh da mein edelstes Gelöbniss? (143,34–144,1–5)

Und schließlich könnte man noch hinweisen auf die folgende Formulierung aus II/11: „*Mich* zu tödten, erwürgt man euch, ihr Singvögel meiner Hoffnungen! Ja, nach euch, ihr Liebsten, schoss immer die Bosheit Pfeile – mein Herz zu treffen!" (143,6–8) Um welchen (Sing-),Vogel' es hier wie dort geht, stellt ein Brief Nietzsches vom 4. August 1882 klar, mit dem er den „lieben Vogel Lou" von Bayreuth nach Tautenburg zu locken suchte, denn, so Nietzsche weiter: „nun wollte ich den Adler um mich haben" (KSB 6: 236). Nietzsche gelang dies auch, und er erlebte mit Lou im Tautenburger Wald die drei wohl glücklichsten Wochen seines Lebens, infolge derer er sich allen nur möglichen Verdächtigungen seitens seiner Schwester ausgesetzt sah (vgl. Niemeyer 1998: 45 ff.). Diese Erfahrung dürfte ihren literarischen Niederschlag gefunden haben in den folgenden Sätzen:

> Mitleid mit meinen Feinden war ich einst ganz, und Waldesstille der Ergebung: Waldthiere huschten mir lieblich durch grüne Dämmerungen. Aber da fand ich mein liebstes Thier verblutet von den Eisen meiner Feinde: ach wohin floh die Liebe zu meinen Feinden! (KSA 14: 301)

Man sieht schon an der Zitation: Nietzsche übernahm diese Passage nicht in II/11. Er strich sie in letzter Minute, weil, wie man vermuten darf, die Insider allzu deutlich gesagt bekamen, wer Nietzsches ‚liebstes Tier' gewesen war und wer sein ‚Feind'. Die hier thematische ‚Rede' steht also für den Versuch Nietzsches, seiner Mutter wie Schwester in verschlüsselter Form die Rechnung wegen ihres Verhaltens in der Lou-Affäre zu präsentieren. So gelesen, dominiert zwar die private Abrechnung im Vergleich zum theoretischen Ertrag. Dieser ist aber durchaus vorhanden und hat zum Inhalt, dass eine sozialpsychologisch angelegte Analyse der Wirkweise und Entstehung von Ressentiments Not tut, so wie sie Z vom Ansatz her in II/7 angedeutet hat.

II/12 Von der Selbst-Ueberwindung

Thema dieser Rede ist – wohlgemerkt: zum zweiten Mal seit I/16[76] – der ‚Wille zur Macht', und zwar in zwei Hinsichten: Zum einen geht es um die dekadente Variante dieses Willens, wie ihn etwa die „Weisen", ‚die' Philosophen und Wissenschaftler also, praktizieren, wenn sie suggerieren, ihnen gehe es um den „Willen zur Wahrheit", obgleich sie doch nichts anderes antreibt als der „Wille zur Denkbarkeit alles Seienden", deutlicher gesprochen: obgleich sie doch nur heilig sprechen wollen, was ist: „Glatt soll es werden und dem Geist unterthan, als sein Spiegel und Widerbild" (146, 9–10) – mit der Folge von Z's Spott:

Schaffen wollt ihr noch die Welt, vor der ihr knien könnt: so ist es eure letzte Hoffnung und Trunkenheit. (146,14–15)

Das ‚Werden' – so muss man Z verstehen – hat bei dieser Fokussierung auf das ‚Seiende' keine Chance. Und dasjenige, was die Rede vom „Fluss des Werdens" meinen könnte, ist verkommen zu einem Transportmittel für „Nachen" (einen Kahn), in denen die den Weisen vertrauenden „Unweisen" sitzen, also das Volk, „und im Nachen sitzen feierlich und vermummt die Wertschätzungen." (146,17–18)

Ganz anders die nicht-dekadente Variante des ‚Willens zur Macht', die Z vertritt und der er das Wort redet: als „eure Gefahr und das Ende eures Guten und Bösen, ihr Weisesten"; als dem „unerschöpfte[n] zeugende[n] Lebens-Wille[n]." (147, 4–6) Denn:

Wo ich Lebendiges fand, da fand ich den Willen zur Macht; und noch im Willen des Dienenden fand ich den Willen, Herr zu sein. (147,34–148,2)

Das Letztere klingt wie eine Drohung in Richtung des ‚Herrn', der das Machtstreben des ‚Knechtes' zu fürchten hat. Allerdings ist Nietzsche nicht Marx – und folglich geht es auch gar nicht um die Neuverteilung politischer Macht, sondern, in der Logik der Rede vom ‚Ende eures Guten und Bösen' und ganz im Sinn des ursprünglich vorgesehenen Titels[77], um das Geltendmachen neuer Werte, denn: „Gutes und Böses, das unvergänglich wäre – das giebt es nicht!" (149,10–11) Vor allem aber gilt: „Mit euren Werthen und Worten von Gut und Böse übt ihr Gewalt, ihr Werthschätzenden" (149,13–14).

Die Frage bleibt: wie macht man das, wie bringt man neue Werte zur Geltung, und: um welche handelt es sich eigentlich? Die Antwort scheint auf der Hand zu liegen: Es geht um Rehabilitierung des Lebens, denn:

Nur, wo Leben ist, da ist auch Wille: aber nicht Wille zum Leben, sondern – so lehre ich's dich – Wille zur Macht! (149,3–4)

Insoweit – so könnte man folgern – geht es um das ‚Werden' und nicht um das ‚Sein', und zwar jenseits von Gut und Böse, also jenseits des Strebens, das Werdende gleich wieder in eine Form zu bringen, die allseits als akzeptabel angesehen wird (und die dann in jenem ‚Nachen' des Volkes beheimatet werden kann). Warum aber ist der ‚Wille zum Leben' nicht ausreichend? Warum muss es gleich der ‚Wille zur Macht' sein? Denn Letzterem unterliegt doch immerhin die Tendenz – so jedenfalls wurde Nietzsche oft verstanden –, sich anderen Formen und Entwürfen des Lebens aufzunötigen und sich selbst als ‚unvergänglich' und als das neue Gute zu setzen.

Schon die letzte Überlegung deutet an, dass dies Z so eigentlich auch gar nicht meinen kann. Denn er müsste dann sich selber geißeln mit jenen Worten, die er eingangs für die ‚Weisen' in Vorrat hielt, etwa in Gestalt der Variante: ‚Geschafft hätte ich, Zarathustra, dann eine Welt, vor der ich knien kann.' Deswegen auch äußert er ganz unmissverständlich:

Was ich auch schaffe und wie ich's auch liebe, – bald muss ich Gegner ihm sein und meiner Liebe: so will es mein Wille. (148,28–29)

Beides ist hier gemeint: der ‚Wille zur Macht' – aber auch der ‚Wille zur Wahrheit'. Entsprechend lautet die Fortführung:

Und auch du, Erkennender, bist nur ein Pfad und Fusstapfen meines Willens: wahrlich, mein Wille zur Macht wandelt auch auf den Füssen deines Willens zur Wahrheit! (148, 30–32)

Die Rangordnung ist hier klar: der ‚Wille zur Wahrheit' ist das Erste, und er muss dies auch sein. Denn nur wenn er resp. der sich ihm verpflichtende ‚Erkennende' zu zeigen vermag, dass und warum das ‚Werdende' angesichts der herrschenden Heiligsprechung des ‚Seienden' keine Chance hat, kann der ‚Wille zur Macht' – als Wille, das Leben in seiner Vielfalt zu rehabilitieren – ohne Ideologieverdacht Geltung erlangen. Um diese Rangordnung noch einmal zu betonen, endet diese Rede mit einem Schwur auf die Bedeutung des ‚Willen zur Wahrheit', deutlicher gesprochen: Die Rede endet mit einem Appell in Richtung der ‚Weisen', sich gleichsam selbst zu überwinden:

Reden wir nur davon, ihr Weisesten, ob es gleich schlimm ist. Schweigen ist schlimmer: alle verschwiegenen Wahrheiten werden giftig. (149,22–24)

Dem folgt dann noch: „Und mag doch Alles zerbrechen, was an unseren Wahrheiten zerbrechen kann! Manches Haus giebt es noch zu bauen!" (149,25–26) Aufschlussreicher ist vielleicht noch die Nachlassvariante:

Mag die Welt doch zerbrechen an unseren Wahrheiten! – so giebt es eine neue Welt zu schaffen! (KSA 14: 302)

Diese Variante steht deutlich in der Tradition der frohen Botschaft Nietzsches aus *Die Fröhliche Wissenschaft*[78] und trägt insoweit dazu bei, dem (postmodernen) Missverständnis entgegenzutreten, Z resp. Nietzsche habe dem Nihilismus resp. Erkenntnisanarchismus das Wort geredet.

II/14 Vom Lande der Bildung

‚Land der Bildung' meint ohne jede Frage, dass es um Deutschland geht, das Land Humboldts, Herbarts, Schleiermachers, von Kant, Goethe und Schiller ganz zu schweigen. Z's Diagnose ist (gleichwohl) eher betrüblich: „‚hier ist ja die Heimat aller Farbentöpfe!' – sagte ich. / Mit fünfzig Klexen bemalt an Gesicht und Gliedern: so sasset ihr da zu meinem Staunen, ihr

Gegenwärtigen!" (153,13–15) Z lässt dem noch folgen: Alle Zeiten und Völker blicken bunt aus euren Schleiern; alle Sitten und Glauben reden bunt aus euren Gebärden." (154,1–2) Dieser Nachsatz klingt nach einer Vermisstenmeldung in Sachen des Konzepts spezifisch deutscher Bildung. Gerade wegen der Mitwirkung des ‚frühen' Nietzsche an den diesbezüglichen, durchaus auch völkischen Visionen Wagners (vgl. Niemeyer 1998: 150ff.) wird man es insofern nur begrüßen können, dass sich ein anderer Fokus andeutet mit den Worten:

> Lieber wollte ich noch Tagelöhner sein in der Unterwelt und bei den Schatten des Ehemals, – feister und voller als ihr sind ja noch die Unterweltlichen! (154,9–11)

Die Vokabel ‚Unterwelt' wird man am ehesten noch als Metapher für einen (neuen) Gegenstandsbereich der Forschung lesen dürfen. Dass es dabei, methodologisch gesehen, eines ganz neuen Zugangs bedarf, scheint der Nachsatz anzudeuten: „‚Wirkliche sind wir ganz, und ohne Glauben und Aberglauben': also brüstet ihr euch – auch ohne Brüste!" (154,17–19) Dies ist als Wortspiel zwar komplett misslungen. Aber es scheint nicht abwegig, das Wort ‚Brüste' als Indiz zu lesen für Nietzsches Interesse an notwendiger Tatsachenforschung in Sachen der – gut fünfzehn Jahre später von Freud ins Zentrum gerückten – ‚sexuellen Frage' (als Chiffre eben für jene ‚feiste' und ‚volle' ‚Unterwelt'). Diesem Themenkomplex scheint auch Z's Spott zurechenbar, wonach die mageren „Rippen" (155,2) – ein Symbol für die Askese des Gelehrten – von einigen dieser „Unfruchtbaren" (155,1) mit dem Scherzwort erklärt würden:

> ‚es hat wohl ein Gott, als ich schlief, mir heimlich Etwas entwendet? Wahrlich, genug, sich ein Weibchen daraus zu bilden! / Wundersam ist die Armuth meiner Rippen!' also sprach schon mancher Gegenwärtige. (155,3–8)

Z verulkt hier die Schöpfungsgeschichte[79], dies mit der fraglos blasphemischen Pointe, dass Gott nur sein eigenes Vergnügen im Sinn gehabt habe. Die zweite Zielscheibe von Z's Spott sind Nietzsches Berufskollegen. Denn sie lassen sich ja nicht nur von Gott um das Weib betrügen. Sondern sie bleiben, solange sie den Eros sowohl im forscherischen als auch im privaten Alltag fast wie einen Feind betrachten, letztlich der Hilfe Gottes bedürftig, dies jedenfalls im Bereich des Geistig-Schöpferischen. Z's Rede endet mit dem Resümee:

> Fremd sind mir und ein Spott die Gegenwärtigen, zu denen mich jüngst das Herz trieb; und vertrieben bin ich aus Vater- und Mutterländern. (155,24–26)

Dem folgt als Auftrag und Gelöbnis für die Zukunft:

> So liebe ich allein noch meiner *Kinder Land*, – das unentdeckte, im fernsten Meere: nach ihm heisse ich meine Segel suchen und suchen. / An meinen Kindern will ich es gut machen, dass ich meiner Väter Kinder bin: und aller Zukunft – *diese* Gegenwart! (155,27–31)

Mit diesen in der (reform-)pädagogischen Rezeption stark beachteten Worten (vgl. Niemeyer 2002: 143 ff.), die Z in III/12 wiederholen und mit dem Zusatz: „Diese neue Tafel stelle ich über euch!" (255,27–28) versehen wird, ist zumindest eines klar: Das Land der Bildung ist abgebrannt, der Versuch, eine Art deutsche Leitkultur im Geiste Wagners und im Sinne der Bildungsvorträge von 1872 aufbauen zu wollen, ist zum Scheitern verurteilt. Was Not tut, ist ein gänzlicher Neuanfang.

II/17 Von den Dichtern

Was wir hier vor uns haben, ist eine – Platons Dichterkritik[80] radikalisierende[81] – Reflexion auf den Wert des Erkenntnismodus, welcher der literarischen Ausgestaltung theoretischer Sätze zugewiesen werden kann. Die Notwendigkeit dieser Ausgestaltung wird mit dem Eingangssatz begründet:

Seit ich den Leib besser kenne, [...] ist mir der Geist nur noch gleichsam Geist; und alles das ‚Unvergängliche' – das ist auch nur ein Gleichniss.' (163,2–3)

Die letzte Zeile wird 1887 in kritischer Wendung gegen Goethe gewissermaßen zweit verwertet.[82] Was die erste Zeile angeht, so bietet sich die Übersetzung an: Seit ich, Nietzsche, mir – wie die Ausführungen in II/14, aber auch in II/15 belegen, – im Klaren bin über die Unzulässigkeit der Abspaltung des Begehrens im Erkenntnisakt und als Erkenntnisgegenstand, weiß ich, dass ‚Geist nur noch gleichsam Geist ist', also hinter einer Aussage nicht mehr eine relevante Entität sichtbar gemacht werden kann, auf die sie sich bezieht. Folglich ist allenfalls noch die Unterscheidung möglich zwischen ‚schlechter' und ‚guter' Dichtung. Insoweit ist der Erkenntnismodus, den Nietzsche als Autor der Za-Dichtung favorisiert, zumindest vom Prinzip her rehabilitiert, und dies zumal wenn es sich um ‚gute' Dichtung handelt.

‚Schlechte' Dichtung ist beispielsweise jene vom Typus der ‚unbefleckten Erkenntnis' – weswegen Z in der Rede mit diesem Titel auch spottete: „Wahrlich, ihr nehmt den Mund voll mit edlen Worten: und wir sollen glauben, dass euch das Herz übergehe, ihr Lügenbolde?" (158,3–4) Auf exakt diesen Satz spielt Z offenbar an, insofern er zu Beginn eines hier geschilderten Gesprächs mit „einem seiner Jünger" (163,2–3) von diesem gefragt wird: „Warum sagtest du noch, dass die Dichter zuviel lügen?" (163,7) Z ahnt um die Falle, die ihm hier gestellt wird, denn auch er ist ja ein Dichter und will sich nicht mit der Versicherung seines Jüngers trösten: „‚ich glaube an Zarathustra.'" (163,23) Ersatzweise offeriert er Erläuterungen zum Themenfeld ‚schlechte' Dichtung, die durchaus den Kern seiner eigenen Lehre betreffen. Das zeigt vor allem das folgende Beispiel:

Wahrlich, immer zieht es uns hinan – nämlich zum Reich der Wolken: auf diese setzen wir unsere bunten Bälge und heissen sie dann Götter und Übermenschen: – / Sind sie doch gerade leicht genug für diese Stühle! – alle diese Götter und Übermenschen. / Ach, wie bin ich all des Unzulänglichen müde, das durchaus Ereigniss sein soll! Ach, wie bin ich der Dichter müde! (164,30–34–165,1–2)

Auch und gerade in Sachen des Übermenschen[83] – so die Minimaldeutung – darf nicht ‚schlecht' gedichtet, sondern muss überzeugend argumentiert werden. Dramaturgisch gesehen ist an diesem Zitat wichtig, dass Z durch die Parodie auf die Schlussverse von Goethes *Faust II*[84] den Widerspruch des ‚Jüngers' wachruft. Dadurch wiederum erhält er Gelegenheit zur Verdeutlichung: Bei den Dichtern, derer er müde sei – so Z –, handele es sich um jene, die „nicht genug in die Tiefe [dachten]" (165,11), die „nicht reinlich genug" (165,17) seien, deren Geist „der Pfau der Pfauen und ein Meer von Eitelkeit" (166,7–8) sei.

Sonderlich originell freilich ist diese Goethe-Kritik nicht, und dies gilt auch für die bilderwütige Alternative: „Trutzig blickt der Büffel dazu, dem Sande nahe in seiner Seele, näher noch dem Dickicht, am nächsten aber dem Sumpfe." (166,3–4) Der ‚Büffel' erinnert an den ‚weissen Stier', von dem in II/13 gesagt wurde, er würde „schnaubend und brüllend der Pflugschar" vorangehen, „alles Irdische" preisend (151,16–18). Die Vokabel ‚Pflugschar'[85] erfährt durch Nietzsches Bekenntnis von 1882, er müsse als „Lehrer und Prediger des *Neuen*" die „Pflugschar des Bösen" (KSA 3: 376) ansetzen, eine etwas genauere Bestimmung. Und Vokabeln wie ‚Dickicht' sowie ‚Sumpf' sollen offenbar neue Gleichnisse geben für den in II/14 formulierten Auftrag, die ‚Unterwelt' genauer zu erkunden. Das letzte Wort dieser Rede klingt allerdings eher wie ein Ruf nach einer neuen Gattung asketischer Wissenschaftler jenseits aller Dichtung: „Büsser des Geistes sah ich kommen: die wuchsen aus ihnen [den Dichtern; d. Verf.]." (166,15)

II/20 Von der Erlösung

Das Eingangsszenario ist deftig: Z, der „über die grosse Brücke" (177,2) geht und sich plötzlich von „Krüppel[n] und Bettler[n]" (177,3) umringt sieht, parodiert die Heilungsversprechen Jesu[86], indem er sich den Heilungserwartungen, die „ein Bucklichter" (177,3) stellvertretend vorträgt, mit der Erklärung entzieht, dass ein Blinder, dem man seine Augen gäbe, „zuviel schlimme Dinge auf Erden" sehe und am Ende „Den verflucht, der ihn heilte." (177,17–19) Für den „Lahmen" hingegen gelte: „kaum kann er laufen, so gehn seine Laster mit ihm durch – also lehrt das Volk über Krüppel. Und warum sollte Zarathustra nicht auch vom Volke lernen, wenn das

Volk von Zarathustra lernt?" (177,20–24) Wie man leicht sieht, sind beide zynisch, Vor- und Nachsatz.

Freilich: Ein derart moralisierendes Herangehen steht in der Gefahr, die eigentliche Botschaft zu übersehen. Sie gründet – zum einen – in dem Wort ‚Brücke'. Denn spätestens seit I/5, konkret: seit Z's Tadel der ‚Verächter des Leibes': „Ihr seid mir keine Brücken zum Übermenschen!" (41,5–6) wissen wir, dass es hierbei um ein Symbol geht für die Trennbarkeit der Menschen in solche, die als Weg zum Übermenschen gelten können, und den anderen, für die dies ausgeschlossen ist. Will Z dies den ‚Krüppeln und Bettlern' mitteilen – und ihnen damit zugleich signalisieren, dass, in der Logik des Wiederkunftsgedankens, kein Platz für sie sei in dem gelobten Land jenseits der ‚Brücke'?

Eine solche Antwort wäre wohl zu einseitig, denn man muss auch das Wort ‚Krüppel und Bettler' als Metapher lesen. So darf man beispielsweise nicht den metaphorischen Wortgebrauch außer acht lassen, wie etwa in Z's Aussage, dass es ihm, seit er unter Menschen weile, „das Geringste" (177, 24) sei, dass dem einen „ein Auge und Jenem ein Ohr und einem Dritten das Bein" (178,1–2) fehle, denn es gäbe viel Schlimmeres, etwa:

Menschen, welche Nichts weiter sind als ein grosses Auge, oder ein grosses Maul oder ein grosser Bauch oder irgendetwas Grosses – umgekehrte Krüppel heisse ich Solche. (178,7–10)

In diesem Bild[87] sind nur noch Metaphern im Spiel – wie etwa auch im Fall des „ungeheure[n] Ohr[s]", das auf einem „kleinen dünnen Stiel" saß, welcher wiederum ein „Mensch" (178,17–18) war, mehr als dies: „Wer ein Glas vor das Auge nahm, konnte sogar noch ein kleines neidisches Gesichtchen erkennen [...]. Das Volk sagte mir aber, das grosse Ohr sei nicht nur ein Mensch, sondern ein grosser Mensch, ein Genie." (178,18–20) Z beschließt, dem Volk niemals zu glauben, „wenn es von grossen Menschen redete" (178,23). Er drückt damit zugleich aus – und man wird wohl nicht fehlgehen, bei dem gesamten Bild vor allem an Wagner zu denken –, dass künftig auch dem vormaligen Fürsprecher des Genies, also dem ‚frühen' Nietzsche etwa der Bildungsvorträge von 1872, nicht mehr zu glauben sei und für die Zukunft eher der Satz zu gelten habe: Das Genie ist die Inkarnation des ‚umgekehrten Krüppels'.

Mit diesem Paradigmenwechsel in Sachen Geniebegriff ist das Thema selbst aber noch nicht erschöpft. Z treibt zusätzlich die Frage um, ob der Typus des ‚umgekehrten Krüppels' nicht als Regel gelten müsse. Für die Gegenwart und Vergangenheit jedenfalls scheint ihm dies ausgemacht: „immer das Gleiche: Bruchstücke und Gliedmaassen und grause Zufälle – aber keine Menschen!" (179,1–2) Was die Zukunft angeht, ist er noch unentschieden. Einerseits meint er: „ich wüsste nicht zu leben, wenn ich nicht noch ein Seher wäre, dessen, was kommen muss." (179,5–6) Andererseits weiß er, dass er als ‚Seher' sowie als „Mundstück und Fürsprecher" (178,27) seiner Jünger seinerseits nur ‚Bruchstück und Gliedmaas' ist und insoweit „gleichsam ein Krüppel an dieser Brücke" (179,9), der unter den Menschen als „Bruchstück der Zukunft" wandelt: „jener Zukunft, die ich schaue" (179,18–19) – eine Überlegung, die ihn zu der Bestimmung veranlasst:

Und das ist all mein Dichten und Trachten, dass ich in Eins dichte und zusammentrage, was Bruchstück ist und Räthsel und grauser Zufall. (179,20–22)

Dieser Satz ist wohl der wichtigste aus dieser Rede, zeigt er doch – so gestand selbst Maurice Blanchot im Zuge seiner postmodernen Nietzschelektüre ein –, dass es Nietzsche darum zu tun war, den Menschen „zur Einheit zu bringen" (1969: 69).[88]

Der Rest führt in der Sache kaum weiter. Dies gilt etwa für das folgende Zitat, in welchem einem zum ersten Mal das Wort begegnet, das dieser Rede den Titel gab: „Die Vergangenheit zu erlösen und alles ‚Es war' umzuschaffen in ein ‚So wollte ich es!' – dass hiesse mir erst Erlösung!" (179,26–27) Womit wir es hier zu tun haben, ist eine Wiederaufnahme des ‚Löwen'-Imperativ „ich will" (30,14) aus I/2, der wiederum auf das diesbezügliche Motiv aus der Historienschrift von 1874 rekurriert. Als Wiederaufnahme dieses alten Themas hat auch zu gelten, was Z als Begründung nachreicht: „Alles ‚Es war' ist ein Bruchstück, ein Rätsel, ein grauser Zufall – bis der schaffende Wille dazu sagt: ‚aber so wollte ich es!'" (181,16–18)

II/21 Von der Menschen-Klugheit

Diese Rede beginnt mit einem Bild, das Nietzsches Wandererfahrung zu reflektieren scheint: „Nicht die Höhe: der Abhang ist das furchtbare! / Der Abhang, wo der Blick *hinunter* stürzt und die Hand *hinauf* greift. Da schwindelt dem Herzen vor seinem doppelten Willen." (183,2–5) Sorge macht Z diese Durchschnittserfahrung, weil es sich bei ihm umgekehrt verhalte: sein Blick stürzt „in die Höhe", und seine Hand möchte „sich halten und stützen [...] an der Tiefe", dies sei sein „Abhang" und seine „Gefahr" (183,8–10), am Beispiel gesprochen (und damit wird das Bild als Metapher kenntlich):

An den Menschen klammert sich mein Wille, mit Ketten binde ich mich an den Menschen, weil es mich hinauf reisst zum Übermenschen: denn dahin will mein andrer Wille. (183,11–13)

Um sich zu schützen gegen diesen ‚andren Willen', hat sich Z dem GegenWillen unterworfen, die Menschen ‚gut' zu finden, „blind" unter ihnen zu leben, „gleich als ob ich sie nicht kennte" (183,14–15) – und nennt dies seine *erste* „Menschen-Klugheit" (183,21). Das Wort ‚Klugheit' ist hier nicht als Kompliment zu verstehen, sondern als Hinweis auf eine Z aufgenötigte Verstellung. Nun muss er lernen, durchgehend *nicht* „auf der Hut" zu sein „vor dem Menschen" (183,23) und zur Not auch einmal „aus allen Gläsern zu trinken" (184,6) – ein Lernprogramm, das Nietzsche dem Ansatz nach schon 1879 skizziert hatte (vgl. KSA 2: 410) und das ihm vermutlich an Engadiner Gasthoftischen zur Zeit des Schreibens eben jener Zeilen aufgenötigt wurde.

Die zweite ‚Menschen-Klugheit' Z's, lautet:

ich schone die *Eitlen* mehr als die Stolzen (184,12–13),

zumal Erstere durchaus unterhaltsam seien, mitunter sogar heilsam, denn: „Sie führen sich auf, sie erfinden sich; in ihrer Nähe liebe ich's, dem Leben zuzuschauen, – es heilt von der Schwermuth." (184,22–23) Vor allem aber gelte: Verletzte Eitelkeit sei „die Mutter aller Trauerspiele", wo aber Stolz verletzt werde, „da wächst wohl etwas Besseres noch, als Stolz ist" (184,14–16) – eine Bemerkung, die beides offenbart: Z, der Psychologe, ist noch präsent, aber auch der Erzieher hat noch nicht ausgespielt.

Dies zeigt auch Z's dritte ‚Menschen-Klugheit', nämlich:

dass ich mir den Anblick des *Bösen* nicht verleiden lasse durch eure Furchtsamkeit. (185,3–5)

Man darf das vielleicht so übersetzen: Z will das Böse, das sich ihm darbietet im tagtäglichen Schauspiel der Menschen untereinander – und sei es in Gestalt der ‚Furchtsamkeit', dass eben darüber gesprochen werden könne –, nicht schon nehmen für das Ganze des ‚Bösen' überhaupt. Wie man sieht, ist das hier relevante Hauptwort mal mit und mal ohne Parenthese gesetzt. Dies geschieht in der Absicht, den Unterschied deutlich zu machen, den Z im Sinn hat. Denn im ersten Fall meint er des „Menschen Bosheit" (185,11) wenn schon nicht im wortwörtlichen, so jedenfalls doch im strafrechtlich relevanten Sinn.[89] Im zweiten Fall geht es um das ‚Böse' als Metapher. Z will hiermit das Streben des Menschen nach dem Übermenschen umschreiben, welches, aus Perspektive der im Alten verharrenden Menschen, als ‚böse' bezeichnet wird: „ich rathe, ihr würdet meinen Übermenschen Teufel heissen!" (186,1–2) ‚Ihr' lautet vollständig: „Ihr höchsten Menschen" (185,33) – eine Vokabel, die Z in IV/13 näher erläutern wird. Vorerst lässt sich zum Bedeutungsumfeld dieses Begriffs nur sagen, dass Z offenbar an die „Höchsten und Besten" (186,3) im Sinne dessen denkt, was Nietzsche als Bildungsbürgertum zumal im Wagnerumfeld begegnet war und angesichts deren Z ein „Grausen" überkam, weil er sie „nackend" (186,6) sah, also, wie man wohl ergänzen darf: entkleidet vom Putzgewand ihrer Eitelkeit. Dieser Blick hinter die Fassade ist nicht ‚menschen-klug', sie ist gefährlich für ihn, wie Z auch sogleich erkennt: „da wuchsen mir die Flügel, fortzuschweben in ferne Zukünfte." (186,7) Deswegen auch wird ein letztes Mal, nun auch adressiert an die ‚höchsten Menschen' und mit der Bitte, ihn zu schützen vor seinem ‚Abhang' und seiner ‚Gefahr', die Forderung ausgesprochen:

Aber verkleidet will ich euch sehn, ihr Nächsten und Mitmenschen, und gut geputzt und eitel, und würdig, als ‚die Guten und Gerechten,' – / Und verkleidet will ich selber unter euch sitzen, – dass ich euch und mich *verkenne* (186,10–14).

Das Letztere ist Z's vierte und letzte ‚Menschen-Klugheit', die substantiell nichts Neues ausspricht.

II/22 Die stillste Stunde

Z eröffnet diese – gleichfalls als Parodie angelegte[90] – Rede mit der Klage, er sei von seiner „zornige[n] Herrin" (187,7–8) namens „*stillste Stunde*" (187,10–11) in die Einsamkeit seiner Höhle zurückgeschickt worden. Was den Zorn seiner Herrin erregte, muss erschlossen werden aus einem „Gleichniss", das Z seinen Jüngern gibt: „Gestern, zur stillsten Stunde, wich mir der Boden: der Traum begann" – so der Anfang des Gleichnisses, und man ahnt schon, dass es um einen Angsttraum geht. Hauptakteur ist dabei ein gewisses „es ohne Stimme" (187,22), das Z elf Mal recht harsch angeht nach dem Muster: dass Z „es" weiß – aber „es" (188,4) nicht reden wolle. Mit dem daraufhin ausgesprochenen und den Beginn der Rede wieder aufnehmenden Bannfluch: „So musst du wieder in die Einsamkeit: denn du sollst noch mürbe werden" sowie mit dem Hinweis: „Und wieder lachte es und floh: dann wurde es stille um mich wie mit einer zwiefachen Stille" (190,1–4) beendet Z den Bericht über seinen Traum. Was noch folgt, ist die Versicherung: „Ich aber lag da am Boden, und der Schweiss floss mir von den Gliedern." (190,4–5)

Z scheint sich sicher zu sein, dass seine Jünger diesen Traum deuten können. Denn bevor er seinen Abschied verkündet – wieder einmal in Nachahmung des Neuen Testaments[91] –, setzt er noch hinzu: „Aber auch diess hörtet ihr von mir, *wer* immer noch aller Menschen Verschwiegenster ist – und es sein will!" (190,8–11) Z's Jünger allerdings bleiben stumm, so dass der Leser auf sich gestellt ist. Verlockend scheint es, auf die von Z angedeutete Frage „Wer?" mit „Zarathustra!" zu antworten. Geklärt wäre damit aber noch nicht der Sinn des Traums bzw. die Frage: Wer ist ‚es'?

Beginnen wir die Antwort mit dem Nahe liegenden: Das elfmalige Insistieren jenes ‚es ohne Stimme' erinnert an ein Erziehungsgespräch, wie es autoritärer kaum gedacht werden kann und wie es Nietzsche möglicherweise selbst in seiner Kindheit oft über sich ergehen lassen musste. Gedacht werden könnte aber auch an ein Lehrerexamen, bei welchem üblicherweise zwei Dinge interessieren: die Lehrmethode und der Lehrplan. In dem hier thematisierten ‚Examen' ist offenbar beides fraglich. Dabei kann die Problematik der Lehrmethode und Z's Didaktik in den Hintergrund rücken, weil Z's Panik dort eskaliert, wo das ominöse „es" zur Debatte steht und offenbar Z's ‚Lehrplan' um Neues ergänzt werden soll – um eine Lehre, die ihn ängstigt wie kaum etwas anderes. Unsere Frage muss mithin lauten: Was an diesem neuen Lehrplan ist es, das Z so ängstigt, dass er auf fast schon kindliches Niveau zurücksinkt? Gibt es gar eine Szene aus Nietzsches Leben, die als Vorlage für diesen (Angst-)Traum gelten darf?

Tatsächlich ist dies der Fall. Hingewiesen sei nur auf den Abschnitt *Das grösste Schwergewicht* aus *Die Fröhliche Wissenschaft*: Nietzsche bat den Leser hier sich vorzustellen, wie es wohl wäre, wenn ihm „ein Dämon" in seine „einsamste Einsamkeit nachschliche" und ihm sagte, dass alles wiederkomme: „jeder Schmerz und jede Lust und jeder Gedanke und Seufzer und alles unsäglich Kleine und Grosse deines Lebens" (KSA 3: 570). Mit diesen Worten gab Nietzsche erstmals öffentlich Kunde von jenem unter dem Titel ‚Sils-Maria-Vision' bekannt gewordenen traumähnlichen Geschehen vom August 1881 (vgl. Niemeyer 1998: 375), an das er sich immer nur mit Grauen erinnerte, wie auch ein Bericht von Lou v. Salomé belegt:

Unvergeßlich sind mir die Stunden, in denen er ihn [den Wiederkunftsgedanken; d. Verf.] mir zuerst, als ein Geheimnis, als etwas, vor dessen Bewahrheitung und Bestätigung ihm unsagbar graue, anvertraut hat: nur mit leiser Stimme und mit allen Zeichen des tiefsten Entsetzens sprach er davon. (Andreas-Salomé 1894: 196)

Man wird zugeben: Dies erinnert an den Angsttraum aus II/22, so dass der Rückschluss erlaubt scheint, Nietzsche habe mittels dieser Rede jenes Entsetzen nacherleben lassen wollen, das ihn seinerzeit, „Anfang August 1881 in Sils-Maria, 6000 Fuss über dem Meere" (KSA 9: 494), erstmals überkam. Mehr zu tun, etwa zu klären, warum Nietzsche und eben auch Z ein solch ‚tiefes Entsetzen' angesichts des Wiederkunftsgedankens überkam, kann hier nicht sinnvoll sein. Wir begnügen uns mit der Feststellung, dass es in dieser letzten Rede von Za II offenbar darum ging, die Leser auf die Wiederkehr Z's – und somit einen dritten Teil – einzustimmen. Die Vermutung besteht, dass im Verlauf von Za III die Hauptbotschaft klarer wird: nämlich dass Z ohne Thematisierung dieses Gedankens und allein unter Konzentration auf seine Rolle als Lehrer des Übermenschen notwendig zum Scheitern verurteilt ist.

III Also sprach Zarathustra.
Ein Buch für Alle und Keinen. Dritter Theil (1884)

Ihr seht nach Oben, wenn ihr nach Erhebung verlangt.
Und ich sehe hinab, weil ich erhoben bin.
Wer von euch kann zugleich lachen und erhoben sein?
Wer auf den höchsten Bergen steigt,
der lacht über alle Trauer-Spiele und Trauer-Ernste.
(192)

Za III[92], von Nietzsche ursprünglich unter dem Titel *Mittag und Ewigkeit* geplant, besteht aus 16 Reden, denen – ähnlich wie im Fall von Za II – eine Art Motto vorangestellt ist. Diesmal erfüllt diese Funktion das auch hier vorangestellte Zitat aus I/8. Die Botschaft, die mit diesem Zitat verkündet wird, lässt sich nur ermitteln, wenn man sich der Deutung dieser Rede als einer solchen erinnert, mit welcher Nietzsche Umrisse seines menschenkundlichen Forschungsprogramms skizzieren wollte. Dabei muss man allerdings auch die Begründung einbeziehen, die Z in II/21 gab für seine Zurückhaltung in dieser Frage und seinen Entschluss, sich gleichsam künstlich blind zu stellen, „gleich als ob ich sie [die Menschen; d. Verf.] nicht kenne" (183,14–15), weil es ihn ansonsten – in Reaktion auf das dabei absehbare Desaster – „hinauf reisst zum Übermenschen" (183,12–13). Denn dann will es so scheinen, als habe Nietzsche in Za III keine Angst mehr vor dem Blick hinab auf jene menschlich-allzumenschlichen ‚Trauer-Spiele' – und als wolle er dem Leser erneut und mit neuer Kraft als Psychologe gegenübertreten. Wir werden diese Annahme im Zuge der folgenden Deutung der wichtigsten dieser 16 Reden zu beachten haben.

III/1 Der Wanderer

Mit dem Titel spielt Nietzsche auf seine Aphorismensammlung *Der Wanderer und sein Schatten* (1880) an. Deren entscheidende Botschaft hatte er in einer Art Epilog gegeben, der als Dialog zwischen dem ‚Schatten' und dem ‚Wanderer' angelegt ist und in welchem Ersterer Letzteren wissen lässt: „Von Allem, was du vorgebracht hast, hat mir Nichts *mehr* gefallen, als eine Verheissung: ihr wollt wieder gute Nachbarn der nächsten Dinge werden. Diess wird auch uns armen Schatten zu Gute kommen. Denn, gesteht es nur ein, ihr habt bisher uns allzugern verleumdet." (KSA 2: 703) Insoweit könnte man vermuten, dass Z diesem – psychologisch ambitionierten – Forschungsprogramm mit III/1 Auftrieb geben will, was ganz im Sinne der eben vorgetragenen Lesart des Mottos von Za III wäre.

Freilich: Zunächst ist lediglich zu konstatieren, dass Z als Wanderer im wortwörtlichen Sinn eingeführt wird. Schauplatz sind nach wie vor die ‚glückseligen Inseln', auf welchen Z eines Tages um Mitternacht seinen Weg nahm, „dass er mit dem frühen Morgen an das andre Gestade käme: denn dort wollte er zu Schiff steigen." (193,2–4) Dazu freilich kommt es nicht – vorerst jedenfalls, wie man im Blick auf die nächste Rede ergänzen muss. Stattdessen geht es um den Weg und die Betrachtungen, die Z als bergauf Wandernder anstellt. Hervorhebenswert scheinen dabei einige durch die Einsamkeit beförderte Einsichten wie etwa, als rede Nietzsche von dem Ende der langen Jahren seiner Wagnerabhängigkeit: „es kommt mir endlich heim – mein eigen Selbst, und was von ihm lange in der Fremde war und zerstreut unter alle Dinge und Zufälle." (193,20–22) Auch dunkle Ahnungen sind zu verzeichnen derart, dass er jetzt vor seinem „letzten Gipfel" (193,23–24) stünde, so dass nur der Imperativ helfe:

Gelobt sei, was hart macht! (194,20)

Wegen derlei Sätzen ist Nietzsche berühmt-berüchtigt – mit der Folge, dass die unmittelbar nachfolgende Erläuterung kaum beachtet wurde: „Von sich *absehn* lernen ist nöthig, um *Viel* zu sehn [...]. / Wer aber mit den Augen zudringlich ist als Erkennender, wie sollte der von allen Dingen mehr als ihre vorderen Dinge sehn! / Du aber, oh Zarathustra, wolltest aller Dinge Grund schaun und Hintergrund: so musst du schon über dich selber steigen, – hinan, hinauf, bis du auch deine Sterne noch *unter* dir hast!" (194,22–29) Man sieht und kann es nicht genug betonen angesichts landläufiger Missverständnisse (vgl. etwa Herrmann 2006: 66): Es geht gar nicht um die Tugend des Wanderns, es geht um die Tugend des Erkennens. Im Blick auf diese lautet der Auftrag, dass es nicht nur um den ‚Grund', sondern um den ‚Hintergrund' und dessen Ausleuchtung zu gehen hat.

Möglicherweise wollte Z zusätzlich noch sagen, dass man jenes ‚Hintergrundes' nur gewahr wird, wenn man von den ‚Sternen', sprich: von den Idealen absehen lernt, die einen die Philosophie lehrt über den Menschen. Stützend für diese Lesart ist der Fortgang der Episode: Z erreicht die „Höhe des Bergrückens", sieht das „andere Meer" (195,2–3) vor sich ausgebreitet und spricht: „Die Nacht aber war kalt in dieser Höhe und klar und hellgestirnt." (195,4–5) Auffällig ist hier die Vokabel ‚hellgestirnt': sie erinnert an Kant[93] und ist seit ihm die Metapher schlechthin in Sachen der Gewissheit, dass der Mensch über moralische Urteilsfähigkeit verfüge. So gelesen, ist es durchaus provokant, dass Z der Vokabel ‚hellgestirnt' den Hinweis auf den Beginn seiner „letzte[n] Einsamkeit" (195,7) anfügt, um fortzufahren:

Ach, diese schwarze traurige See unter mir! Ach, diese schwangere nächtliche Verdrossenheit! (195,8–9)

Der ‚hellgestirnte' Himmel, auf den Kant noch vertraute – so könnte man übersetzen –, ist für Z keine Hilfe. Praktische Philosophie hat ausgespielt. Was Not tut, ist so etwas wie Forschung im Blick auf die ‚schwarze traurige See' bzw. die ‚schwangere nächtliche Verdrossenheit', vielleicht darf man auch übersetzen: im Blick auf die Nacht- und Schattenseite des Menschen.

Dies mag etwas weit hergeholt sein. Deswegen gilt es, sich genau anzuschauen, wie Z weiter verfährt: Er muss, so meint er, „tiefer hinab in den Schmerz, als ich jemals stieg, bis hinein in seine schwärzeste Fluth" (195,14–15), denn: „Aus dem Tiefsten muss das Höchste zu seiner Höhe kommen." (195,20–21) Wenn wir uns an die Rede II/21 erinnern, meint ‚tiefer hinab in den Schmerz [...]', dass nun eben doch der seinerzeit noch gemiedene menschenkundliche Blick riskiert werden muss. Das entspricht auch unserer Lesart des Mottos für Za III. Die dem angeschlossene Folgerung, wonach das Höchste aus dem Tiefsten ‚zu seiner Höhe' kommen muss, klingt hingegen wie eine Variation des Leitmotivs aus *Menschliches, Allzumenschliches* (1878), wonach „die herrlichsten Farben aus niedrigen, ja verachteten Stoffen gewonnen sind" (KSA 2: 24). Dasjenige schließlich, was Z dem noch folgen lässt, nämlich Assoziationen zum Wort ‚Meer', klingen so, als könne man für dieses Wort auch bequem die Vokabel ‚Mensch' einsetzen. Dies gilt etwa für Sätze wie:

Schlaftrunken und fremd blickt sein Auge nach mir. / Aber es athmet warm, das fühle ich. Und ich fühle auch, dass es träumt. Es windet sich träumend auf warmen Kissen. / Horch! Horch! Wie es stöhnt von bösen Erinnerungen! Oder bösen Erwartungen? (195,27–31)

Was hier dominiert, ist die Reflexion über den Traum. Dürfen wir ergänzen: im Modus des Nachdenkens über den Traum als Sprache des Unbewussten? Und mit Z in der Rolle des Quasi-Therapeuten und Geburtshelfers am Bett des Übermenschen? Fast jedenfalls sieht es so aus: Z umschreibt die ihn nun dominierende Tendenz – „dem Meere Trost [zu] singen" (196,5), „vertraulich zu allem Furchtbaren" (196,7–8) zu sein, „es zu lieben und zu locken" (196,11) – mit Vokabeln, die durchaus auch auf das Procedere eines Therapeuten passen könnten.

Gegen diese Deutung spricht nicht, dass Z von dieser Tendenz Abstand nimmt, „wie als ob er sich mit seinen Gedanken an ihnen [seinen verlassenen Freunden; d. Verf.] vergangen habe" (196,17–18). Denn damit wird nicht die Hauptbotschaft negiert, sondern lediglich der Nebenertrag gesichert: Z will sich in Zukunft – so könnte man interpretieren – allein seinen ‚Jüngern' verpflichten, die er immerhin schon über zwei Teile des *Za* hinweg mit seiner Lehre konfrontiert hat und die ihm insoweit als hinreichend vorbereitet gelten in Sachen Übermenschenideal. Alle anderen Menschen hingegen bleiben gleichsam außen vor, wenngleich auch ihnen und ihrem ferneren Schicksal Z's „Sehnsucht" gehört, die allerdings nicht Geltung erlangen kann wegen des „Zorns" über diesen – die ‚Jünger' letztlich verratenden – Gedanken. Von exakt dieser Ambivalenz kündet das Schlusswort: „Und alsbald geschah es, dass der Lachende weinte: – vor Zorn und Sehnsucht weinte Zarathustra bitterlich." (196,18–20)

III/2 Vom Gesicht und Räthsel

Diese Rede gehört zu einem der schwierigsten Texte Nietzsches.[94] Wenn man von Nichtigkeiten absieht[95], könnte man die Erläuterung mit dem Hinweis eröffnen, dass Z nun doch noch sein Schiff erreicht hat und darüber in zwei Teilen berichtet. Im ersten Teil bietet er eine als „Räthsel" (197,24) ausgewiesene Erzählung dar. Er tut dies in der Erwartung, dass den Schiffsleuten, „den Rätsel-Trunkenen, den Zwielicht-Frohen" (197,19), die Lösung des Rätsels nicht schwer fallen dürfte.[96] Z's Rätsel-Erzählung mit dem Titel „das Gesicht des Einsamsten" (197,24–25)[97] hat zum Inhalt, dass er „jüngst durch leichenfarbene Dämmerung" (198,1) aufwärts ging. Wie man sieht, geht es um eine Variante zur Aufstiegsszene aus III/1, allerdings in deutlich dramatisierender Lesart, bei der eine quasi-kindliche Perspektive dominiert: der Pfad ist „trotzig" (198,4), die Kiesel klirren „hohnisch" (198,7), kurz: die Natur agiert als Subjekt. Z geht gleichwohl unbeirrt aufwärts, „dem Geiste zum Trotz, der ihn abwärts zog, abgrundwärts zog, dem Geiste der Schwere, meinem Teufel und Erzfeinde" (198,10–12), schlimmer noch:

Aufwärts: – obwohl er auf mir sass, halb Zwerg, halb Maulwurf; lahm; lähmend; Blei durch mein Ohr, Bleitropfen-Gedanken in mein Hirn träufelnd. (198,13–15)

Die ‚Bleitropfen-Gedanken'[98] dieses merkwürdigen Wesens haben die Warnung zum Inhalt, dass Z, dieser „Stein der Weisheit" (198,19), der sich selber so hoch warf, verurteilt sei „zur eigenen Steinigung" (198,22), denn: „weit warfst du ja den Stein – aber auf *dich* wird er zurückfallen!" (198, 23–24) Dies klingt nach einer Warnung vor Hybris – von der Z allerdings weitgehend unbeeindruckt bleibt. Insofern scheint das Rätsel gelöst: Es geht um das Lob auf eben jenen Trotz nach Art des bereits erwähnten Imperativs: „Gelobt sei, was hart macht!" (194,20) Tatsächlich finden sich Varianten der Lektion auch in dieser Rede. Z nämlich stellt den Zwerg – „Zwerg! Du! Oder ich!" (198,35) – und gibt ihm zu verstehen, dass es gelte, mit „Muth, welcher *angreift*" (199,1–2), den „Schmerz" (199,5) zu überwinden oder den „Schwindel" angesichts von „Abgründen" (199, 6) oder aber auch das „Mitleiden" als den „tiefste[n] Abgrund" (199,10), bis hin zu der berühmt-berüchtigten Formulierung:

Muth aber ist der beste Todtschläger, Muth, der angreift: der schlägt noch den Tod todt, denn er spricht: ‚War *das* das Leben? Wohlan! Noch Ein Mal!'" (199,12–14)

Hiermit endet der erste Teil dieser Rede, wobei es lohnt, einige Vokabeln Z's etwas genauer in den Blick zu nehmen. Das Wort ‚Maulwurf' beispielsweise war im Kreis der eingeweihten Leipziger Altphilologiestudenten um Nietzsche ein durch Schopenhauer angeregtes Spottwort für Ritschl und den ihm blind folgenden wissenschaftlichen Nachwuchs gewesen (vgl. Niemeyer 1998: 91ff.). Was das „Blei" (198,14) sowie den „Geiste der Schwere" (198,11) angeht, so hat man einigen Anlass, hier eine Anspielung verborgen zu sehen auf den beschwerlichen und durchaus mutigen Bildungsgang Nietzsches – mit Ritschl in der Rolle des ‚Maulwurfs', aber auch mit Nietzsches Mutter in der Rolle des ‚Zwerges', insofern diese keine Probleme gehabt hätte mit Ratschlägen an ihren gotteslästerlichen Sohn wie beispielsweise: „Du warfst dich hoch, aber jeder geworfene Stein – muss fallen!" (198,17–18)

Der zweite Teil dieser Rede wird mit den Worten eröffnet:

‚Halt! Zwerg! sprach ich. Ich! Oder du! Ich aber bin der Stärkere von uns Beiden –: du kennst meinen *abgründlichen* Gedanken nicht! *Den* – könntest du nicht ertragen!' (199,18–20)

Die Vokabel ‚mein abgründlicher Gedanke' begegnet einem in *Ecce homo* im Kontext der Erläuterung des Gedankens der ‚ewigen Wiederkunft' (vgl. KSA 6: 268). Zu erinnern ist des Weiteren an die gegen Ende der Interpretation von II/22 ausgesprochene Vermutung, Z werde deshalb noch einmal in die Einsamkeit seiner Höhle zurückgeschickt, weil er sich auf die in Za III ins Zentrum rückende Lehre von der ‚ewigen Wiederkunft' vorbereiten soll. Damit wird klar, was hier zur Debatte steht: Es geht um die Erläuterung eben dieses Gedankens unter der leitenden Annahme, dass der ‚Zwerg' ihn nicht wird ertragen können.

In exakt dieser Absicht stellt Z dem ‚Zwerg' an einem Torweg, an dem zwei Wege zusammenkommen, die „noch Niemand zu Ende [gieng]", was im Übrigen jeweils eine „Ewigkeit" (199,26–28) dauern würde, die entscheidende Frag: „Muss nicht, was laufen *kann* von allen Dingen, schon einmal diese Gasse gelaufen sein?" (200,15–16) Vor allem aber: „Und diese langsame Spinne, die im Mondscheine kriecht, und dieser Mondschein selber, und ich und du im Thorwege, zusammen flüsternd, von ewigen Dingen flüsternd – müssen wir nicht Alle schon dagewesen sein?" (200,27–30)[99] Z will mit dieser Frage den ‚Zwerg' zerbrechen, er will einer Lehre das Wort reden, „stark genug" – so Nietzsche in einem Nachlassvermerk vom Frühjahr 1884 – „um *züchtend* zu wirken: stärkend für die Starken, lähmend und zerbrechend für die Weltmüden" (KSA 11: 69).

Und so geschieht es denn auch. Denn der ‚Zwerg' gibt sich zwar zunächst noch ganz selbstsicher, als sei er der Urheber der Lehre von der ewigen Wiederkehr des Gleichen: „‚Alles Gerade lügt, murmelte verächtlich der Zwerg. Alle Wahrheit ist krumm, die Zeit selber ist ein Kreis.'" (200,7–8) Plötzlich aber ist er nicht mehr da, ebenso wie der Torweg, die Spinne, das Flüstern. Zeit und Raum beginnen sich aufzuheben, und Z realisiert, wie einsam es plötzlich um ihn ist, auf der Höhe dieses seines Wissens: „Zwischen wilden Klippen stand ich mit Einem Male, allein, öde, im ödesten Mondscheine" (201,16–18). Diese Klage klingt ein wenig nach jener Larmoyanz, die für Nietzsche typisch ist in Briefen an Freunde während des Schreibens des Za. Auf dessen dunkler Seite bemerkt man einen kaum verhüllten Bindungswunsch, etwa den hoffnungsstarken Folgesatz: „*Aber da lag ein Mensch*!" (201,19) Was dort liegt – Z wird angelockt durch einen heulenden Hund, der eine Erinnerung an „fernste Kindheit" (201,4) bei ihm freisetzt –, ist allerdings nur ein ‚Hirte', in geradezu erschreckender Pose:

Einen jungen Hirten sah ich, sich windend, würgend, zuckend, verzerrten Antlitzes, dem eine schwarze schwere Schlange aus dem Munde hieng. (201,23–26)

Z vermutet, die ‚Schlange' sei dem ‚Hirten' im Schlafe in den Schlund gekrochen – „da biss sie sich fest." (201,29) Und er macht daraus sofort ein Gleichnis, indem er seinen Zuhörern, also den Schiffsleuten, zwei Fragen stellt:

Wer ist der Hirte, dem also die Schlange in den Schlund kroch? *Wer* ist der Mensch, dem also alles Schwerste, Schwärzeste in den Schlund kriechen wird? (202,11–13)

Eine Antwort wird nicht gegeben.[100] Das entspricht dem Muster anderer Rätsel-Erzählungen, erinnert sei an das Ende von II/22. Man ist also angewiesen auf Dechiffrierung der verwendeten Symbole.[101]

Zentral ist dabei, dass die gerollte ‚Schlange' „traditionell als Symbol der ewigen Wiederkunft" gilt, entrollt aber und gestreckt „beisst sie den Hirten in den Rachen, also in den Teil des Leibes, aus dem das Reden kommt. Der Hirte, der christliche Seelenhüter (*pastor*), wird von einer entrollten, einer nicht wiederkünftig gedachten Zeit angegriffen, einer Zeit der Geschichte oder des linearen Verlaufs, die wie das Christentum selbst auf das Jenseits und dessen Zeitlosigkeit hin orientiert ist." (Naumann 2001: 50) Von hier aus betrachtet lässt sich die von Z gestellte Frage, wer der ‚Hirte' sei und wer der ‚Mensch', eindeutig beantworten: Es handelt sich um uns alle – sofern wir nicht der christlichen Jenseitsorientierung entsagen und im Nachgang zu Z's Ratschlag „Beiss zu! Beiss zu!" (201,31–32) den Mut aufbringen, den Kopf der ‚Schlange' abzubeißen. Dem ‚Hirten' jedenfalls ist dies gelungen – und Z ist begeistert über diesen „zum Diesseitigen Jasagende[n]" (Naumann 2001: 50):

Nicht mehr Hirte, nicht mehr Mensch – ein Verwandelter, ein Umleuchteter, welcher *lachte*! Niemals noch auf Erden lachte je ein Mensch, wie *er* lachte! (202,17–19)

Z setzt noch hinzu: „Oh meine Brüder, ich hörte ein Lachen, das keines Menschen Lachen war, – – und nun frißt ein Durst an mir, eine Sehnsucht, die nimmer stille wird. / Meine Sehnsucht nach diesem Lachen frisst an mir: oh wie ertrage ich noch zu leben! Und wie ertrüge ich's, jetzt zu sterben!" (202,20–25) Damit endet diese Rede.

Einige Rätsel bleiben. Unklar ist beispielsweise – um dieses im Zusammenhang mit II/6 aufgeworfene Problem wieder aufzugreifen –, ob diese bejahende Haltung des Hirten sich auch erstreckt auf Zustimmung zur ewigen Wiederkehr von Allem und Jedem und somit auch die in II/6 Z beschäftigende Frage zu bejahen wäre: „hat das Leben auch das Gesindel *nöthig*?" (125,5) Unklar ist des Weiteren die Bedeutung des neben dem Hirten harrenden Hundes inklusive der dabei in Rechnung zu stellenden Kindheitserinnerung Z's resp. Nietzsches (vgl. hierzu Shapiro 2004: 58). Unklar ist schließlich, was es mit dem „Gesicht des Einsamsten" (202,7) auf sich hat, vor allem aber mit dem Folgesatz:

Denn ein Gesicht war's und ein Vorhersehn: – *was* sah ich damals im Gleichnisse? Und *wer* ist, der einst noch kommen muss? (202,8–10)

Schwierigkeiten bereitet insbesondere der Bezug der Vokabel ‚damals'. Es könnte sein, dass Z hier auf frühere seiner Reden anspielt, etwa auf II/20, in welcher zu lesen ist: „Das Jetzt und das Ehemals auf Erden – ach! meine Freunde – das ist *mein* Unerträgliches; und ich wüsste nicht zu leben, wenn ich nicht noch ein Seher wäre, dessen, was kommen muss." (179,5–6) Dieses Zitat in Betracht gezogen, könnte es sein, dass Z nun, nachdem er, im Lichte des Wiederkunftsgedankens betrachtet, das ‚Jetzt' und das ‚Ehemals' nicht mehr nur als ‚unerträglich' wahrzunehmen gelernt hat, sich nicht mehr nur als ‚Seher' der Zukunft versteht, sondern als ihr neues ‚Gesicht'. Somit würde er für sich als Autor reklamieren, was er auch dem Leser in Aussicht stellt: nämlich dass dieser – so Nietzsche an Rohde am 22. Februar 1884 –, wenn er in diesem Werk „gelebt" hat, „mit einem andern Gesichte wieder zur Welt zurück[kommt]" (KSB 6: 479).

III/3 Von der Seligkeit wider Willen

In dieser Rede räsoniert Z darüber, dass der „Nachmittag" (203,16) seines Lebens angebrochen sei und dass er die „Gefährten" und „Kinder *seiner* Hoffnung […] nicht finden könne, es sei denn, er schaffe sie selber erst." (203,22–25) Man sieht: Z versteht sich wieder einmal als Erzieher[102] und bemüht denn auch die in der Pädagogikgeschichte beliebte Wachstums- und Gärtnermetaphorik, etwa in der Art:

> Noch grünen mir meine Kinder in ihrem ersten Frühlinge, nahe bei einander stehend und gemeinsam von Winden geschüttelt, die Bäume meines Gartens und besten Erdreichs. (204,7–9)

Was hier anklingt, ist das Gleichnis aus I/9. So gesehen repräsentiert die Vokabel ‚erster Frühling' die Pubertät, und die Fortführung ‚nahe bei einander stehend und gemeinsam von Winden geschüttelt' symbolisiert die triebhafte Unruhe und Beunruhigung, die für sie kennzeichnend ist und der Z in jener Rede mit den Worten Ausdruck gab: „Wir werden am schlimmsten von unsichtbaren Händen gebogen und gequält." (51,12–13) Auch der Folgesatz führt uns auf eine vertraute Spur:

> Und wahrlich! Wo solche Bäume bei einander stehen, da *sind* glückselige Inseln! (204,10–11)

Wenn wir uns der Erläuterung zu II/1 erinnern, wird hiermit evident, was dort noch Vermutung war: der Topos ‚glückselige Inseln' erfüllt im Wesentlichen die Funktion, ideale Bildungsbedingungen für die Gattung (Über-)Mensch zu markieren.

Der Rest der Rede gilt zwei Themen. Einerseits macht sich Z Gedanken über weitere pädagogische Maßgaben im Sinne der genaueren Ausgestaltung der Bildungsbedingungen:
– etwa dahingehend, dass er „sie" (204,12) – dem Wortlaut nach jene Bäume, dem Sinn nach die ihn zu Hoffnungen im Sinne seines Ideals berechtigenden Menschenkinder – „einstmals […] ausheben und einen Jeden für sich allein stellen [will]: dass er Einsamkeit lerne und Trotz und Vorsicht" (204,12–13);
– auch dahingehend, dass am „Meer" (204,17) „ein Jeder einmal seine Tag- und Nachtwachen haben [soll], zu *seiner* Prüfung und Erkenntniss" (204,18–19), und dies mit dem Ziel, „dass er einst mein Gefährte werde und ein Mitschaffender" (204,24–25).

Die erste Maßgabe ist kaum der Erläuterung bedürftig. Hinsichtlich der zweiten muss man lediglich bedenken, wofür die Vokabel ‚Meer', III/1 zum Maßstab genommen, steht: für den Auftrag an Z's ‚Gefährten' und ‚Mitschaffende', Forschung freizusetzen im Blick auf die ‚schwangere nächtliche Verdrossenheit' resp. im Blick auf die Nacht- und Schattenseite des Menschen.

Das zweite Thema, das Z bewegt, wird durch die Überlegung eingeleitet, dass er sich selber noch „vollenden" (204,29) müsse, seiner „letzten Prüfung und Erkenntniss" (204,30–31) nicht ausweichen dürfe, zumal „des Wanderers Schatten und die längste Weile und die stillste Stunde" ihm zuredeten: „‚es ist höchste Zeit!'" (204,32–33) Zentral ist vor allem die Vokabel ‚stillste Stunde', denn in der gleichnamigen Rede hätte eben diese „furchtbare Herrin" (187,11) Z's ihn durchaus auch mit den Worten: ‚Es ist höchste Zeit!' auffordern können, endlich den Wiederkunftsgedanken zu lehren. Dass nun von diesem die Rede ist, stellt spätestens Z's Überlegung nach langem Zögern klar: „bis endlich mein Abgrund sich rührte und mein Gedanken mich biss. / Ach, abgründlicher Gedanke, der du *mein* Gedanke bist! Wann finde ich die Stärke, dich graben zu hören und nicht mehr zu zittern?" (205,19–23) Denn Vokabeln wie ‚Abgrund' und ‚abgründlicher Gedanke' weisen hin auf den Wiederkunftsgedanken.

Über diesen und dessen Sinn hat Z, wie wir aus III/2 wissen, den Schiffsleuten in Gleichnisform erzählt. Aber diese Generalprobe reichte offenbar nicht, um es zur Premiere gegenüber den zukünftigen ‚Gefährten' und ‚Mitschaffenden' auf der ‚glückseligen Insel' kommen zu lassen. Und deswegen, so will es scheinen, erlebt Z eine – wie es im Titel von III/3 heißt – ‚Seligkeit wider Willen': eine Seligkeit also, derer er bedarf nach den Schrecken infolge der vorgenannten Episode; eine Seligkeit allerdings auch, die trügerisch ist, weil das Wichtigste, der Wiederkunftsgedanke, noch keinen Platz gefunden hat auf Z's Lehrplan. Mit dem insoweit folgerichtigen Bannfluch: „Hinweg mit dir, du selige Stunde!" (206,18) endet diese Rede.

Was noch gegeben wird, ist die Hoffnung, dass nun Nacht komme und mit ihr „sein Unglück" (206,26), was man wohl übersetzen darf mit: dass er nun endlich den Mut fände für eine Lehre, welche die Menschen nötigt, dem Glück zu entsagen, das einer Idee innewohnt, die – wie die christliche Botschaft – auf ein paradiesisches Jenseits hin kalkuliert. Aber auch diese Hoffnung wird enttäuscht – und Z tröstet sich mit dem „spöttisch" (206,30) gemeinten, als Zitat ausgewiesenen Kalauer: „‚das Glück läuft mir nach. Das kommt davon, dass ich nicht den Weibern nachlaufe. Das Glück aber ist ein Weib.'" (206,30–32)

III/5 Von der verkleinernden Tugend

Z, „wieder auf dem festen Lande" (211,3) – also vermutlich zurück auf den ‚glückseligen Inseln' –, will zu Beginn dieser insgesamt dreiteiligen Rede „in Erfahrung bringen, was sich inzwischen *mit dem Menschen* zugetragen habe: ob er grösser oder kleiner geworden sei." (211,7–10) Ersteres scheint der Fall zu sein – wäre da nicht der Verdacht, dass eine Reihe neuer Häuser einer „Spielschachtel" (211,14) entnommen sei. Aber auch Stuben und Kammern kommen Z so vor, als seien sie eher gemacht für „Seiden-Puppen" oder für „Naschkatzen" (211,16–18), so dass ihm der Befund außer Frage steht: „‚Es ist *Alles* kleiner geworden!'" (211,21) Soweit die Diagnose. Der Therapievorschlag lautet, dass nun eine „Rede über die verkleinernde Tugend" (212,5–6) zu halten sei.

Damit endet der erste Teil, und der zweite Teil hat jene Rede zum Inhalt. Im Wesentlichen handelt es sich um ein Klagelied darüber, dass die „kleine[n] Leute" nach ihm „beissen", weil er zu ihnen sage: „für kleine Leute sind kleine Tugenden nöthig – und weil es mir hart eingeht, dass kleine Leute nötig sind!" (212,11–13) Man sieht: Z klagt wieder einmal über die dunkle Seite seines ‚Berufs' als Erzieher. Interessanter ist da schon der Rest des zweiten Teils dieser Rede: Z trägt eine Art Sozialpsychologie vor des Inhalts, dass nur einige wollen und die meisten „gewollt" (213,27–28) werden oder dass nur einige „ächt" seien, die meisten allerdings als „schlechte Schauspieler" (213,29) gelten müssten, und schließlich: „Des Mannes ist hier wenig: darum vermännlichen sich ihre Weiber. Denn nur wer Mannes genug ist, wird im Weibe *das Weib – erlösen.*" (213,33–214,1–2) Soviel also – in Fortführung entsprechender Bemerkungen aus I/19 – zum berühmt-berüchtigten Frauenbild Nietzsches und zu dessen Urteil über die Gründe der damals aufkommenden (ersten) Frauenbewegung. Des Weiteren geißelt Z die „Heuchelei" (214,4), etwa nach dem – offenbar mit Seitenblick auf Friedrich II. angestimmten (vgl. KGW VI 4: 902) – Kanon: „‚Ich diene, du dienst, wir dienen' – so betet auch hier die Heuchelei der Herrschenden" (214,6–7). Vor allem aber kritisiert er der ‚kleinen Leute' „Fliegen-Glück und ihr Summen um besonnene Fensterscheiben" (214, 10–11) und ihr Interagieren nach dem Muster:

Rund, rechtlich und gütig sind sie mit einander, wie Sandkörnchen rund, rechtlich und gütig mit Sandkörnchen sind. (214,14–15)

Diese Formulierung, deren Vorstufe auf das Frühjahr 1880 zurückgeht[103], erinnert an das in I/1 gegebene Porträt der ‚letzten Menschen'. Ähnlich wie diese verdienen auch die ‚kleinen Leute' in Z's Augen nur ein Urteil:

Tugend ist ihnen das, was bescheiden und zahm machte: damit machten sie den Wolf zum Hunde und den Menschen selber zu des Menschen bestem Hausthiere. (214, 29–31)

Kurz und in einem Wort gesagt, abgeleitet von dem Bild: „‚Wir setzen unsern Stuhl in die *Mitte* [...], ebenso weit weg von sterbenden Fechtern wie von vergnügten Säuen'" (214,32–35), gehe es also um „*Mittelmässigkeit*: ob es schon Mässigkeit heisst." (215,1–2)

Der dritte Teil dieser Rede könnte die Überschrift tragen: „Ja! Ich *bin* Zarathustra, der Gottlose!" (215,17–18) Denn es ist eben diese Antwort, die Z voller Stolz gibt auf den entsprechenden Vorwurf „ihre[r] [der ‚kleinen Leute'; d. Verf.] Lehrer der Ergebung" (215,16) an seine Adresse. Und es handelt sich dabei zugleich um das Leitmotiv, mittels dessen er seine nun anhebende „Predigt für *ihre* [der ‚Lehrer der Ergebung'; d. Verf.] Ohren" (215,22) bündelt, dabei nicht vor der wohl größten Provokation zurückschreckend, nämlich vor der (rhetorischen) Frage: „‚wer ist gottloser denn ich, dass ich mich seiner Unterweisung freue?'" (215,23–24) Z's ‚Predigt' wird durch eine düstere Prognose zentriert:

Ihr werdet immer kleiner, ihr kleinen Leute! Ihr bröckelt ab, ihr Behaglichen! Ihr geht mir noch zu Grunde – / – an euren vielen kleinen Tugenden, an eurem vielem kleinen Unterlassen, an eurer vielen kleinen Ergebung! (216,8–12)

Die Vokabel ‚Ergebung' führt Z zu der Assoziationskette: „Zu viel schonend, zu viel nachgebend: so ist euer Erdreich! / Aber dass ein Baum *gross* werde, dazu will er um harte Felsen harte Wurzeln schlagen!" (216,12–14) Die Baum-Metaphorik ist uns aus III/3 als eine bildungstheoretische bekannt und bedarf hier keiner Erläuterung.

Die zweite Assoziationskette wird freigesetzt durch die Vokabel ‚Unterlassen' im folgenden Zitat: „Auch was ihr unterlasst, webt am Gewebe aller Menschen-Zukunft; auch euer Nichts ist ein Spinnennetz und eine Spinne, die von der Zukunft Blute lebt." (216,15–18) Z knüpft hiermit an seine Feststellung aus III/4 an, dass „es keine ewige Vernunft-Spinne und -Spinnennetze giebt" (209,32–33) – und ergänzt nun, dass diese Einsicht keineswegs dazu führt, die Tugend des ‚Unterlassens' sowie Nihilismus zu predigen. Die Frage muss folglich lauten, wie denn jene ‚Menschen-Zukunft' mittels einer Tugend des Tuns bzw. einer Theorie des Handelns befördert werden kann. „Zarathustra, der Gottlose" (215,23), nennt eine wichtige Prämisse: „Und alle Die sind Meines-Gleichen, die sich selber ihren Willen geben und alle Ergebung von sich abthun." (215,26–27) Wenig später lesen wir:

‚thut immerhin, was ihr wollt – aber seid erst Solche, die *wollen können*!' (216,26–27)

Dies klingt vielleicht überraschend, denn beides, also die Liberalität im ersten Satzteil und das offenkundige Kalkül auf die Handlungsfähigkeit des Subjekts im zweiten Satzteil, will nicht recht passen zu der in der Nietzscheforschung verbreiteten Lesart Nietzsches als eines Protagonisten der postmodernen Lehre vom ‚Tod des Subjekts' – eine Lesart, die, von diesem Zitat ausgehend, zumindest unzulänglich ist.

Aber mehr noch, denn Z deklariert zusätzlich:

Liebt immerhin euren Nächsten gleich euch – aber seid mir erst Solche, die *sich selber lieben* – (216,28–29)

Damit wird – so scheint es – die Kritik an der Nächstenliebe aus I/17 hinfällig. Aber man darf die Fortsetzung nicht außer Acht lassen: „– mit der grossen Liebe lieben, mit der grossen Verachtung lieben!" (216,30–31) Denn mit der ‚grossen Liebe', vor allem aber: mit der ‚grossen Verachtung' sich selber lieben – dies könnte heißen, dass der Mensch noch lernen muss, sich nicht bereits mit seinem momentanen Zustand zufriedenzugeben, sondern erst mit dem, was ihm als Möglichkeit innewohnt. Von so zu verstehender

‚Fernstenliebe' – bezogen auf sein zukünftiges Wesen – ausgehend ist ihm auch ‚Nächstenliebe' freigestellt, weil angenommen werden darf, dass er auch diesen ‚Nächsten' nicht entlasten wird von der Erwartung, auch er werde sich fordernd verhalten im Blick auf das ihm noch nicht zugängliche Ideal. Von hier aus betrachtet macht die Liberalität jenes ‚thut immerhin, was ihr wollt' Sinn. Denn adressiert ist dieser Imperativ nur an jene, die über sich selbst im Geiste jenes Zugleichs von ‚grosser Liebe' und ‚grosser Verachtung' richten gelernt haben und insoweit sicherstellen können, dass sie nicht die verachtenswerte Tugend der ‚kleinen Leute' annehmen werden.

III/10 Von den drei Bösen

Diese Rede besteht aus zwei Teilen. Im ersten berichtet Z von einem „Morgentraum" (235,8), in dem er wohl heimlich seine „lachende wache Tags-Weisheit" (235,17) – Freud wird später sagen: den ‚Tagesrest' – zum Ausdruck gebracht haben muss, „welche über alle ‚unendliche Welten' spottet" (235,17–18). Denn im Traum sei dieser Spott seinem Kehrreim nach fortgeführt worden in Gestalt eines Lobliedes auf eben „diese endliche Welt" (235,20) mit dem Ergebnis, das Z nach dem Erwachen hoffnungsfroh meint: „ein menschlich gutes Ding war mir heut die Welt, der man so Böses nachredet!" (236,9–10) Z beschließt folgerichtig, den Gründen jener nachzugehen, die so schlecht reden, will also die „drei bestverfluchten Dinge" – „*Wollust, Herrschsucht, Selbstsucht*" – „menschlich gut abwägen." (236,18–23) Zuvor werden sie noch einmal in Bildersprache vorgeführt, am Imposantesten wohl die Wollust:

Hier ist mein Vorgebirg und da das Meer: das wälzt sich zu mir heran, zottelig, schmeichlerisch, das getreue alte hundertköpfige Hunds-Ungethüm, das ich liebe. (236,24–26)

Die Herrschsucht hingegen muss im Wesentlichen mit dem Attribut „gewälzte[s] Meer" (236,27–28) vorlieb nehmen, wohingegen die Selbstsucht mit einem weit aufschlussreicheren Porträt dargestellt wird: „Auf welcher Brücke geht zum Dereinst das Jetzt? Nach welchem Zwange zwingt das Hohe sich zum Niederen? Und was heisst auch das Höchste noch – hinaufwachsen?" (236,31–33) Des Rätsels Lösung verbirgt sich im Wort ‚Brücke'. Denn dieses Wort kennen wir bereits – zuletzt aus II/20 – als Symbol für die Trennbarkeit zwischen Mensch und Übermensch. Unter Rückerinnerung an das in I/23 zur Selbstsucht Gesagte können wir folgern, dass Z's Sympathie insbesondere eben dieser gelten wird. In ihr sieht er offenbar die Macht verborgen, derer der Übermensch bedarf.

Die Probe aufs Exempel erlaubt der zweite Teil dieser Rede, in welcher Z über seine Untersuchung Bericht erstattet. In Sachen Wollust lautet das zentrale Ergebnis: „für die freien Herzen [ist Wollust; d. Verf.] unschuldig und frei, das Garten-Glück der Erde, aller Zukunft Dankes-Überschwang an das Jetzt" (237,10–12), kurz: „das grosse Gleichniss-Glück für höheres Glück und höchste Hoffnung." (237,16–17) Dies war – man bedenke die Zeit, zu der dies geschrieben wurde – durchaus kühn, vor allem wenn man die Fortsetzung in Betracht zieht:

Vielem nämlich ist Ehe verheissen und mehr als Ehe, – / – Vielem, das fremder ist als Mann und Weib: – und wer begriff es ganz, *wie fremd* sich Mann und Weib sind! (237,17–20)

Denn ‚Mann' und ‚Weib' sind sich dort wohl am fremdesten, wo beide oder auch nur einer von beiden sich für gleichgeschlechtliche Liebe entscheiden – eine Überlegung, die fast Anlass geben könnte, Nietzsche nicht nur als Propagandist dieser Liebe, sondern auch als Anhänger eines Trauscheins für gleichgeschlechtliche Paare zu outen.[104]

Was das Thema ‚Herrschsucht' angeht, vermag Z an sich nur Negatives auszumachen, schlägt also Bilder vor wie: „Herrschsucht: vor deren Blick der Mensch kriecht und duckt und fröhnt und niedriger wird als Schlange und Schwein: – bis endlich die grosse Verachtung aus ihm aufschreit" (238,4–6). Dies klingt so, als sei Z ein Gegner dieser „furchtbare[n] Lehrerin der grossen Verachtung" (238,7), und dem ist auch so. Allerdings lässt Z Herrschsucht gelten als „Erdbeben", „das alles Morsche und Höhlichte bricht und aufbricht" (237,30–238,1) und das – so wird er in III/12 nachtragen – „neue Quellen offenbar [macht]." (265,11)

Gehen wir noch kurz auf das im zweiten Teil von III/10 zur Selbstsucht Ausgeführte ein. Einleitend hatten wir sie bereits als Macht angesprochen gefunden, derer der Übermensch bedarf. Und tatsächlich verweist Z nun erstmals explizit auf I/23 und erinnert daran, dass er schon dort die Selbstsucht „selig pries, die heile, gesunde Selbstsucht, die aus mächtiger Seele quillt" (238,24–26). Dies wird nun ergänzt: Verächtlich dünkt der Selbstsucht – so Z – „der immer Sorgende, Seufzende, Klägliche" (239,4–5), aber auch „der All-zu-Geduldige, Alles-Dulder, Allgenügsame" (239,18–19), „After-Weisheit [...] heisst sie Alles, was Knechte und Greise und Müde witzeln" (239,28–29), kurz und gut: „denen Allen" werde „der Tag" kommen, „die Wandlung, das Richtschwert, *der grosse Mittag*" (240,4–5). In Sicherheit vor dieser Apokalypse sei nur, „wer das Ich heil und heilig spricht und die Selbstsucht selig" (240,7–8). Bemerkenswert ist hier – abgesehen von dem aggressiven Ton, den Z anschlägt – die Vokabel ‚Ich'. Denn man ist in Rückerinnerung an den Anfang dieser Rede nun fast versucht anzunehmen, dass ohne ein handlungsfähiges ‚Ich' die ‚Welt' kaum auf Dauer ein solch ‚menschlich gutes Ding' sein könnte, wie es Z erträumte.

III/11 Vom Geist der Schwere

Z eröffnet diese zweiteilige Rede mit einer Reihe wirrer Bilder[105], die auszulegen kaum Erkenntnisgewinn – wohlgemerkt: in der Sache[106] – verspräche. Insoweit kann man die Angelegenheit recht kurz halten und sich (gleichfalls) eines Bildes bedienen: die Wahrheit kommt hier auf ‚Taubenfüßen', dann aber gewaltig, nämlich in Gestalt des Satzes:

Fast in der Wiege giebt man uns schon schwere Worte und Werthe mit: ‚gut' und ‚böse' – so heisst sich diese Mitgift. Um derentwillen vergiebt man uns, dass wir leben. / Und dazu lässt man die Kindlein zu sich kommen, dass man ihnen bei Zeiten wehre, sich selber zu lieben: also schafft es der Geist der Schwere. (242,27–32)

Mit diesem Satz hat sich Nietzsche ins Gedächtnis der Pädagogengemeinde eingemeißelt. Zu beachten ist dabei, dass er hier in verklausulierter Form über sich selbst Bericht erstattet (vgl. Niemeyer 1998: 9ff.). Dies gilt auch für die Folgesätze:

Aber der Mensch ist nur schwer zu tragen! Das macht, er schleppt zu vieles Fremde auf seinen Schultern. Dem Kamele gleich kniet er nieder und lässt sich gut aufladen. / Sonderlich der starke, tragsame Mensch, dem Ehrfurcht innewohnt: zu viele fremde schwere Worte und Werthe lädt er auf sich, – nun dünkt das Leben ihm eine Wüste! (243,4–9)

Das Bild des ‚Kamels' zeigt schon, dass Nietzsche bewusst die Anknüpfung sucht an I/2. Die Lösung, die Z nun vorträgt, lautet:

Der aber hat sich selber entdeckt, welcher spricht: Das ist *mein* Gutes und Böses: damit hat er den Maulwurf und Zwerg stumm gemacht, welcher spricht ‚Allen gut, Allen bös.' (243,25–27)

Mit den Vokabeln ‚Maulwurf', ‚Zwerg' und ‚Geist der Schwere' erinnert Z an III/2 – und macht nun deutlich, wie er sich von diesen befreit hat. Dass dies anderen zur Lehre gereicht, ist Z's Hoffnung, wobei er allerdings eine Warnung[107] nachfolgen lässt:

‚Das – ist nun *mein* Weg, – wo ist der eure?' so antwortete ich Denen, welche mich ‚nach dem Wege' fragten. *Den* Weg nämlich – den giebt es nicht! (245,14–16)

III/12 Von alten und neuen Tafeln

Diese Rede, von Nietzsche 1888 als „entscheidende Partie" (KSA 6: 341) gelobt, bringt im Anschluss an die offenbar auf Goethes *Prometheus* (1783) anspielende Eröffnung: „Hier sitze ich ..." (246,3)[108] zumeist Wiederholungen, weswegen wir uns hier kurz fassen können und allein auf neue Akzente achten wollen. Dazu gehört der Widerspruch gegen die Überzeugung der

„Tölpel" (252,5), wonach „Alles fest [ist], alle die Werthe der Dinge, die Brücken, Begriffe, alles ‚Gut' und ‚Böse'" (252,8–10). Z widerspricht vehement: „Alles ist im Fluss" (252,4), was zugleich meint, dass es eines dritten Weges bedarf jenseits des alten Glaubens: „‚Alles ist Schicksal: du sollst, denn du musst!'" (253,6–7) sowie des neuen: „Alles ist Freiheit: du kannst, denn du willst!'" (253,9–10) Die neue Lehre erfordert, dass in Zukunft nicht nur „gewähnt", sondern „gewusst" (253,12) werden muss, was wiederum das Verbot von Geboten – wie etwa das Gebot ‚Du sollst nicht töten!' – erfordert, die als Erkenntnisverbote wirken können, insofern in deren Logik nicht mehr zu erkennen oder zu problematisieren sei, dass „in allem Leben [...] Rauben und Todtschlagen [ist]." (253,20) Es geht Z also letztlich nur um eben diesen Existenzsatz – nicht mehr, aber auch nicht weniger.

Einen neuen Akzent setzt Z auch, wenn er seine in III/8 vorgetragene Überlegung wieder aufnimmt, Gott habe sich mit dem ersten der Zehn Gebote gleichsam selbst widerlegt. Z präsentiert die in diesem Kontext zentrale Aussage erneut: „‚Das eben ist Göttlichkeit, dass es Götter, aber keinen Gott giebt!'" (254,22–23) Diese Aussage will er als Gleichnis verstanden wissen und mithin als Anreiz für den (Über-)Menschen, sich *seiner* ‚Göttlichkeit' inne zu werden und sich ihrer als würdig zu erweisen. Besondere Beachtung verdient in diesem Zusammenhang die Fortführung:

Darum, oh meine Brüder, bedarf es eines *neuen Adels*, der allem Pöbel und allem Gewalt-Herrischen Widersacher ist und auf neue Tafeln neu das Wort schreibt ‚edel'. (254,17–19)

Dies ist zusammen mit der erstmals in II/14 vorgetragenen Erweiterung[109] eindeutig und erlaubt auch ohne Einbezug weiterer gleichsinniger Zitate[110] die Ableitung, dass diejenigen, die annehmen, Z plädiere für einen ‚neuen Adel' im wortwörtlichen Sinne oder gar für eine neue, zu züchtende ‚Herrenrasse', irren.[111] Zusätzlich scheint noch der Hinweis notwendig, dass es Z nicht um Gottgleichheit dieses ‚neuen Adels' geht, sondern um das Streben nach Analogie zur ‚Göttlichkeit' – in einem streng anti-monotheistischen Sinne – auf der Ebene einer ‚edlen' Gesinnung.

Nachdem Z seine zentrale ‚neue Tafel' aufgestellt hat, stehen die ‚alten Tafeln' zur Disposition, die er zerbrochen haben will. Er beginnt mit den „Tafeln der Nimmer-Frohen" (256,17–18), auf denen geschrieben stehe: „Wozu Leben? Alles ist eitel!" (256,2) – „alterthümliches Geschwätz" (256,5), wie Z mit Seitenblick auf Schopenhauer kommentiert. Als nächstes empört sich Z – möglicherweise mit Seitenblick auf Kant – über die ‚Tafel' der „Schwärmer und Kopfhänger" (256,22), auf der geschrieben steht: „‚die Welt selber ist ein kothiges Ungeheuer'" (256,20). Diesen sowie jenen, welche „die Welt *von hinten* [sehen], – die Hinterweltler" (256,26–27), sagt Z „in's Gesicht, ob es gleich nicht lieblich klingt: die Welt gleicht darin dem

Menschen, dass sie einen Hintern hat, – *so Viel* ist wahr!" (256,28–30) ‚Mehr aber auch nicht', soll der Leser wohl ergänzen und als Z's Auftrag im Kopf behalten, der „Weisheit" auf die Spur zu kommen, „dass Vieles in der Welt übel riecht" und der Ekel „Flügel" schafft (257,1–2). In diesem Duktus geht es weiter: Die „Tafeln der Frommen", der „Welt-Verleumder" (257,20–21), der „Welt-Müden" und „Prediger des Todes" (258,1–2) sowie die „Tafeln, welche die Ermüdung" und „welche die Faulheit schuf" (259,28–29), will er zerbrochen haben, denn: „An Unheilbaren soll man nicht Arzt sein wollen: also lehrt es Zarathustra: – so sollt ihr dahinfahren!" (259,23–25) Bekannter geworden ist freilich die – auch noch auf „das schwärmende Geschmeiss der ‚Gebildeten'" (260,21) und die „Schmarotzer" (260,30) seiner eigenen Lehre ausgedehnte – Variante:

was fällt, das soll man auch noch stossen! (261,29–30)

Der Erwähnung bedarf auch noch Abschnitt 21: „Geht *eure* Wege! Und lasst Volk und Völker die ihren gehen!" (262,27–28) lautet der vergleichsweise harmlose Einstieg, den Z – in Anknüpfung an I/16 – zu einer Reflexion über das, „was sich heute Volk heisst" (263,1–2), nutzt: es „verdient keine Könige", „diese Völker [thun] jetzt selber den Krämern gleich" (263,2–3), mehr als dies: „Sie lauern einander auf, sie lauern einander Etwas ab, – das heissen sie ‚gute Nachbarschaft'." (263,6–7) Dann aber folgt ein Satz, der irritieren muss:

Oh selige ferne Zeit, wo ein Volk sich sagte: ‚ich will über Völker – *Herr* sein!' / Denn, meine Brüder: das Beste soll herrschen, das Beste *will* auch herrschen! Und wo die Lehre anders lautet, da – *fehlt* es am Besten. (263,7–11)

Dies schreibt jener Nietzsche, der nur einige Seiten zuvor einem ‚neuen Adel' das Wort geredet hatte, „der allem Pöbel und allem Gewalt-Herrischen Widersacher ist" (254,18) und dem wir wegen Rede I/16 eine kulturrelativistische Sicht meinten bescheinigen zu können.

Nicht minder problematisch ist Abschnitt 22, der eröffnet wird mit dem Ausruf: „Wenn *Die* – Brod umsonst hätten, wehe!" (263,13) Dass ‚die' abwertend gemeint ist, liegt auf der Hand. Um wen es sich handelt, wird rasch klar anhand von Vokabeln wie „Unterhalt" – mit der sarkastischen Fortführung: „das ist ihre rechte Unterhaltung" (263,14–15) –, „‚Arbeiten'" (263, 16) und „‚Verdienen'" (283,17): Es geht um ‚die' Arbeiter resp. Lohnabhängigen, die „es schwer haben [sollen]", denn sie seien ohnehin ja „Raubthiere" (263, 16), „in ihrem ‚Arbeiten' […] ist auch noch Rauben, in ihrem ‚Verdienen' […] ist auch noch Überlisten" (263,16–17), was eine gute Voraussetzung sei, denn (und eben deswegen soll man es ihnen schwer machen): „Bessere Raubthiere sollen sie also werden, feinere, klügere, *menschenähnlichere*: der Mensch nämlich ist das beste Raubthier." (263,19–21) Der Übergang vom Wort hin zur Metapher ‚Raubtier' – mit dem Assoziationskomplex ‚Löwe' aus I/2 – ist hier gut erkennbar, ebenso aber leider auch das andere: Die Argumentation insgesamt ist fürwahr eines ‚Philosophen des Kapitalismus' würdig, als den wir Nietzsche bereits, zumindest vom Ansatz her, in II/7 kennen gelernt haben. Ist sie aber auch Nietzsches würdig?

Diskussionsbedürftig ist schließlich der in Abschnitt 27 gegebene Imperativ: *„Zerbrecht, zerbrecht mir die Guten und Gerechten!"* (267,6–7) Denn Z hat hiermit erstmals – diesen Aspekt hat Paul Loeb (2004: 132) zu skandalisieren versucht[112] – nicht nur das Zerbrechen alter Tafeln, sondern auch der ihnen Folge leistenden Menschen gefordert. So gesehen ist es folgerichtig, dass Z nun erst seine entscheidende ‚neue Tafel' aufstellt und dafür den Einstieg wählt: „Die Schaffenden nämlich sind hart. Und Seligkeit muss es euch dünken, eure Hand auf Jahrtausende zu drücken wie auf Wachs, – / – Seligkeit, auf dem Willen von Jahrtausenden zu schreiben wie auf Erz – härter als Erz, edler als Erz. Ganz hart ist allein das Edelste." (268,15–20) Dem folgt:

Diese neue Tafel, oh meine Brüder, stelle ich über euch: *werdet hart!* (268,21–22)

Die Wirkung dieser Worte war immens, dies vor allem in jener Epoche der deutschen Geschichte, in welcher man mit aller Härte daran ging, ein ‚Tausendjähriges Reich' zu errichten und dabei eines rechtfertigenden Philosophen – eben Nietzsche – bedurfte (vgl. Niemeyer 2002: 174 ff.), und zwar gleichsam für jeden Preis.[113] Dass das ‚Dritte Reich' als grausame Variante der Utopie des Chiliasmus (vgl. Scholl 2004: 255)[114] nicht jenen Wirkungen zugehört, die Nietzsche intendierte, wenn er davon sprach – etwa auch in IV/1 –, sein Ziel sei ein „großes fernes Menschen-Reich, das Zarathustra-Reich von tausend Jahren" (298,10–16), erklärt sich aus dem Mythos, auf den er dabei rekurrierte.[115] Gleichwohl ist hier eine Problematik verborgen, die im Folgenden im Auge behalten werden muss.

III/13 Der Genesende

Zu Beginn dieser insgesamt zweiteiligen Rede mit dem doch recht beredten Titel[116] ruft Z eines Morgens den Wiederkunftsgedanken auf: „Herauf, abgründlicher Gedanke, aus meiner Tiefe! Ich bin dein Hahn und Morgen-Grauen, verschlafener Wurm: auf! auf! meine Stimme soll dich schon wach krähen!" (270,13–15) Zu beachten ist hier das auf den ‚züchtenden' (= erziehenden) Charakter des Wiederkunftsgedankens hinweisende einschlägige Nachlassnotat vom Herbst 1883.[117] Aber auch die Eröffnung mit der Vokabel ‚Herauf' und die auf den ersten Blick äußerst rätselhafte Fortführung hat es in sich:

Und bist du erst wach, sollst du mir ewig wach bleiben. Nicht ist das *meine* Art, Urgrossmütter aus dem Schlafe wecken, dass ich sie heisse – weiterschlafen! (270, 22–25)

Denn damit wird – zumindest für den Wagnerexperten – deutlich, worum es hier geht: um eine Parodie auf „die Beschwörung Erdas durch Wotan im dritten Akt des *Siegfried*" (Borchmeyer/Salaquarda 1994: 1358)[118], und dies mit der erhofften Lektion auf Seiten des Lesers, dass er, Z resp. Nietzsche, diese Sache sehr viel ernster nehme als Wagner im *Siegfried* die seine.

Wie ernst die Sache ist, macht die Fortführung klar: Z, sich vorstellend als der Fürsprecher des „Lebens", des „Leidens" und des „Kreises" (271,3–4), scheint zunächst den Wiederkunftsgedanken freudig zu begrüßen, um dann Kunde zu geben von einem Kampf, in welchem er jedenfalls nicht siegreich war:

Heil mir! Heran! Gieb mir die Hand – – ha! lass! Haha! – Ekel, Ekel, Ekel – – – wehe mir! (271, 8–9)

Folgerichtig – bezogen auf diesen als Psychosediagramm zu lesenden Satz – stürzt er nieder „gleich einem Todten" (271,12). Wieder zu sich gekommen von einem siebentägigen, schlaflosen, krankenähnlichen Lager, nimmt er einen von seinem Adler gebrachten „Rosenapfel" in die Hand, findet seinen Geruch „lieblich" – und ermuntert dadurch seine Tiere, „mit ihm zu reden" (271,24–26). Diesem bedeutungsschweren Auftakt[119] folgt eine überraschende Erklärung, eingeleitet durch die Worte: „– und wie jenes Unthier mir in den Schlund kroch und mich würgte!" (273,9–10) Letzte Aufklärung bringt aber erst der Satz:

Nun aber liege ich da, müde noch von diesem Beissen und Wegspein, krank noch von der eigenen Erlösung. (273,12–14)

Damit ist klar: Z selbst war jener Hirte aus III/2. Verdoppelt wird hier insoweit das dort gegebene Szenario. Auch der Befund ist ähnlich: „Der grosse Überdruss am Menschen – der würgte mich und war mir in den Schlund gekrochen: und was der Wahrsager wahrsagte[120]: ‚Alles ist gleich, es lohnt sich Nichts, Wissen würgt.'" (274,12–14)[121] Vor allem aber klagt Z nun, ausgehend von der These, „dass dem Menschen sein Bösestes nöthig ist zu seinem Besten" (271,2–3)[122]:

Allzuklein der Grösste! – Das war mein Überdruss am Menschen! Und ewige Wiederkunft auch des Kleinsten! – Das war mein Überdruss an allem Dasein! (274,32–34)

Die Frage stellt sich also, ob die Vergangenheitsform berechtigt ist, sprich: ob Z nun den Mut gefunden hat zu seinem ‚Bösesten'. Die Vokabel „eigene Erlösung" (273,14) spricht eigentlich dafür, wenngleich Z's Abscheu auffallen muss angesichts des – von ihm zu Beginn von III/13 doch so freudig aufgerufenen – Wiederkunftsgedankens:

,Ewig kehrt er wieder, der Mensch, dess du müde bist, der kleine Mensch' – so gähnte meine Traurigkeit und schleppte den Fuss und konnte nicht einschlafen. (274,18–20)

Den ,kleinen Menschen' kennen wir bereits aus III/5. Wir wissen insoweit, dass er den christlich geprägten, auf die Erlösung und das Jenseits hoffenden Menschentypus repräsentiert. Interessant ist allerdings, dass Z bei dieser seiner erneuten Aussicht auf die ewige Wiederkehr auch dieses Typus eine Lösung zu finden scheint. Denn nach sieben Tagen – am siebenten Tag *seiner* Schöpfung – wird er durch seine Tiere belehrt, dass er „*der Lehrer der ewigen Wiederkunft*" sei und dass dies nun als sein „Schicksal" (275, 29–30) gelten müsse.

Dies will an sich noch nicht viel besagen. Denn dazu gehört zunächst nur, wie die Tiere weiter ausführen, Lehrer der Lehre zu sein, „dass alle Dinge ewig wiederkehren und wir selber mit, und dass wir schon ewige Male dagewesen sind, und alle Dinge mit" (276,3–5); und dass er wiederkomme „nicht zu einem neuen Leben oder besseren Leben oder ähnlichen Leben" (276,27–28), sondern „zu diesem gleichen und selbigen Leben, im Grössten und auch im Kleinsten" (276,29–30). Diese Botschaft lässt noch den Schluss zu, dass auch die ,kleinen Menschen', derer Z „müde" (274,22) ist, ewig wiederkehren werden. Hinzu kommt jedoch noch ein weiterer Auftrag an Z, nämlich dass er „wieder das Wort spreche vom grossen Erden- und Menschen-Mittage", dass er „wieder den Menschen den Übermenschen künde." (276,32–34) Dies, so die Tiere weiter und mit Blick darauf, dass mit dem Mittags-Motiv Vollkommenheit symbolisiert wird und folglich ewige Dauer des mit Lust bejahten Augenblicks, sei dann identisch mit der Stunde, „dass der Untergehende sich selber segnet" (277,4–5), identisch also mit dem Ende von Z's Untergang. Und diese Prognose wiederum könnte Z – um den sich nun eine „grosse Stille" (277,12) breitet als Hinweis darauf, dass er sich „mit seiner Seele" (277,10–11) unterredet, – auf die Idee gebracht haben, die deprimierende Kunde von der ewigen Wiederkunft auch noch der ,kleinen Menschen' reflexiv zu handhaben. Denn der Wiederkunfts*gedanke*, um den Z schon wusste, ist hier nun bereichert um die Wiederkunfts*lehre*, um die zunächst nur Z's Tiere wussten. Diese Lehre erlaubt es nun auch Z, für die Hervorbringung der Übermenschen als derjenigen Sorge zu tragen, die, im Gegensatz zu den ,kleinen Menschen', die Aussicht auf ewige Wiederkunft ertragen können und im Blick auf die der Wiederkunftsgedanke seinen Schrecken verliert bzw., als der „große *züchtende* Gedanke" (KSA 11: 73), seine Wirkung entfaltet.

III/14 Von der grossen Sehnsucht

Diese Rede sollte ursprünglich den Titel *Ariadne* tragen. Für den dritten Teil der übernächsten Rede hatte Nietzsche zunächst die Zwischenüberschrift *Dionysos* vorgesehen (vgl. KSA 14: 324). Was ihn veranlasste, von beiden Vorhaben Abstand zu nehmen, ist nicht bekannt, wohl aber der diesbezüglich relevante antike Mythos, den Joachim Köhler nacherzählt: „Ariadne, verlassen von ihrem wenig wollüstigen Entführer Theseus, liegt einsam am Strand von Naxos und sehnt sich nach dem Tod. Der kommt in einem Kahn übers Meer gefahren und heißt Dionysos. Aber den Tod, den er ihr bringt, schmeckt süß und kostet nicht das Leben. Als funkelndes Sternenbild wird der Gott sie später, ewig kreisend, an den Nachthimmel versetzen." (1989: 555) Ist es also dieser Mythos, den Nietzsche – mit Lou in der Rolle der Ariadne, Paul Rée in der des Theseus und sich selbst in der des Dionysos – sich in dieser Rede zum Vorbild genommen hat? Köhler vermutete dies, und wir wollen der damit freigelegten Spur nachgehen. Hilfreich ist dabei ein Nachlassnotat vom Sommer 1883:

Dionysos auf einem Tiger: der Schädel einer Ziege: ein Panther. Ariadne träumend: ‚vom Helden verlassen träume ich den Über-Helden.' Dionysos ganz zu verschweigen! (KSA 10: 433)

Was Nietzsche, als er dies aufschrieb, im Einzelnen im Schilde führte, ist unklar. Nur das Wort ‚Über-Held' kennen wir bereits aus II/13:

Diess nämlich ist das Geheimniss der Seele: erst wenn sie der Held verlassen hat, naht ihr, im Traume – der Über-Held. (152,26–27)

Ist dies also der Clou dieser Rede: dass Nietzsche uns das ‚Geheimnis der Seele' jener aufdecken will, der im Traum ihr Über-Held naht? Und hat er den Titel *Ariadne* und die Zwischenüberschrift *Dionysos* nur fortgelassen, um von dieser Lektion nicht abzulenken?

Wir nehmen Letzteres als wahrscheinlich an und können zu Ersterem zunächst lediglich sagen, dass Z in dieser Rede, offenbar dem Vorbild Platons folgend, wonach „im Selbstgespräche der Seele mit sich selbst das Wesen des Denkens [beruht]" (Heidegger 1954: 77), in Versform und mit immer wieder aufs Neue genutzter Eröffnungsfloskel („Oh meine Seele ...") seiner Sorge Ausdruck verleiht, er habe ‚seiner Seele' möglicherweise zu viel zugemutet. Denn, und nur einiges sei genannt: er habe „selbst die Würgerin, die ‚Sünde' heisst", erwürgt (278,12); er habe ihr die „Freiheit" zurückgegeben „über Erschaffnes und Unerschaffnes" und sie die „Wollust des Zukünftigen" (278,17–19) gelehrt; er habe ihr „alles Gehorchen Kniebeugen und Herr-Sagen" genommen (279,3–4). Z, der hier – das zeigen die entscheidenden Vokabeln (‚Geist', ‚Freiheit') – in der Rolle des Aufklärers auftritt, könnte also eigentlich stolz sein auf sein Werk, und er ist es auch:

Oh meine Seele, überreich und schwer stehst du nun da, ein Weinstock mit schwellenden Eutern und gedrängten braunen Gold-Weintrauben (279,15–18).

Dies Bild mag als Symbol für einen „erigierte[n] Phallus" (Köhler 1989: 555) gelesen werden (oder auch nicht), wichtiger ist: Z's ‚Seele' ist gleichwohl „voll Schwermuth" (279,25) und nicht bereit – wie er wohl erwartet hat –, dankbar zu sein für die Lektionen, die er ihr erteilte und die sie erst so trächtig machte und so fruchtbar. Im Gegenteil, denn, so ihr Argument: „– hat der Geber nicht zu danken, dass der Nehmende nahm? Ist Schenken nicht eine Nothdurft? Ist Nehmen nicht – Erbarmen?" (279,26–28)

Hiermit kippt die Dichtung. Der Grund dafür scheint sich aus der eingangs angeführten Annahme ableiten zu lassen. Denn – noch einmal sei dieser Vers aus II/13 in Erinnerung gerufen – ‚erst wenn sie der Held verlassen hat, naht ihr, im Traum, der Über-Held', will sagen: erst jetzt, wo der ‚Held' Z seine ‚Seele' verlassen hat – weil er letztlich nichts zu entgegnen weiß auf ihren Einwand –, naht, im Traum, der ‚Über-Held'. Kaum anders als mit diesen Worten wird man es jedenfalls zu beschreiben haben, dass Z nun ansetzt zu einer wahren Hymne auf seine Seele, in welcher traumartige Motive dominieren. Das gilt schon für seinen Einstieg, der gesetzt ist durch das Lob, ihre lächelnde „Schwermuth" zeuge für „Über-Reichthum" (279, 30). Dies gilt aber auch für die Fortführung: von ihrer „Über-Fülle" (279,32) ist da die Rede, von ihrer „Über-Güte" (280,3) – und schließlich davon, dass sie, wenn sie schon nicht weinen dürfe wegen ihres „Leid[s]" über ihre „Fülle" (280,9–10), zu „*singen*" (280,13) habe, und zwar in ganz besonderer Weise:

[...] – hin zu dem güldnen Wunder, dem freiwilligen Nachen und zu seinem Herrn: das aber ist der Winzer, der mit diamantenem Winzermesser wartet, – / – dein grosser Löser, oh meine Seele, der Namenlose – – dem zukünftige Gesänge erst Namen finden! (280,23–28)

Soweit also diese traumartige Fantasie. Es kann hier unerörtert bleiben, ob Nietzsche in Versuchung stand, jenen geheimen ‚Namenlosen' Dionysos zu nennen (vgl. auch Köhler 1989: 556). Wichtiger ist die zusammenfassende Deutung, die wie folgt lauten könnte: Diese Rede steht für ein geradezu gigantisches Phantasma, mittels dessen sich der ‚gottlose Nietzsche' ein glückliches, ihn rechtfertigendes Ende fingiert: nicht mit ‚Schnitter Tod' als letztem Gast, sondern mit dem lebensbejahenden namenlosen ‚Winzer', einem wahren ‚Über-Helden', der sein ‚diamantenes Winzermesser' zu führen versteht und auch benötigt, um die Ernte einzufahren, die ihm Z's ‚Seele', jener ‚Weinstock mit schwellenden Eutern und gedrängten braunen Gold-Weintrauben', über das ‚brausende Meer' bringt.

Wenn wir den dritten Teil der Rede III/16 einbeziehen – der ja zunächst die Zwischenüberschrift *Dionysos* tragen sollte –, scheint für das Phantasma noch ein letzter Akt in Vorbereitung gewesen zu sein, an dessen Ende der Wiederkunftsgedanke durch die Worte eben jenes Dionysos an Ariadne zelebriert worden wäre:

> Nie noch fand ich das Weib, von dem ich Kinder mochte, es sei denn dieses Weib, das ich liebe: denn ich liebe dich, oh Ewigkeit! (289,6–8)

Dass Z mit diesem Refrain – inklusive des noch einmal gesondert herausgestellten letzten Satzes – jeden einzelnen der insgesamt sieben Abschnitte von III/16 beschließt und insoweit von ‚sieben Siegeln' Gebrauch macht, spricht Bände in Sachen der ‚Über-Fülle', von der sich Nietzsche bedrängt sah.

III/15 Das andere Tanzlied

Dieses Tanzlied, ursprünglich mit dem zusätzlichen Titel *Vita femina* versehen (vgl. KSA 14: 324), nimmt nicht nur den eben angedeuteten (Ariadne-)Faden auf, sondern auch den anderen aus II/10, in welchem Nietzsche unserer Lesart zufolge seiner großen Liebe Lou v. Salomé gehuldigt hatte. Schon die ersten, als Zitat ausgewiesenen Zeilen: „In dein Auge schaute ich jüngst, oh Leben …" (282,3) variieren erkennbar die entsprechende Passage aus II/10, nur dass Z nun nicht fort fährt mit: „Und ins Unergründliche schien ich mir da zu sinken …" (140,6–7), sondern, wohl wegen seiner fortgeschrittenen Kenntnis in Sachen des ‚Unergründlichen', die Wendung bevorzugt:

> Gold sah ich in deinem Nacht-Auge blinken, – mein Herz stand still vor dieser Wollust (282,3–5).

Das klingt, aus Perspektive des Erotomanen, viel versprechend – und er soll auch nicht enttäuscht werden: von einem „sinkenden, trinkenden, wieder winkenden goldenen Schaukel-Kahn" (282,7–8) ist da die Rede[123], von einem „lachenden fragenden schmelzenden Schaukel-Blick" (282,10) sowie davon, dass du nur „deine Klapper" zwei mal „mit kleinen Händen [regtest]", schon „schaukelte […] mein Fuss vor Tanz-Wuth" (282,11–12).

Das ‚Weib' freilich ist – dies weiß man ja, und sei es von Nietzsche – unberechenbar, und so auch hier: „Zu dir hin sprang ich: da flohst du zurück vor meinem Sprunge; und gegen mich züngelte deines fliehenden fliegenden Haares Zunge!" (282,15–17) Und, selbstredend, vice versa: „Von dir weg sprang ich und von deinen Schlangen: da standest du schon, halbgewandt, das Auge voll Verlangen." (282,18–19) Das Dilemma – selbstredend das des begehrenden Mannes – bleibt nicht aus: „Ich fürchte dich Nahe, ich liebe dich Ferne; deine Flucht lockt mich, dein Suchen stockt mich: – ich leide, aber was litt ich um dich nicht gerne!" (282,22–283,1–2) Dies klingt nett, ist für Vertreter der ‚Generation wilde Herzen' fraglos anrührend –

und hat den unschlagbaren Vorteil, dass es sich reimt, nur: Erschöpft sich Z's tieferes Anliegen wirklich darin, mittels dieser erstmals in solcher Häufigkeit verwendeten Reimform eine Parodie zu geben auf derlei schwergeprüfte Minnesänger? Oder will er den Leser noch einmal in verschlüsselter Form mit Nietzsches Liebesleid in Sachen Lou v. Salomé behelligen?

Offenbar wird man die letzte Frage bejahen müssen, denn Attribute wie „unschuldige, ungeduldige, windseilige, kindsäugige Sünderin" (283,6–7) könnten auf sie bzw. auf Nietzsches Wahrnehmung von ihr passen. Und Tadel des Kalibers: „du Ausbund und Unband", „du süsser Wildfang und Undank" (283,8–9) sind durchaus dem Niveau eines ‚verliebten Studenten' angemessen, auf das Nietzsche damals nach eigenem Eingeständnis zurückzusinken drohte. Dass er sich gegen diese Gefahr mit Parolen Z's wie: „ich bin der Jäger, – willst du mein Hund oder meine Gemse sein?" (283,19–20) wappnen wollte, will man insofern gerne glauben. Kaum zu glauben ist aber, dass wir in diesem Kontext auch noch den anderen, uns bereits aus I/19 bekannten, diesmal mit einem Reim ‚verschönerten' Rat(-Schlag) finden:

Nach dem Takt meiner Peitsche sollst du mir tanzen und schrein! Ich vergass doch die Peitsche nicht? – Nein! (284,6–7)

Damit endet der erste Teil dieser Rede, in welchem Z dem ‚Leben' über die Lektion berichtet, die ihn sein Blick in deren[124] „Nacht-Auge" (282,4) lehrte.

Da ein zweiter Teil folgt, der die Antwort dokumentiert, die „das Leben" (284,9) Z gab, darf man gespannt sein, ob Nietzsche diese durch die Dramaturgie sich ergebende Chance auf Darbietung einer Antithese nützt. Die Antwort fällt nicht ganz leicht. Denn einerseits könnte man sagen, dass ‚das Leben' lediglich antwortete: „‚Oh Zarathustra! Klatsche doch nicht so fürchterlich mit deiner Peitsche! Du weisst es ja: Lärm mordet Gedanken'" (284,9–12). Andererseits aber muss man beachten, um welchen ‚Gedanken' es geht: nämlich um die Sorge Z's, dass ihm seine „tolle alte Närrin von Weisheit [...] einmal davonliefe", mit der Folge, dass ihm „schnell" auch des ‚Lebens' „Liebe" davonliefe (284,23–25), wobei vor allem die folgende Textpassage verräterisch ist: Z sagt „ihr [dem ‚Leben'; d. Verf.] Etwas in's Ohr", worauf sie gleichermaßen erstaunt wie erschrocken ausruft: „Du *weisst* Das, oh Zarathustra? Das weiss Niemand." (285,10–13) Dass es hier um den Wiederkunftsgedanken geht, belegt ein Bericht Resa v. Schirnhofers, demzufolge Nietzsche ihr im April 1884 in Nizza nach dem Zitieren dieser Zeilen „flüsternd", „scheue Blicke um sich werfend, als würde eine entsetzliche Gefahr drohen" (zit. n. Gilman 1981: 494)[125], eben den Wiederkunftsgedanken resp. dieses ‚Geheimnis' anvertraut habe. Mit dieser Erläuterung wird die ‚Peitsche' als Symbol für Verdrängung lesbar, insofern Z den ihn ängstigenden Wiederkunftsgedanken mit deren ‚Lärm' zu ‚morden' wünscht.

Zu dieser Interpretation passt der dritte Teil der Rede, den Z in den Abschnitten 3–12 von IV/19 erneut nutzen und dort mit dem Hinweis ankündigen wird, es folge nun ein Lied, „dess Name ist ‚Noch ein Mal', dess Sinn ist ‚in alle Ewigkeit!'" (403,26–27) „Zarathustra's Rundgesang" (403,28) – wie Z an eben jener Stelle auch sagen wird – besteht aus den folgenden Versen, die jeweils durch eine vorangestellte, die Glockenschläge von Eins bis Zwölf symbolisierende Zahl getrennt sind, was hier nur unvollständig nachgebildet werden kann (und soll):

> Oh Mensch! Gieb Acht!
> Was spricht die tiefe Mitternacht?
> ‚Ich schlief, ich schlief –,
> Aus tiefem Traum bin ich erwacht: –
> Die Welt ist tief,
> Und tiefer als der Tag gedacht.
> Tief ist ihr Weh –,
> Lust – tiefer noch als Herzeleid:
> Weh spricht: Vergeh!
> Doch alle Lust will Ewigkeit –.
> – will tiefe, tiefe Ewigkeit! (285,21–286,16)

Auffällig ist die eröffnende Invokation, die Wolfram Groddeck als Anspielung auf Kant las und als Hinweis darauf, dass Nietzsche ein ihm diametral entgegenstehendes Forschungsprogramm verfolgte.[126] Der Sache nach symbolisiert „Zarathustra's Rundgesang", dass nun jene ‚Mitternacht' erreicht sei, in der die Zeit stillsteht und stillstehen kann, weil nun ‚Ewigkeit' vorliegt und ‚Lust' resp. ein Gefühl von Vollkommenheit dominiert. Damit aber verlöre auch der Wiederkunftsgedanke seine Bedrohlichkeit. Er gewönne seine ‚züchtende' Kraft im Sinne von III/13.

III/16 Die sieben Siegel (Oder: das Ja- und Amen-Lied)

Z besiegelt mit diesem in *Ecce homo* als besonders gelungen herausgestellten Dithyrambus[127] den im dritten Teil von III/15 ins Zentrum rückenden Satz: „*Denn ich liebe dich, oh Ewigkeit!*" (287,21) Dies geschieht in jeweils gleicher Form am Ende jedes der sieben Abschnitte dieser Rede. Dabei dominiert jeweils ein anderer Gesichtspunkt, am Beispiel des ersten Abschnitts gesprochen: besiegelt wird mit diesem Spruch und mithin für gut befunden, dass Z „schwülen Niederungen" „feind" sei „und Allem, was müde ist und nicht sterben, noch leben kann" (287,7–8). Systematisiert man das Ganze, ergibt sich ein gebrauchsfertiges Rezept für die Erzeugung weiterer Z's. Dabei dominieren Erkenntnismodi, die Nietzsche in seiner ‚Freigeistepoche' skizzierte und die er 1886 wieder aufgreifen wird, etwa in Gestalt der Aufforderung: „nun! wohlan! jetzt tüchtig die Zähne zusammengebissen! die Augen aufgemacht! die Hand fest ans Steuer! wir fahren geradewegs über die Moral weg, wir erdrücken, wir zermalmen vielleicht dabei unsern eignen Rest Moralität" (KSA 5: 38). Nietzsche ließ dem noch den starken Satz folgen: „Psychologie ist nunmehr wieder der Weg zu den Grundproblemen." (ebd.: 39) Diese Losung aus *Jenseits von Gut und Böse* passt allerdings nicht zu Za III. So gesehen nimmt sich auch unsere eingangs formulierte Annahme, Nietzsche habe in Za III erneut einen Blick riskiert auf menschlich-allzumenschliche ‚Trauer-Spiele' und sei dem Leser vor allem als Psychologe in Erinnerung zu bringen, recht kläglich aus. Immerhin: Für einige der im Vorhergehenden interpretierten Reden Z's – etwa für III/5 oder III/10 – hat sich die Annahme bestätigen lassen. In der Summe allerdings bleibt der Eindruck, dass der Wiederkunftsgedanke zunehmend dominiert und für Nietzsche die Frage dringend gemacht hat, wie eine Welt, in der kein Gott mehr ist, ethisch gerechtfertigt und vor Nihilismus bewahrt werden kann. Was daraus für Za IV folgt, werden wir nun zu zeigen haben.

IV Also sprach Zarathustra.
Ein Buch für Alle und Keinen.
Vierter und letzter Theil (1885)

> *Ach, wo in der Welt geschahen grössere Thorheiten, als bei den Mitleidigen?*
> *Und was in der Welt stiftete mehr Leid, als die Thorheiten der Mitleidigen?*
> *Wehe allen Liebenden, die nicht noch eine Höhe haben, welche über ihrem Mitleiden ist!*
> *Also sprach der Teufel einst zu mir: ‚auch Gott hat seine Hölle: das ist seine Liebe*
> *zu den Menschen.'*
> *Und jüngst hörte ich ihn diess Wort sagen:*
> *‚Gott ist todt; an seinen Mitleiden mit den Menschen ist Gott gestorben.'*
> (294)

Za IV[128] besteht aus zwanzig Abschnitten, von denen die Nr. 2 bis 10 sowie 18 und 20 als Reden Z's gekennzeichnet sind und im Folgenden auch als solche bezeichnet werden sollen. Dem korrespondiert ein Bruch im Plot: In den Reden Nr. 3 bis 10 ist Z auf der Suche nach den ‚höheren Menschen', ab Nr. 11 hat er die vermeintlichen Kandidaten um sich versammelt und macht sich in der Folge – mit (selbst-)kritischem Seitenblick auf Züge Nietzsches (vgl. Hirsch 1921: 411), aber auch mit deutlich erkennbaren Seitenhieben auf wichtige Personen in Nietzsches Leben (vgl. Janz 1978: 376) – lustig über sie. Nietzsches daraus entspringendes Urteil vom Februar 1885, was er hier böte, sei „eine ‚Gotteslästerung', gedichtet mit der Laune eines Hanswursts" (KSB 7: 12), gab im Verlauf der Rezeptionsgeschichte mancherlei Anlass zur Skepsis – ob nun dahingehend, Za IV sei „quite different from the earlier parts and on a lower level of inspiration" (Hollingdale 1969: 35); oder derart, dass Za IV nicht aufgenommen wurde in die von Nietzsche autorisierte, 1887 erschienene Neuauflage der Teile I–III in einem Band und insofern als „eigenes, separates Werk" zu gelten habe, zumal der Ton dieses Teils im Vergleich zu den drei anderen „satirischer" sei, „fast schon karnevalistisch, possenhaft, burlesk" (Ottmann 2000: 61 f.; vgl. auch Fink 1960: 114). Letzteres mag schon so sein, nur sollte man den tieferen Sinn dessen nicht übersehen[129] und beachten, dass Za in seinen vier Teilen „in sich stimmig [ist]" (Braun 1998: 21; vgl. auch Rauh 1969), so dass die lieblose Behandlung von *Za IV* als Appendix im Kommentar von Laurence Lampert (1986: 287 ff.) keineswegs überzeugt und theoriepolitisch motiviert scheint (vgl. Nehamas 2000: 172).[130]

Eine weitere Vorbemerkung erfordert der Umstand, dass Nietzsche auch diesem Buch ein – einleitend wiedergegebenes – Motto vorangestellt hat, welches der Rede II/3 entnommen wurde. Wenn wir die Rede, der dieses Zitat entstammt, richtig gedeutet haben, müsste die Erwartung lauten, Nietzsche wolle auch in Za IV in erster Linie als kritischer Psychologe des Mitleids tätig werden – und gewissermaßen in einer Welt jenseits von Gott eine geistige ‚Höhe' geltend machen, die anderes und mehr zu rechtfertigen erlaubt als ‚nur' Mitleid, etwa im Sinne des Merksatzes, mit dem jene Rede ausklingt: „alle große Liebe ist noch über all ihrem Mitleiden: denn sie will das Geliebte noch – schaffen!" (116,3–4) Dieser Lesart zufolge müsste nicht einmal so sehr das ‚Mitleiden' im Zentrum von Za IV stehen, sondern die Vokabel ‚Schaffen'. Wir werden zu prüfen haben, ob das der Fall ist.

IV/1 Das Honig-Opfer

Zu Beginn wird berichtet, dass inzwischen Jahre vergangen sind und Z's Haar währenddessen „weiss" (295,3) geworden sei. Als Handlungsort kommen nach wie vor die ‚glückseligen Inseln' in Betracht. Z jedenfalls kann – und das schließt die Option ‚Insel' nicht aus –, „vor seiner Höhle" sitzend, „auf das Meer" (295,4–5) hinausschauen. Eines Tages wird Z von seinen Tieren gefragt, ob er wohl nach seinem Glück Ausschau halte, woraufhin er zur Antwort gibt: „‚Was liegt am Glücke! […], ich trachte lange nicht mehr nach Glücke, ich trachte nach meinem Werke.'" (295,10–12) Diese Antwort ist aus I/1 bekannt[131], ebenso wie die Vokabel ‚Honig', die nun als Metapher für eine Art Köder in Sachen „Menschen-Welt" und „Menschen-Meer", ja „Menschen-Abgrund" (297,1–3) eingeführt wird. Dabei fällt die Anlehnung an das Menschenfischer-Motiv aus dem Matthäus-Evangelium[132] ins Auge, ebenso wie die Wiederaufnahme eines Passus aus III/12[133], dem das Bekenntnis folgt:

Der nämlich bin ich von Grund und Anbeginn, ziehend, heranziehend, hinaufziehend, aufziehend, ein Zieher, Züchter und Zuchtmeister, der sich nicht umsonst einstmals zusprach: ‚Werde, der du bist!' (297,14–17)

‚Einstmals' meint hier: 1874, als Nietzsche sich in *Schopenhauer als Erzieher* im Interesse seiner Emanzipation zu diesem Imperativ aufschwang (vgl. Niemeyer 1998: 106ff.) und insoweit gegen sich selbst als ‚Züchter' opponierte – eine Vokabel übrigens, die man nicht missverstehen darf: Die etymologische Ableitung, derer sich Z in diesem Zitat bedient, entspricht dem Stand der Forschung.[134]

Was Z dem noch folgen lässt, sind Witzchen im Stil jenes einleitend angesprochenen Hanswurst[135] sowie Parolen derart, dass er sich als ‚Menschen-Fischfänger' eine gewisse Gelassenheit leisten könne, denn:

Ich aber und mein Schicksal – wir reden nicht zum Heute, wir reden auch nicht zum Niemals: wir haben zum Reden schon Geduld und Zeit und Überzeit. / Denn einst muss er doch kommen und darf nicht vorübergehen. / Wer muss einst kommen und darf nicht vorübergehen? Unser grosser Hazar, das ist unser grosses fernes Menschen-Reich, das Zarathustra-Reich von tausend Jahren (298,10–16).

Dies klingt nach dem Ende von Rede III/12. Wie allerdings ‚das Zarathustra-Reich von tausend Jahren' genau beschaffen ist, wird auch diesmal nicht recht klar. Eines nur sei festgehalten: Dass Z die Thematik gleich im ersten Abschnitt des vierten Teiles seines Gesamtwerks in der geschilderten Weise und mit diesem unverkennbar erzieherischen Anspruch erörtert, ist von einiger Bedeutung und bedarf im Folgenden der Beachtung.

IV/2 Der Nothschrei

In dieser Rede begegnet einem erneut der Wahrsager aus der gleichnamigen Rede (II/19), dessen zentrale Lehre „‚Alles ist leer, Alles ist gleich, Alles war!'" (172,4–5) hier die Variante angenommen hat: „‚Alles ist gleich, es lohnt sich Nichts, Welt ist ohne Sinn, Wissen würgt.'" (300,15–16) Als zusätzliche Botschaft hat der Wahrsager diesmal anzubieten:

es giebt auch keine glückseligen Inseln mehr! (302,29)

Es ist diese „schlimme Verkündigung" (300,18–19), die den Plot schlagartig verändert. Denn bis hin zu diesem Punkt ließ sich Z deutlich verunsichern durch des Wahrsagers Hinweis, er höre einen „Nothschrei" (301, 22), der ihn aber nicht betreffe, denn: „was geht mich Menschen-Noth an!" (301,24) Diese Ausflucht freilich hatte der Wahrsager nicht gelten lassen wollen. Er erklärte vielmehr, es wäre gleichsam sein Auftrag, Z zu seiner – diesem im Übrigen sehr wohl bekannten – „letzten Sünde" (301,28) zu verführen, und diese heiße: „*Mitleiden!*" (301,26) Der besagte ‚Nothschrei' also gelte sehr wohl ihm. Was genau der Wahrsager von Z erwartet, stellt der Mahnruf klar: „es ist höchste Zeit!" (301,34)[136] Und so wie insbesondere in III/3 ist es auch hier: Z wird – diesmal durch den Wahrsager – aufgefordert, den Wiederkunftsgedanken zu lehren, und das gleichsam aus ‚Mitleid' mit den Menschen, die dieser Art von nach-christlicher und insoweit ‚sündhafter' ‚Erlösung' bedürfen.

Warum aber bewirkt erst des Wahrsagers ‚Verkündigung', es gäbe ‚keine glückseligen Inseln mehr', den Bruch im Plot? Warum hat sich Z durch des ‚Wahrsagers' Hinweis, der „höhere Mensch" (302,5) sei es, der nach ihm schreie, in „Angst" (302,10) versetzen lassen und keinen Anlass gesehen zum – wie man es wohl nennen darf – helfenden Handeln?

Die Antwort könnte lauten, dass allein im Rahmen eines derartigen isolierten, individualpädagogischen Tuns und ohne Aussicht auf eine gestaltbare Bildungsbedingung – und in diesem Sinne meinten wir ja bisher den Topos ‚glückselige Inseln' lesen zu dürfen[137] – eine Intervention für Z inakzeptabel gewesen wäre. Auffällig ist jedenfalls, dass er im zweiten Teil des Plots zu alter Stärke zurückgefunden hat und dem Wahrsager selbstbewusst entgegnet: „*Das* weiss ich besser! Es giebt noch glückselige Inseln!" (303,1–2) Selbst die Vokabel ‚höherer Mensch' – bei deren Nennung durch den Wahrsager sich Z's Haut zuvor noch mit (Angst-)„Schweiss" (302,9) bedeckte, – ist nun willkommen, mehr als dies, denn der Wahrsager bekommt von Z zu hören: „Was aber deinen höheren Menschen angeht: wohlan! ich suche ihn flugs in jenen Wäldern: *daher* kam sein Schrei. Vielleicht bedrängt ihn da ein böses Thier." (303,9–11) Die Rede klingt aus mit dem Hinweis, dass der Wahrsager, falls er an Z's diesbezüglicher Entschlossenheit zweifele, beachten möge: „Aber auch ich [Z; d. Verf.] – bin ein Wahrsager." (303,31) Zu beachten ist hier die Doppelbedeutung des Wortes, insoweit Z hier für sich die Fähigkeit reklamiert, die Zukunft nicht nur in Gestalt dunkler Prophezeiungen zu verkünden, sondern sie durch bildungswirksame Vermittlung des Richtigen und Triftigen zu gestalten.

IV/3 Gespräch mit den Königen

Diese Rede ist – wie alle nachfolgenden – als Fortsetzung angelegt. So heißt es zu Beginn über Z, ihm seien, „auf dem Wege, den er hinabwollte", „zwei Könige", „bunt wie Flamingo-Vögel"[138] (304,3–7), entgegengekommen. Und am Ende verabschiedet er sich von ihnen mit dem Hinweis, ihr rufe ein „Nothschrei" (308,10) fort, sie könnten ja solange in seiner Höhle warten, was nicht schlimm sei, denn: „Wo lernt man heute besser warten als an Höfen?" (308,13–14) Diese Frage verdeutlicht, dass sich Z seinerseits als eine Art ‚König' versteht, der im ersten Teil dieser zweiteiligen Rede seine zwei ‚Kollegen' folgerichtig fragt, was sie denn in seinem „Reich" (306,10) suchen, ob sie etwa unterwegs gefunden hätten, wonach *er* suche: „nämlich den höheren Menschen" (306,11–12)? Dies wird bejaht („Wir sind erkannt!"; 306,14), obgleich dann deutlich wird, dass sie nach wie vor auf der Suche sind und im Übrigen ein Geschenk dabei haben, einen „Esel", denn: „Der höchste Mensch nämlich soll auf Erden auch der höchste Herr sein" (306,19–20) – und vermag dies offenbar nicht zu sein ohne Esel.

Die Bedeutung des Esels ist damit gleichwohl noch nicht ganz geklärt. Dass er wichtig ist, darf man Z's Erstaunen gleich zu Beginn seiner Rede entnehmen:

Seltsam! Seltsam! Wie reimt sich das zusammen? Zwei Könige sehe ich – und nur Einen Esel! (304,12–13)

Hier geht es um mehr als nur um ein nettes politisches Witzchen, sei es ausgehend von der Gleichsetzung der Metapher ‚Esel' mit der Vokabel ‚Volk' (vgl. Salaquarda 1973: 200), sei es unter Bezug auf die sprichwörtliche Dummheit der Esel.[139] Vieles – etwa die Annahme, beim Esel handele es sich um eine Karikatur des infolge der Christusanbetung zum Lasttier mutierten dritten Königs – spricht auch für „eine Parodie der Drei heiligen Könige aus dem Morgenland auf der Suche nach dem verheißenen neuen Erlöser und König der Welt" (Baier 1984: 48 f.). In Betracht zu ziehen ist des Weiteren eine Anspielung auf jenen Abschnitt des Matthäus-Evangelium, in welchem berichtet wird, Jesus sei „auf einem Esel und auf einem Füllen" (Mt 21,5) in Jerusalem eingezogen und nicht zuletzt deswegen vom Volk als „Prophet von Nazareth aus Galiläa" (Mt 21,11) erkannt worden. Denn mittels dieser Fährte ließe sich beides erklären: nämlich dass Z den ‚zwei Königen' in Ermangelung eines zweiten Esels die Anerkennung verwehrt; und dass ihm diese durch Darbietung ihres Esels das noch ausstehende Symbol seiner Herrschaft, die er in ihren Augen anzutreten berechtigt sei, überreichen.

Dass die ‚zwei Könige' Z als (neuen) ‚König' akzeptieren, scheint jedenfalls außer Frage zu stehen und erklärt sich dadurch, dass es im Wesentlichen seine Lehren sind, die sie – zunächst von Z belauscht – zum Vortrage bringen, etwa: dass es sich „unter Einsiedlern und Ziegenhirten" wahrlich besser lebe „als mit unserm vergoldeten falschen überschminkten Pöbel" (305,1–2); oder: dass man „dem Gesindel" „aus dem Wege" zu gehen hat, „allen diesen Schreihälsen und Schreib-Schmeissfliegen, dem Krämer-Gestank, dem Ehrgeiz-Gezappel, dem üblen Athem" (305,26–28). Ergänzt wird das Ganze noch durch die Überlegung, dass es wenig besage, „unter dem Gesindel die Ersten zu bedeuten", allgemeiner gesprochen: „Was liegt noch an uns Königen!" (305,30–31) – ein Satz, den Z sogleich als einen identifiziert, den er „einst sprach" (306,6)[140], was ihn veranlasst, sich erkennen zu geben.

Im zweiten Teil dieser Rede wird deutlich, dass die ‚zwei Könige' als Z's Fans gelten dürfen. Als solche tragen sie vor, sie hätten sich nicht irre machen lassen davon, dass ihnen seine „Feinde" sein Bild als „Fratze eines Teufels" (307,12)[141] zeigten. Entsprechend bringen sie noch weitere seiner „Sprüche" in Erinnerung, mit denen er ihnen „in Ohr und Herz" (307, 14–15) stach und die ihr „Väter Blut rührte" (307,22), wie etwa den folgenden: „Der gute Krieg ist's, der jede Sache heiligt." (307,21) Wir wissen bereits aus unserem Kommentar zu Rede I/11 – der dieser ‚Spruch' entstammt –, dass es Z um ‚Krieg' geht im Sinn geistigen Ringens resp. im

„Gehorsam" (59,28) gegenüber der „höchste[n] Hoffnung" (59,34), die im Satz gründet, dass der Mensch „Etwas [ist], das überwunden werden soll" (60,2–3). Insofern kann es nicht überraschen, dass Z spätestens an dieser Stelle „keine kleine Lust überkam, ihres Eifers zu spotten", zumal „es sehr friedfertige Könige [waren], welche er vor sich sah" (308,5–6), vor allem aber wohl deshalb, weil er die Vokabel ‚Krieg' in sein Sprachspiel übersetzt – und also folgert, jenem „Nothschrei" (308,20) Folge zu leisten und das Seine beizutragen in Sachen des geistigen Ringens um die Überwindung des Menschen. Damit endet diese Rede.

Einer Antwort harrt die Frage, was es denn nun mit jenem Esel auf sich hat. Die nahe liegende Vermutung[142] lautet, dass Nietzsche beides beabsichtigte: eine Anspielung auf dieses Symbol der Herrschaft Jesu – aber eben auch einen Versuch, es als solches und mit ihm den christlichen Herrschaftsanspruch der Lächerlichkeit preiszugeben. Denn der einzige Auftritt des Esels hat zum Inhalt, dass er „deutlich und mit bösem Willen I-A [sagte]" (306,34) – ein fürwahr lächerlicher Kommentar zu dem Vorhaben Z's, sich den folgenden „Reim [...] zu machen" (306,29) und diese „Art Gassenhauer zur Welt- als Heilsgeschichte" (Baier 1984: 51) auch zum Besten zu geben:

Einstmals – ich glaub‘, im Jahr des Heiles Eins – / Sprach die Sibylle, trunken sonder Weins: / ‚Weh, nun geht's schief! / Verfall! Verfall! Nie sank die Welt so tief! / Rom sank zur Hure und zur Huren-Bude, / Rom's Caesar sank zum Vieh, Gott selbst – ward Jude!‘ (307,1–6)

Z will dies als seine Variante verstanden wissen auf die durch ihn angeregte Auffassung der ‚zwei Könige‘, dass es „kein härteres Unglück in allem Menschen-Schicksale [giebt], als wenn die Mächtigen der Erde [...] die letzten [Menschen] sind und mehr Vieh als Mensch: da steigt und steigt der Pöbel im Preise, und endlich spricht gar die Pöbel-Tugend: ‚siehe, ich allein bin Tugend!‘" (306,21–27) Wie man leicht erkennen kann, denkt Z bei seiner Variante – mit der er sich ganz nebenbei mokiert über die im Altertum aufgekommene Vorstellung des Typus der weissagenden Frau (Sibylle) – an den Untergang des alten Rom, mit Caesar in der Rolle des eigentlich Schuldigen. Dies so oder ähnlich zu sehen, war nach der 1848er Revolution nicht eben selten und in protestantischen Kreisen durchaus gängig zur Kennzeichnung des Kultur- und Sittenverfalls, der ohne Sicherung im Glauben fraglos erneut sich vollziehen würde und den offenbar auch Nietzsche seiner Epoche meinte in Aussicht stellen zu müssen, falls der von ihm vertretene Alternativ-Glaube keine Beachtung fände.

Insoweit befinden wir uns auf vertrautem Terrain – mit einer Ausnahme vielleicht: Welchem Zweck dient der letzte Satz (‚Gott selbst – ward

Jude!')? Haben wir Anlass, diesen Satz nicht nur als einen anti-christlichen, sondern auch als einen antisemitischen zu lesen, insofern es offenbar darum geht, das Herrschendwerden des jüdischen ‚Händlergeistes' selbst im Symbol des Katholizismus schlechthin zu geißeln? Diese Frage wird umso drängender, als einer der ‚zwei Könige' – dies nachzutragen ist nun der Ort – im ersten Teil dieser Rede die folgende Definition meinte darbieten zu müssen:

Pöbel-Mischmasch: darin ist Alles in Allem durcheinander, Heiliger und Hallunke und Junker und Jude und jeglich Vieh aus der Arche Noäh. (305,13–15)

Wie gesagt: So spricht nicht Z, so spricht der „andre König" (304,22–23), also nicht der „König zur Linken" (304,18), sondern jener, den man wohl ‚König zur Rechten' im politischen Sinne heißen kann (vgl. Baier 1984: 47; Rosen 1995: 213 f.), denn: mit Kosmopolitismus hat dies nichts mehr zu tun, mit Antisemitismus hingegen einiges, auch, einer Nachlassvariante zufolge, mit Frauenfeindlichkeit.[143] Zu beachten ist auch der kaum verhüllte Hintergedanke, man müsse im Fall einer nächsten Arche Noah wohl etwas genauer hinschauen, sprich: selektieren.

IV/5 Der Zauberer

Z, noch immer auf der Suche nach dem ‚höheren Menschen', vermutet, „jener schlimme Nothschrei" (313,7–8) könne von einem „zitternden alten Mann mit stieren Augen" (313,10–11) ausgestoßen worden sein, der plötzlich vor ihm lag. Dieses Szenario könnte zu der Annahme verleiten, Nietzsche schildere hier einen Epileptiker[144], der für das Gottlose von Z's Lehre den entsprechenden Preis – eben in Gestalt der Gottesstrafe schlechthin – zahlen muss. Tatsächlich aber geht es um mehr und um anderes. Denn jener ‚alte Mann', der schließlich ein schier endloses Klagelied anstimmt auf den „unbekannte[n] Gott", der ihn „martere" (314,23–24) und zurückkommen möge, erweist sich im zweiten Teil der Rede als „Schauspieler" (317,10). Z benötigt einige Zeit, um dies herauszubekommen, wichtiger ist aber etwas anderes: Des ‚alten Mannes' Klagelied hat Themen zum Inhalt, die der Lehre Z's entnommen scheinen, zugleich aber auch die Not Nietzsches in Sachen seiner eigenen Glaubenszweifel widerspiegeln. Ersteres gilt etwa für Verse wie: „Du höhnisch Auge, das mich aus Dunklem anblickt" (314,6), „Du behorchst mein Herz, / Du Eifersüchtiger" (315,1–2), „Du Folterer! / Du – Henker-Gott!" (315,13–14) Und Letzteres gilt für den ergreifenden Schluss[145]:

– Nein! Komm zurück,
Mit allen deinen Martern!

Der Zauberer

> Zum Letzten aller Einsamen
> Oh komm zurück!
> All meine Thränen-Bäche laufen
> Zu dir den Lauf!
> Und meine letzte Herzens-Flamme –
> *Dir* glüht sie auf!
> Oh komm zurück,
> Mein unbekannter Gott! Mein Schmerz! Mein letztes –
> Glück! (316,25–317,1–5)

An dieser Stelle durchschaut Z des ‚alten Mannes' Schauspiel. Offenbar will er (und mit ihm Nietzsche[146]) nichts mehr wissen von der Gottessehnsucht der Gottlosen – und speziell jener dieses Gottlosen, der ihm nun hinreichend entlarvt scheint. Um wen es sich handelt, zeigen einige der Vokabeln in dem Ausruf: „‚Halt ein! schrie er [Z; d. Verf.] ihm zu [...], halt ein, du Schauspieler! Du Falschmünzer! Du Lügner aus dem Grunde! Ich erkenne dich wohl!'" (317, 9–11) Denn Vorwürfe wie diese erhebt Nietzsche andernorts[147] immer wieder – gegenüber Wagner. Und auch die Vokabel ‚Epileptiker' scheint auf diesen gemünzt zu sein (vgl. Köhler 1989: 564).

Dass es um Wagner geht, zeigt auch der Rest, ausgehend von Z's Bemerkung: „Es war auch *Ernst* darin, du *bist* etwas von einem Büsser des Geistes!" (318,23–24) Denn der letztgenannte Ausdruck, von Nietzsche ursprünglich als Titel für IV/5 geplant (vgl. KSA 14: 332), verweist einen zurück auf Z's Strafrede (aus II/13) gegen einen „Erhabenen", „einen Feierlichen" (150,6–7), der finster als „Jäger" zurück „aus dem Wald der Erkenntnis" (150,14) kommt und der vor allem eines entbehrt: „Geschmack" (150,24). Z nämlich verwendet fast alle dieser Kategorien nun erneut, ergänzt um jene gegen Goethe Gerichteten aus II/17, schilt den ‚alten Mann' also gleichfalls als „Pfau der Pfauen", als „Meer der Eitelkeit" (317,28), als „Bezauberer Aller", der nun allerdings gegen sich „keine List und Lüge mehr übrig" (318,25–26) habe. Nicht vergessen sei schließlich, zumal hier das Selbstzitat am deutlichsten erkennbar wird[148], Z's Vorwurf: „Kein Wort ist mehr an dir ächt, aber dein Mund: nämlich der Ekel, der an deinem Munde klebt." (318,28–30)

Es ist dieser Vorwurf, der die Wende bewirkt: Der ‚alte Mann', nun auch als „der alte Zauberer" (318,31) tituliert, wird zornig, schießt einen „grüne[n] Blitz" (318,33) nach Z, um sogleich aber zu kapitulieren und einzugestehen: „Einen grossen Menschen wollte ich vorstellen und überredete Viele: aber diese Lüge gieng über meine Kraft. An ihr zerbreche ich." (319,6–8) Dem folgt die endgültige Unterwerfungserklärung: „Oh Zarathustra, ich suche einen Ächten, Rechten, Einfachen, Eindeutigen [...], einen grossen Menschen! / Weißt du es denn nicht, oh Zarathustra? *Ich suchte Zarathustra.*" (319,27–32) Z ist zwar irritiert, aber in der Summe durchaus bereit, dem Zauberer Absolution zu erteilen und (auch) ihn „voller Artigkeit und Arglist" (320,5) in seine Höhle zu schicken (die nun freilich schon leicht überfüllt sein dürfte).

Hiermit endet diese Rede, mit der Z eine Lektion erteilen wollte in Sachen der Probleme dessen, der sich in seinem Erkenntnisstreben zu ernst nimmt und am Ende „an seinem bösen Wissen und Gewissen erfriert." (318,4–5) An welche konkrete Person zumindest das eingeweihte Lesepublikum hierbei denken sollte, sei abschließend noch einmal herausgestellt: Es ging um Wagner, dem Nietzsche hier zwei Jahre nach dessen Tod in extrem verklausulierter Form einen bitterbösen Nachruf schrieb.

IV/6 Ausser Dienst

Wie die Titeländerung zeigt – ursprünglich hatte Nietzsche die Überschrift *Der Papst außer Dienst* (vgl. KSA 14: 334) erwogen –, schreckte der Autor wohl in allerletzter Minute davor zurück, seinen Lesern einen allzu deutlichen Begriff davon zu geben, wie weit er es mit seiner Blasphemie zu treiben gedenke: nämlich bis hin zu dem Punkt, wo selbst der „letzte Papst" (322,18) verspottet und mit Attributen belegt wird wie: „ein gesalbter Welt-Verleumder, den der Teufel holen möge!" (321, 12–13)[149] Es ist Teil dieses Spotts, dass Nietzsche dem ‚letzten Papst' zur Rechtfertigung seines Ansinnens, ausgerechnet in Z's „Reich" (321,8) Unterschlupf zu suchen, den Satz in den Mund legt: „In deiner Nähe, ob du schon der Gottloseste sein willst, wittere ich einen heimlichen Weih- und Wohlgeruch von langen Segnungen: mir wird wohl und wehe dabei." (325,14–16) Z lässt nicht erkennen, dass er Bedenken hat gegen die hiermit im Raum stehende Auszeichnung seiner Person mit dem Titel ‚Ersatz-Gott', im Gegenteil: Mit dem (spöttischen) Ausruf: „ich liebe alle frommen Menschen" (325,24) empfiehlt er dem ‚letzten Papst' seine „Höhle", um sich mit dem Hinweis zu verabschieden, ihn rufe ein „Nothschrei" (325,25).

Soweit also zur Rahmenhandlung, nun noch zu einigen Details. Der eine Aspekt, der berichtenswert scheint, hat mit der Frage zu tun, wie es denn mit dem Papst soweit hat kommen können, dass er das Attribut ‚der letzte' trägt. Die eine Antwort bedient sich eines Motivs aus I/1: Der „alte Heilige", der „in seinem Walde noch Nichts davon gehört" haben will, „dass *Gott todt* ist"' (14,5–7), tritt wieder auf, nun aber ex negativo. Er ist nämlich – so klagt der ‚letzte Papst' – „selber todt" (322, 20) und insoweit noch nicht einmal mehr mit seiner wissensneutralen Frömmigkeit verfügbar als „Schutz" (322,4). Und eben deswegen, so der ‚letzte Papst' weiter, habe er sich auf die Suche gemacht nach „eine[m] Anderen [...], de[m] Frömmsten aller Derer, die nicht an Gott glauben" (322,27–28), und dies sei Z. Der so

Angesprochene reagiert erkennbar erfreut und gibt im Geist des dritten Teils von III/5 zu: „Ich bin's, der gottlose Zarathustra, der da spricht: wer ist gottloser als ich, dass ich mich seiner Unterweisung freue?" (215,23–24) Dies ist als Provokation gemeint – und erfüllt als solche auch ihren Zweck. Denn der ‚letzte Papst' lässt sich zu der Antwort verleiten, dass er wohl „der Gottlosere" (323,10–11) sein müsse, da er „ihn [Gott; d. Verf.] am meisten liebte und besass" (323,8). Mit diesem kleinen Wortspiel, gründend in der Doppelbedeutung von ‚gott-los' und ‚Gott los', gibt sich Z allerdings nicht zufrieden. Denn seiner harmlosen Frage: „du weisst, *wie* er starb?" (323,13), lässt er nach der Erläuterung des ‚letzten Papstes', Gott sei „eines Tags an seinem allzugrossen Mitleiden" (324,12–13) erstickt, die Frage nachfolgen: „hast du *Das* mit Augen angesehen?" (324,14–15) Dies ist hinterhältig, insofern der ‚letzte Papst' zuvor erläutert hatte, er könne nur unter „drei Augen" (323,26) sprechen. Der Grund liegt auf der Hand und wird deswegen auch nur in Parenthese angeführt: „er war auf Einem Auge blind" (323,26–27).

Jenseits von Scherzen dieses Kalibers nimmt Nietzsche als Autor die Chance wahr, den ‚letzten Papst' als authentische Auskunftsquelle hinsichtlich pikanter Details ins Spiel zu bringen – wie beispielsweise dem folgenden: „Wahrlich zu einem Sohne sogar kam er nicht anders als auf Schleichwegen. An der Thür seines Glaubens steht der Ehebruch." (323,32–35) Hier geht es um mehr als nur um einen weiteren Spottvers auf den Mythos von der ‚unbefleckten Empfängnis' – hier geht es auch um den Spott auf Josef, dem Gott, als Bonvivant, Hörner aufgesetzt habe; und es geht um Jesus, der allenfalls als Kuckuckskind durchgehen kann und ansonsten den Makel an sich trägt, außerehelich gezeugt worden zu sein. Dass das Ganze auch noch vom ‚letzten Papst' bezeugt wird, macht die Sache nicht besser.

Dies allerdings mag Geschmacksfrage sein. Z jedenfalls hat ersichtlich seinen Spaß an der Sache gewonnen und beerbt gegen Ende dieser Rede den ‚letzten Papst' in der Rolle des Spötters, indem er noch das Folgende nachträgt:
– dass Gott „Priester-Art" gehabt habe, also „vieldeutig" war, auch „undeutlich", und gleichwohl „uns darob gezürnt" habe, „dass wir ihn schlecht verstünden" und ohne zu beachten, dass er uns schließlich die „Ohren" gegeben habe und wohl auch verantwortlich ist für den „Schlamm" (324,23–29) in ihnen;
– und dass er als „Töpfer, der nicht ausgelernt hatte", versagte und gleichwohl Rache nahm „an seinen Töpfen und Geschöpfen" (324,30–31).[150]
Von diesem Beispiel für „eine Sünde wider den *guten Geschmack*" ausgehend gibt Z den folgenden Beleg dafür, dass es „auch in der Frömmigkeit guten Geschmack" (324,34) gäbe: „Fort mit einem *solchen* Gott! Lieber keinen Gott, lieber auf eigne Faust Schicksal machen, lieber Narr sein,

lieber selber Gott sein!" (325,1–3) Der ‚alte Papst' stimmt begeistert zu, wenngleich er zu bedenken gibt: „oh Zarathustra, du bist frömmer als du glaubst, mit einem solchen Unglauben!" (325,5–6) Wichtiger ist allerdings die Variante:

> Ist es nicht deine Frömmigkeit selber, die dich nicht mehr an einen Gott glauben lässt? Und deine übergrosse Redlichkeit wird dich auch noch jenseits von Gut und Böse wegführen! / Siehe doch, was blieb dir aufgespart? Du hast Augen und Hand und Mund, die sind zum Segnen vorher bestimmt seit Ewigkeit. Man segnet nicht mit der Hand allein. (325,8–10)

Denn hiermit sind Vokabeln im Spiel – ‚Redlichkeit', ‚Auge', ‚Hand', ‚Mund' –, die man als wahrheits- und erkenntnistheoretisch wichtig einordnen kann, und dies im Kontext eines vage umrissenen Forschungsprogramms (‚jenseits von Gut und Böse'), das Nietzsche wenig später tatsächlich in Angriff nehmen sollte, und zwar ohne die Frage der ‚Frömmigkeit' dabei aus dem Auge zu verlieren. Ein besonders nachdrückliches Zeugnis hierfür gibt das 1887 nachgereichte Fünfte Buch von *Die fröhliche Wissenschaft* namens *Wir Furchtlosen*. Nietzsche schreibt hier unter der Überschrift *Inwiefern auch wir noch fromm sind* (und mithin deutlich unter Anknüpfung an die hier thematische Rede aus Za IV):

> [...] dass auch wir Erkennenden von heute, wir Gottlosen und Antimetaphysiker, auch *unser* Feuer noch von dem Brande nehmen, den ein Jahrtausende alter Glaube entzündet hat, jener Christen-Glaube [...], dass Gott die Wahrheit ist, dass die Wahrheit göttlich ist (KSA 3: 577).

Was noch folgt (in IV/6), ist Z's Vermutung, dass sehr lange zu warten sei, „bis dir [dem ‚letzten Papst'; d. Verf.] Einer deinen Gott wieder aufweckt." (325,32); und dass jedenfalls der „alte Gott" nicht mehr lebt: „der ist gründlich todt." (326,1–2) Darf man folgern: ein *neuer* Gott wäre im Prinzip möglich – und auch ein *neuer* Papst?

IV/7 Der hässlichste Mensch

Den Nächsten, den Z trifft, ist der ‚hässlichste Mensch'. Um wen es sich dabei handelt, wird klar am Ende einer Einleitung wie aus einem Schauerroman, die teilweise von einer Szene aus Sindbads zweiter Reise inspiriert wurde (vgl. KGW VI 4: 924) und die als Parodie auf den alttestamentarischen Schöpfungsmythos gelesen werden muss (vgl. Santaniello 2005: 43).[151] Die Parodie hat u. a. zum Inhalt, dass Z ein Tal betritt, welches die Hirten „Schlangen-Tod" (327,19) nannten – ein Tal also, wie man wohl ergänzen darf, in der sich ein Mensch allein schon wegen der nach dem Sündenfall von Gott verfluchten Schlangen nur ungern verirrt, es sei denn, es handele sich um einen Atheisten oder ‚Schlimmeres'. Und tatsächlich – so geht die Geschichte weiter – sah Z „Etwas, das am Wege sass, gestaltet wie ein Mensch und kaum wie ein Mensch, etwas Unaussprechliches" (327,24–328,1–2), und er wird Zeuge, wie die „todte Öde" plötzlich „laut" wurde, „vom Boden auf nämlich quoll es gurgelnd und röchelnd [...]; und zuletzt wurde daraus eine Menschen-Stimme und Menschen-Rede" (328,6–10), eben die des ‚hässlichsten Menschen'. Damit hat die Parodie ihren Höhepunkt erreicht: Der Geist des ‚hässlichsten Menschen' – so soll der Leser lernen – schwebt ähnlich wie jener Gottes auf resp. über dem Wasser.

Ein neuer Akzent wird dadurch gesetzt, dass der ‚hässlichste Mensch' Z zwei „Räthsel" (328,11) aufgibt: „Was ist *die Rache am Zeugen?*" (328,12) Sowie: „wer bin *ich?*" (328,17) Z sinkt daraufhin, da das „*Mitleiden*" (328,20) ihn anfiel, nieder „wie ein Eichbaum" (328,21), er steht aber gleich wieder auf und spricht:

Ich erkenne dich wohl [...]: *du bist der Mörder Gottes!* Lass mich gehn. / Du *ertrugst* Den nicht, der *dich* sah [...], du hässlichster Mensch! Du nahmst Rache an diesem Zeugen! (328,25–29)

Damit scheinen die ‚Rätsel' hinreichend gelöst, und auch der Sinn des Topos ‚hässlichster Mensch' kann nun kaum fraglich sein. Nur am Rande wird man hier eine Anspielung auf das Christusbild der griechischen Überlieferung (KGW VI 4: 924) in Betracht zu ziehen haben, wichtiger ist der Hinweis auf Sokrates.[152] Noch mehr ins Zentrum führt die – im Nachlass vom Frühjahr 1884 nachlesbare – Formulierung: „Der ‚häßlichste Mensch' als Ideal weltverneinender Denkweisen" (KSA 11: 36), denn dieses Ideal findet in reinster Form im ‚Mörder Gottes' sich ausgeprägt, der im übrigen auch keine Scheu haben dürfte vor den von Gott verfluchten Schlangen sowie dem Tal, in dem diese sich zum Sterben sammeln. Somit scheint auch verständlich, warum Z, dieser „harte Nüssknacker" (328,16), so rasch eine Antwort fand auf die Frage: ‚wer bin ich?' Und was die ‚Tat' selbst angeht, also das zweite Rätsel (‚Was ist *die Rache am Zeugen?*'), so brauchte Z nur ergänzen: Die Rache am ‚Zeugen' Gott ist, dass er von eben dem, den er gerade seiner ‚weltverneinenden Denkweise' wegen in gesonderte Beobachtung genommen hatte, ermordet wurde.

Was letztlich bleibt, ist die Lösung eines dritten Rätsels. Denn der ‚hässlichste Mensch' lobt Z – und verbirgt dabei kaum seinen Stolz, seinerseits dieses Rätsel gelöst zu haben – mit den Worten: „Ich errieth, welche Axt dich zu Boden schlug: Heil dir, oh Zarathustra, dass du wieder stehst!" (329,1–2) Die Antwort, die der Leser auf die nahe liegende Frage: ‚Warum erriet dies der ‚hässlichste Mensch?' geben müsste, könnte lauten, dass ihm dies deswegen leicht fiel, weil er, als ‚Mörder Gottes', gleichsam Bruder vom Geiste Z's ist und weiß, was wirklich Not tut im Gegensatz zu dem, was heute „Tugend" heisst bei allen „kleinen", mitleidigen „Leuten" (330,7), nämlich: „Ehrfurcht vor grossem Unglück, vor grosser Hässlichkeit, vor grossem Missrathenem." (330,7–8) Kurz:

nicht-helfen-wollen kann vornehmer sein als jene Tugend, die zuspringt. (330,4–5)

Eben dieser ‚vornehmen' Nicht-Hilfe-Moral wegen lobt der ‚hässlichste Mensch' Z und hält ihm zugute, „als der Erste vor dem Mitleiden" (330, 28–29) gewarnt zu haben – und bringt ihm eben dies in Erinnerung, gelte es doch, gewappnet zu sein, denn: „Viele sind zu dir unterwegs, viele Leidende, Zweifelnde, Verzweifelnde, Ertrinkende, Frierende" (331,4–5).

Der Rest der Rede des ‚hässlichsten Menschen' gilt der zweiten Assoziation, die das Wort ‚Axt' freisetzt – und gerät damit zu einer Verteidigungsrede des ‚Mörders Gottes', die Z offenbar auch als Warnung verstehen soll im Blick auf etwaige Ersatz-Gott-Gelüste, denn: „Ich warne dich auch vor mir. Du erriethest mein bestes, schlimmstes Räthsel, mich selber und was ich that. Ich kenne die Axt, die dich fällt." (331,6–8) Und dann folgt übergangslos:

Aber er [Gott; d. Verf.] – *musste* sterben: er sah mit Augen, welche *Alles* sahn, – er sah des Menschen Tiefen und Gründe, alle seine verhehlte Schmach und Hässlichkeit. / Sein Mitleiden kannte keine Scham: er kroch in die schmutzigsten Winkel. Dieser Neugierigste, Über-Zudringliche, Über-Mitleidige musste sterben. (331,9–14)

Z „fröstelte" es zwar bei diesen Worten „bis in seine Eingeweide" (331, 21–22). Substantielle Entgegnungen allerdings folgen nicht, zumal es sich im Wesentlichen um *seine* Lehre handelt. Folgerichtig bietet Z dem ‚Mörder Gottes', dem „Thäter" (331,33), seine Höhle als „Versteck" (331,27) an, auch in der Hoffnung, dass er dort lerne von seinen „Thieren" (332,1). Damit sowie mit der Frage, ob dieser ‚Mörder Gottes' möglicherweise der „höhere Mensch" sei, dessen „Schrei" Zarathustra hörte" (332,15–16), klingt die Rede aus. Zu verzeichnen sind Schwächen in der Argumentationsarchitektur, die erst sichtbar werden, wenn man den Nachlass konsultiert.[153]

IV/8 Der freiwillige Bettler

Das Szenario ist das inzwischen gewohnte: Z trifft auf einen „friedfertige[n] Mensch[en] und Berg-Prediger" (334,5–6), dem er am Ende gleichfalls seine Höhle anweisen will, weil ihn ein „Nothschrei" (337,9) fort rufe. Das Finale ist diesmal allerdings ein etwas anderes. Der ‚Berg-Prediger' nämlich, inzwischen auch ‚freiwilliger Bettler' geheißen, erweist sich als „arger Schmeichler" (337,18) – und wird von Z in der allerletzten Szene, nun unter dem verächtlichen Titel „zärtliche[r] Bettler" (337,22), davongejagt. Zuvor – das Etikett ‚Berg-Prediger' legt es nahe – gibt Nietzsche eine Art Parodie auf das Matthäus-Evangelium in Gestalt des Bildes von „Kühe[n]", die „mit Eifer einem Redenden zuzuhören [schienen]" (333,18–19), eben jenen ‚Berg-Prediger', der u. a. das Folgende kundgibt:

So wir nicht umkehren und werden wie die Kühe, so kommen wir nicht in das Himmelreich. Wir sollten ihnen nämlich Eins ablernen: das Wiederkäuen. (334,14–16)

Der erste Satz ist ebenso leicht als Parodie erkennbar[154] wie die Fortführung[155]: „Und wahrlich, wenn der Mensch auch die ganze Welt gewönne und lernte das Eine nicht, das Wiederkäuen: was hülfe es! Er würde seine Trübsal nicht los" (334,17–19). Im ersten Spottvers dominiert die Vokabel ‚Kühe', die Nietzsche in zeitgleich verfassten Briefen – etwa an Köselitz vom 25. Juli 1884 (KSB 6: 515) – zum Symbol wird für Unvernunft und Verständnislosigkeit (insbesondere auf Seiten der ersten Leser von Za I–III). Da diese Vokabel an die Stelle der neutestamentarischen Wortes ‚Kinder' tritt, will Nietzsche offenbar das (ihn) Demütigende und (andere) Entmündigende einer Pädagogik der Unterweisung und Belehrung – hier insbesondere in Gestalt des Wortes ‚Wiederkäuen' – skandalisieren.

Im weiteren Fortgang erarbeitet Z im Wechselgespräch mit dem ‚Berg-Prediger' dessen Biographie. Deutlich wird, dass er an sich als „freiwillige[r] Bettler" zu gelten hat, insofern er „einst einen grossen Reichthum von sich warf", weil er sich dessen und der „Reichen" schämte „und zu den Ärmsten floh", die „seine Fülle und sein Herz" allerdings nicht annahmen, so dass er „endlich zu den Thieren und zu diesen Kühen [gieng]", wo er lernte, dass „gut schenken [...] die letzte und listigste Meister-Kunst der Güte [ist]." (335,5–16) Dies Letztere, von Z gesprochen, ergänzt der ‚freiwillige Bettler' noch um den Hinweis, dass es solcher Kunst gerade „heutzutage" bedürfe, „wo alles Niedrige aufständisch ward" (335, 18). Im Einzelnen lässt er sich aus über den in Aussicht stehenden „grossen schlimmen langen langsamen Pöbel-Aufstand" (335,20–21); aber auch über den „vergüldeten verfälschten Pöbel, dessen Väter Langfinger oder Aasvögel oder Lumpensammler waren, mit Weibern willfährig, lüstern, vergesslich: – sie haben's nämlich alle nicht weit zur Hure" (336,7–9).[156] Für den ‚freiwilligen Bettler' jedenfalls ist das Resümee klar: „Pöbel oben, Pöbel unten!" (336,11)

An dieser Stelle interveniert Z, aber nicht inhaltlich, sondern weil er meint, dass der keineswegs mehr so „Friedfertige" (336,14), den er nun wieder „Berg-Prediger" (336,19) heißt, derlei „harte Worte" eigentlich nicht gebrauchen dürfe, denn dafür „wuchs dir nicht der Mund, nicht das Auge" (336,20–21), und auch sein „Magen" sei auf „sanftere Dinge" eingestellt, schließlich sei er doch kein „Fleischer", sondern „Pflanzler und Wurzelmann" und als solcher „fleischlichen Freuden" abhold, nicht aber dem

„Honig" (336,20–27). Damit ist das Stichwort gefallen, das Z Anlass geben wird, den ‚freiwilligen Bettler', der nun „mit erleichterten Herzen" (336,29) zustimmt, in seine Höhle zu bitten, wo er „neuen Honig" (337,10) fände. Den Schluss haben wir bereits eingangs angesprochen, und der Sinn des Ganzen liegt auf der Hand: Nietzsche wollte offenbar deutlich machen, dass seine Sache nicht die des Aufruhrs sei, sondern die der Bekehrung im Modus von Bildung. Dass die Vokabel ‚Honig' in diesem Sinne zu deuten ist, haben wir bereits im Rahmen der Erläuterung von IV/1 gezeigt.

IV/9 Der Schatten

Diese Rede wird eröffnet mit dem Hinweis, dass Z einer neu auftretenden Figur – seinem Schatten, dessen Aufforderung zu warten er hinter sich hört, – davonzulaufen sucht und dies damit begründet, dass „ihn ob des vielen Zudrangs und Gedränges in seinen Bergen" „ein plötzlicher Verdruss überkam" (338,5–8), besiegelt mit dem Ausruf: „mein Reich ist nicht mehr von *dieser* Welt, ich brauche neue Berge." (338,9–10) Dieses Aufbruchsmotiv spielt allerdings in der Folge keine Rolle mehr – eigentlich nachvollziehbar, denn seinem Schatten kann man nicht entweichen, wie auch Z bald feststellen muss: Plötzlich anhaltend, wird er fast umgeworfen von seinem „Nachfolger und Schatten" (339,5), der ihm im Übrigen keinen guten Eindruck macht: „so dünn, schwärzlich und überlebt", wie er aussah, wie ein „Gespenst" (339,9–10).

Soweit der Einstieg, der die Frage drängend macht, um wen es sich eigentlich handelt. Des Schattens Antwort auf diese auch von Z gestellte Frage hat es in sich:

Ein Wanderer bin ich, der viel schon hinter deinen Fersen her gieng: immer unterwegs, aber ohne Ziel, auch ohne Heim: also dass mir wahrlich wenig zum ewigen Juden fehlt, es sei denn, dass ich nicht ewig und auch nicht Jude bin. (339,16–19)

Die zentralen Vokabeln klingen bedenklich, und zwar auch ohne dass man dabei aus der Post-Holocaust-Perspektive an die nationalsozialistisch-antisemitische Engführung der seit dem 17. Jahrhundert überlieferten Sagengestalt des ‚Ewigen Juden' denken muss. Es kommt hinzu, dass sich zumal der ‚frühe' Nietzsche unter dem Einfluss Wagners in Fragen des Antisemitismus längst schon versündigt hatte (vgl. Köhler 1996: 99 ff.; Niemeyer 1998: 167 ff.) und Folgen dessen an dem hier in Rede stehenden Textstück nachgewiesen werden können.[157] Und schließlich ist darauf hinzuweisen, dass die ersten drei Teile des Za im Verlag des Antisemiten Ernst Schmeitzner erschienen waren und dieser Umstand seitens der Leserschaft durchaus registriert wurde.[158] Vor diesem Hintergrund ist es wichtig, dass Nietzsche den Schatten im Nachlass auch den „guten Europäer" (KSA 14: 337) nennt und damit offenbar auf dessen – im kosmopolitischen Sinne positive – Heimatlosigkeit in politischer Hinsicht anspielen wollte (vgl. Kuhn 2002: 62 ff.; Santaniello 2005: 60 ff.). Den (zeitgenössischen) Lesern des Za in seiner vorliegenden Textgestalt war damit allerdings nicht geholfen.

Wie auch immer: Der Wanderer – und wir nehmen diese Vokabel auf, weil sie einen wichtigen Deutungshinweis beinhaltet[159] –, als welcher sich der Schatten bezeichnet, will von Z offenbar vor allem als Bedenkenträger wahrgenommen werden, der immer nur, wie eben auch Z, gegeben habe und deswegen „dünn" geworden sei, „einem Gespenste gleich", das „in fernen, kältesten Welten" (339,30–31) Umgang pflegte. Vor allem aber gelte: „Mit dir zerbrach ich, was je mein Herz verehrte" (340,3), in der Umkehrung gesprochen:

Nichts lebt mehr, das ich liebe, – wie sollte ich noch mich selber lieben? (340,22–23)

Dies ist ein erschütternder Satz, fast ist man versucht zu sagen: Es handelt sich um eine Formulierung, in der sich die Not des unter der Brisanz seines gottlosen Denkens schwer tragenden Pastorensohnes namens Nietzsche Bahn bricht.

Der Schatten klagt des Weiteren:

‚Wo ist – *mein* Heim?' Darnach frage und suche und suchte ich, das fand ich nicht. Oh ewiges Überall, oh ewiges Nirgendwo, oh ewiges – Umsonst! (341,3–5)

Angespielt wird hier auf eine ähnliche Klage aus II/19, nämlich auf den Satz:

‚Ach, wo ist noch ein Meer, in dem man ertrinken könnte': so klingt unsre Klage – hinweg über flache Sümpfe. (172,18–19)

Der erste Satzteil ist als Zitat ausgewiesen und erinnert an die im dritten Teil von I/1 vorgenommene Charakterisierung des Übermenschen als „Meer" im Gegensatz zum Menschen als „schmutziger Strom" (15,19) und mit der Pointe: „Seht, ich lehre euch den Übermenschen: der ist diess Meer, in ihm kann eure grosse Verachtung untergehn." (15,22–23) Zu denken ist aber auch an ein Nachlassnotat Nietzsches vom Sommer-Herbst 1882, das wie folgt lautet: „‚Wo ist ein Meer, in dem man wirklich noch *ertrinken* kann? nämlich ein Mensch!' – dieser Schrei klingt durch unsere Zeit." (KSA 10: 81)[160] Und schließlich ist hinzuweisen auf einen Liebesbrief Nietzsches an Lou v. Salomé, in welchem der Schreiber nach einem anrührend-pubertären Ideenstakkato schließlich doch mit der Sprache herausrückte:

Wo ist noch ein Meer, in dem man wirklich noch ertrinken kann? Ich meine ein Mensch. (KSB 6: 274)

Insoweit scheint kein Zweifel möglich: Die Verzweiflung, die der Wahrsager in II/19 und der Schatten in IV/9 zum Ausdruck bringen, ist auch die Nietzsches. Beklagt wird der Mangel an Begegnungen und Bildungserfahrungen (derer die Lehre vom Übermenschen bedarf, wenn sie Erfolg haben will). Und da Nietzsche dieses grundlegende Problem nun schon zum zweiten Mal aufwirft, überrascht die Hilflosigkeit in Z's Reaktion: „Hüte dich, dass dich nicht am Ende doch noch ein enger Glaube einfängt, ein harter, strenger Wahn! Dich nämlich verführt nunmehr Jegliches, das eng und fest ist." (341,15–17) Was noch folgt, sind Mutmacherparolen nach dem Muster: „Ich will allein laufen, dass es wieder hell um mich werde. Dazu muss ich noch lange lustig auf den Beinen sein." (341,27–28) Aber das klingt eher nach dem sprichwörtlichen ‚Pfeifen im dunklen Wald'.

Ein Nachwort erfordert noch der Umstand, dass eine Klage des Schatten den Umstand betrifft, er habe alle Kühnheiten Z's mitgemacht, mit ihm den „Glauben an Worte und Werthe und grosse Namen" (340,7–8) verlernt, gemäß der Devise:

‚Nichts ist wahr, Alles ist erlaubt': so sprach ich mir zu. In die kältesten Wasser stürzte ich mich, mit Kopf und Herzen. Ach, wie oft stand ich darob nackt als rother Krebs da! (340,11–13)

Dieses Zitat gab in der Nietzscheforschung mancherlei Anlass zu vieldeutigen Auslegungen, zumeist in der Richtung, Nietzsche sei als (postmoderner) Erkenntnisanarchist zu verstehen. Dabei kann in Kenntnis der Briefe Nietzsches zumindest das Bild im zweiten Satzteil kaum missverstanden werden: Es entstammt Nietzsches leidvollen Badeerlebnissen im Engadin (vgl. Niemeyer 1998: 248ff.). So gesehen wird man den Ausruf „Nichts ist wahr, Alles ist erlaubt" aus dem Munde von Z's ‚Schatten' wohl kaum in dem Sinne deuten dürfen, dass hier ein Nihilist sich zu diesem Spruch *bekennt*. Vielmehr geht es, textnah gesprochen, um nichts weiter als um eine Mutmacherformel angesichts frühjahrskalter Bergseen. Dem Sinn nach geht es um das allein durch diesen Mut sicherzustellende ‚tiefe Problem', denn, so wird Nietzsche 1887 nachtragen: „Zum Mindesten giebt es Wahrheiten von einer besonderen Scheu und Kitzlichkeit, deren man nicht anders habhaft wird, als plötzlich, – die man *überraschen* oder lassen muss ..." (KSA 3: 634). Zu dieser Art Überraschungshandlung wird Z's ‚Schatten' durch Z aufgefordert – und das verbunden mit dem Wunsch, er möge in seiner Höhle „das Ziel" wieder finden und „den Weg" (341,18–20). Dass dies gelingt, soll möglicherweise durch die Vokabel „Schmetterling" (341, 21–22) angedeutet werden. Denn dies könnte ein Hinweis auf das sein, was der ‚Schatten' in Z's Höhle erleben wird: seine Metamorphose – weg möglicherweise vom ‚Nachfolger' hin zum ‚Führer'.

IV/10 Mittags

Das ‚Mittags'-Motiv kennen wir bereits aus Rede III/13, deren Sinn in der Erläuterung des Wiederkunftsgedankens gründet und aus der die Prophezeiung noch einzulösen bleibt, dass er wiederkehre und wieder das Wort spreche „vom grossen Erden- und Menschen-Mittage, dass ich wieder den Menschen den Übermenschen künde." (276,26–34) Diese Situation scheint nun da zu sein: Z, nach wie vor unterwegs, aber „Niemanden mehr" (342, 2–3) findend, seine „Einsamkeit" schlürfend und an „gute Dinge" (342,4) denkend, kommt um „die Stunde des Mittags", an einem Baum vorbei, „der von der reichen Liebe eines Weinstocks rings umarmt und vor sich selber verborgen war" und an dem „gelbe Trauben in Fülle dem Wandernden entgegen [hiengen]." (342,5–10)

Zu denken ist hier an den hohen Symbolwert des Weinstocks in der christlichen Überlieferung.[161] Des Weiteren bietet es sich an, Baum wie Weinstock als Allegorien für Z zu lesen – den Weinstock als Z's „Seele", den Baum als Z's „Wille" (Rauh 1969: 70). Dies würde jedenfalls den nun anhebenden Kampf erklären: Z, gleichsam unter dem Regiment seiner ‚Seele' stehend, gibt sich dem Glauben hin, alles sei perfekt. Obgleich durstig und danach gelüstend, „sich eine Traube abzubrechen" (342,11), legt er sich nieder, um zu schlafen, dabei „zu seinem Herzen" (342,21–22) sprechend: „Still! Still! Ward die Welt nicht eben vollkommen?" (342,24–25) Sowie:

– wie sie mir lang und müde wird, meine wunderliche Seele! Kam ihr eines siebenten Tages Abend gerade am Mittage? (343,8–9)

Indem Z die Frage beantwortet, reklamiert er für sich zugleich den Stolz des eigentlichen Schöpfers an eben jenem ‚siebten Tag' – und erklärt, zufrieden auch mit dieser seiner anti-christlichen Botschaft, erneut: „Heisser Mittag schläft auf den Fluren. Singe nicht! Still! Die Welt ist vollkommen." (343,27–28)[162] ‚Die Welt ist vollkommen' meint zugleich, dass sie in dieser Konstellation getrost ‚ewig wiederkehren' kann.

Ist die Welt aber – so begehrt gleichsam der ‚Wille' auf – wirklich vollkommen? Oder handelt es sich nur um ein trügerisches Glück – ein Glück, das letztlich einer „Lästerung" (344,2–3) gleichkommt, das Glück einer „Tagediebin" (344,28–29), ein Glück, bei dem unklar ist, ob die Zeit wirklich still steht oder nicht doch „davon" fliegt und mit ihr Z: „in den Brunnen der Ewigkeit" (344,7–9)? Für Z scheint die Antwort klar zu sein, wie sein Weckruf belegt: „Du Mittagsschläfer! Wohlan, wohlauf, ihr alten Beine! Zeit ist's und Überzeit, manch gut Stück Wegs blieb euch noch zurück" (344,21–22). Das Glück des Schöpfers also kann Z noch nicht genießen, wohl auch, weil es noch des ‚siebenten Tages Abend' bedarf. Denn

immerhin versprach Z gegen Ende seiner Rede IV/9: „Des *Abends* [Herv. d. Verf.] aber wird bei mir – getanzt!" (341,28–29)[163]
Doch nicht nur dieses Versprechen ist es, das Z hindert an vorzeitiger Schöpferfreude, sondern auch die Überlegung, dass Gottes Schöpfung noch in Geltung sei. Denn die eigentliche Wendung in dieser kleinen Erzählung bringt erst die Szene, in der „ein Sonnenstrahl [...] vom Himmel herunter auf sein Gesicht [fiel]" (344,32) und Z sich zu der Klage veranlasst sieht:

> Du horchst meiner wunderlichen Seele zu? / Wann trinkst du diesen Topf Thau's, der auf alle Erden-Dinge niederfiel – wann trinkst du diese wunderliche Seele – / – wann, Brunnen der Ewigkeit! du heiterer schauerlicher Mittags-Abgrund! wann trinkst du meine Seele in dich zurück? (345,1–6)

Die Seele also ist es, die ihm als Ballast noch bleibt und als Hemmnis, sich dieser alten Ordnung endgültig zu entziehen. Ob Letztere aber wirklich noch gilt, bleibt ungewiss. Denn diese Rede erreicht ihr Ende mit der Bemerkung, dass „die Sonne immer noch gerade über seinem Haupte [stand]", als er sich von seinem Lager „wie aus einer fremden Trunkenheit [erhob]." (345,7–9) Dem folgt der nun eigentlich überflüssige Hinweis: „Es möchte aber Einer daraus mit Recht abnehmen, dass Zarathustra damals nicht lange geschlafen habe." (345,9–11)

IV/11 Die Begrüssung

Nietzsche trennte diesen Abschnitt erst unmittelbar vor Drucklegung vom nachfolgenden. Folgerichtig verzichtete er darauf, den Titel von IV/12 – *Das Abendmahl* – als gemeinsame Überschrift zu nutzen (vgl. KSA 14: 340). Was es mit dem Titel auf sich hat, liegt auf der Hand: Es geht um eine bitterböse Persiflage auf das (Letzte) ‚Abendmahl' Jesu – mit Z als Gastgeber und mit der Prophezeiung, dass nun nicht das ‚Reich Gottes', sondern das ‚Reich Zarathustras' anbreche.

Schauen wir uns die Details an. Nicht zu übersehen ist der Zusammenhang mit der vorhergehenden Rede: Dem Mittag folgt der Nachmittag – und so auch hier: Z, „am späten Nachmittag" (346,2) irritiert von der Vorstellung, der *„Nothschrei"* käme „aus seiner eigenen Höhle" (346,7–8), findet dort jene vor, denen er in den vorhergehenden Reden 3–9 begegnet war und die er dorthin einbestellt hatte: den „König zur Rechten", den „König zur Linken", den „alte[n] Zauberer", den „Papst", den „freiwilligen Bettler", den „Schatten", den „Gewissenhafte[n] des Geistes", den „traurigen Wahrsager", den „Esel" sowie den „hässlichsten Menschen" (346,16–19), eine, wie ihm dünkt, durchaus „betrübte Gesellschaft" (346,22–23), mit – wie man ergänzen muss – neutestamentarischem Bezug.[164] Den „höhere[n]"

Mensch[en]" (347,11) allerdings vermag Z in den dort Versammelten nicht zu erkennen. Damit ist das Thema der Rede benannt: Es geht um eine Abrechnung mit denen, die ihre Notlage nur vortäuschten – denn immerhin war ja jener ‚Notschrei' zu hören „gleich dem Schrei aus einem einzigen Munde" (346,11).

Diese Abrechnung vollzieht sich in Wechselrede. In deren erstem Teil bietet sich Z unter dem – schließlich Titel gebenden – Leitwort „Begrüssung" (348,8) als derjenige dar, der die Verzweiflung dieser „Verzweifelnden" als „rechtschaffnes Gastgeschenk" (347,29) betrachtet, das zur Gegenleistung verpflichte, also etwa dazu, sein „Reich" und seine „Herrschaft" und seine Höhle als „Ruhestatt" zur Verfügung zu stellen (347,29–34). Das klingt freundlich. Man darf aber das Begriffspaar „Liebe und Bosheit" (348,7) nicht überlesen, das Z's Erläuterung zu den Stichworten „Sicherheit" (348,3) sowie „Gastfreundschaft" (348,6) – die er böte – zu einer zweischneidigen Angelegenheit macht. Z's Angebot, seine Gäste sollten ruhig seinen „kleine[n] Finger" nehmen, „die ganze Hand" und das „Herz" (348,5) lasse er dann gern folgen, kann man beispielsweise durchaus auch als Drohung verstehen im Sinne von dann erst freisetzbaren erzieherischen Absichten. Ähnliches muss im Fall des Stichworts ‚Sicherheit' notiert werden: Z's Erläuterung, er verspreche, „Jeden vor seinen wilden Thieren" (348,2) zu schützen, ist weit weniger harmlos, wenn man den hier zutage tretenden Paradigmenwechsel erkennt[165] und die Vokabel ‚Tier' mithin als Metapher nimmt für das Leib- oder Triebhafte und/oder Unbewusste am Menschen.[166] Womit wir es insoweit zu tun hätten, wäre also ein verdecktes therapeutisches Angebot Z's.

Von diesem Hintersinn der ‚Begrüßung' Z's aus betrachtet gerät die Replik des „König zur Rechten" (348,9) allein schon deswegen zu einer eher lächerlichen, weil dieser, als Gruppensprecher auftretend, den auf ‚Bosheit' hinweisenden Unterton überhört und offenbar nur den Aspekt ‚Liebe' wahrnimmt. Entsprechend lässt er sich zu einem Loblied auf Z verleiten, der gemacht habe, dass es „vorbei" sei „mit allem unsern Nothschrein" (348,20) und man nun nur überall „Auferstandene" (349,18) sähe. Z ist keineswegs bereit, diesem Sermon länger zuzuhören und hält es für notwendig, „deutsch und deutlich" (350,4–5) – möglicherweise eine schlichte Tautologie[167] – zu werden: Ihr – so leitet er seine Replik ein, aus der im Folgenden nur einiges genannt sei – seid „nicht schön genug und wohlgeboren" (350,27); ihr seid „krumm und missgestaltet", kein „Schmied in der Welt" wird euch „zurecht und gerade" (351,1–2) schlagen; kurz: ihr seid „Die nicht, welchen mein Erbgut und Name zugehört" (351,8). Das mag ‚deutlich' sein und vielleicht auch ‚deutsch', wenn man bedenkt, dass die Vokabel ‚krumm' auf Kant hinweisen könnte und der ganze Vorstellungskomplex Nähen aufweist zu jener Höherbildungsrhetorik, für welche die deutschsprachige Pädagogik berühmt-berüchtigt wurde. Ist es aber tatsächlich das Anliegen Nietzsches gewesen, sich dieser Tradition einzufügen? Ist der Übermensch – denn tatsächlich geht es hier um ihn, diesmal in der Variante, dass der ‚höhere Mensch' noch nicht als solcher gelten darf, – nichts weiter als ein neuer Vorschlag zu der insofern recht alten Sache? Und: Wie hat man die Vokabeln ‚hoch', ‚stark', ‚schön', ‚wohlgeboren' und, vor allem, ‚Erbgut' zu verstehen? Etwa ‚deutsch und deutlich' im profanen Sinn und mithin dahingehend – wie die Rezeptionsgeschichte in Deutschland besonders in der Zeit des ‚Dritten Reichs' lehren sollte –, dass es gelte, für ein spezifisch deutsches ‚starkes', ‚schönes', ‚wohlgeborenes' Geschlecht von ‚blonden' Übermenschen Sorge zu tragen?

Die zuletzt gestellte Frage dürfte ungerecht sein, wenn man die bereits angesprochene wahrscheinliche Quelle für das Begriffspaar ‚deutsch und deutlich' einbezieht, ebenso wie die distanzierende Argumentation im Textverlauf.[168] Gleichwohl muss dieses Problem im Auge behalten werden, zumal Z keine weiteren Argumente vorträgt, sondern nur Rhetorik, wie etwa:

> Höhere, Stärkere, Sieghaftere, Wohlgemuthere, Solche, die rechtwinklig gebaut sind an Leib und Seele: *lachende Löwen* müssen kommen! (351,18–20)

Was dem noch folgt, sind Aufforderungen derart, dass die „Gastfreunde" (351,21) doch sprechen mögen von seinen (Z's) „Gärten", seinen „glückseligen Inseln", seiner „neuen schönen Art" und dass er alles hingäbe, wenn er eins hätte: „diese Kinder, diese lebendige Pflanzung, diese Lebensbäume" seines „Willens" und seiner „höchsten Hoffnung" (351,30–32). Das ist Wachstums- und Gärtnermetaphorik nach Art von III/3, die auch hier Überdruss und Ratlosigkeit hervorruft. Denn mit dem Hinweis: „alle seine Gäste schwiegen und standen still und bestürzt: nur dass der alte Wahrsager mit Händen und Gebärden Zeichen gab" (352,2–4), endet diese Rede.

IV/12 Das Abendmahl

Des Wahrsagers „Zeichen" – so wird gleich zu Beginn deutlich – hatte lediglich den Zweck, Z darauf hinzuweisen, dass er (der Wahrsager) schließlich „zum Mahle" (353,8) eingeladen worden sei und sich nicht mit „Reden" (353,10) abspeisen lassen wolle. Allerdings gilt es zu bedenken, um welche Art Mahl es geht. Vom Stichwort „ich will – *Wein*!" (353,20) und somit vom ‚Wein' als Symbol für das Blut Christi aus ist man rasch beim Stichwort „Brod" (354,7) und mithin beim zweiten zentralen Symbol der neutestamentarischen Abendmahlsgeschichte angelangt (vgl. Scholl 2004: 170ff.). Was von diesen zu halten ist, deutet Z's spöttische Entgegnung an, dass er als „Einsiedler" mit „Brod" (354,8) – und mithin mit dem Symbol

Das Abendmahl

für den Leib Christi – nicht dienen könne. Wichtig ist der Zusatz: „Aber der Mensch lebt nicht vom Brod allein, sondern auch vom Fleische guter Lämmer" (354,9). Denn auch hier haben wir es mit einer Persiflage zu tun auf einen zentralen Topos der christlichen Überlieferung.[169]

Die Symbole, denen Z Wert zuspricht, lassen nicht lange auf sich warten. Der ‚freiwillige Bettler', der Z als „Schlemmer" (354,22) geißelt und als Taktiker, insofern er dereinst – wohl, um sich einen Vorteil zu sichern gegenüber seinen Gläubigern – gelehrt habe: „‚Gelobt sei die kleine Armuth!'" (354,25–26), wird mit dem stolzen Bekenntnis in die Schranken gewiesen:

Das Beste gehört den Meinen und mir; giebt man's uns nicht, so nehmen wir's: – die beste Nahrung, den reinsten Himmel, die stärksten Gedanken, die schönsten Fraun! (355,4–6)

Dieser Satz hat selbst gewiefte *Zarathustra*-Experten (und besonders -Expertinnen) die Contenance verlieren lassen[170] – zu Recht, wie es scheint: Z's Satz klingt selbstherrlich, autoritär, frauenfeindlich, kurz: wie das Porträt einer Übermenschen-Herrenkultur, deren ewige Wiederkehr gewiss nur der ernsthaft wünschen würde, der zu Neurosen neigt und als ‚Philosoph des Kapitalismus' Furore machen will. Aber man muss, um den Satz nicht falsch zu deuten, beachten, was nachfolgt: die begeisterte Zustimmung des ‚Königs zur Rechten' – aber, aufschlussreicher vielleicht noch: der trockene Kommentar des Esels, der „zu seiner [des ‚Königs zur Rechten'; d. Verf.] Rede mit bösem Willen [sagte] I-A." (355,13) Was soll uns dieses ‚I-A' sagen?

Erinnern wir uns zurück: In exakt dieser Weise haben wir den Esel schon einmal vernommen, nämlich in IV/3. Kann es also sein, dass er uns auch diesmal wieder in jener Rolle begegnet, die wir seinerzeit vermutet haben, nämlich in der eines Symbols für die Fragwürdigkeit der Herrschaft Jesu, und dies verbunden mit dem Versuch, den christlichen Herrschaftsanspruch der Lächerlichkeit preiszugeben? Wenn dem so wäre, müsste man die Zustimmung des ‚Königs der Rechten' zu Z's Satz als Missverständnis des Gemeinten lesen, ausgelöst durch eine saturierte, christliche Bürgerlichkeit, in deren Horizont es durchaus ‚klug' scheint und vielleicht sogar tagtägliche Praxis ist, sich die ‚beste Nahrung' und die ‚schönsten Frauen' zu ‚nehmen'. So gesehen wäre das Leben und zumal das gute Leben nichts weiter als die radikal säkularisierte Variante eines nicht enden wollenden und insoweit ewig wiederkehrenden ‚Letzten Abendmahls'. Für diese Lesart des Esel-Kommentars spricht die Einstellung, die wir bisher dem ‚König zur Rechten' zuschrieben und die das Bild behaglicher Bürgerlichkeit zumindest insofern nicht ausschließt, als dieser sich einbildet, Z habe durch sein eigenes Reden und Tun derlei auch noch sanktioniert. Auch der ‚König zur Linken' scheint – bei allen Differenzierungen – dem einfügbar. Denn schließlich hat er sich schon im Vorfeld dieser Szene anerboten, dem Wunsch des ‚Wahrsagers' Folge zu leisten und für Wein Sorge zu tragen: „ich sammt meinem Bruder, dem Könige zur Rechten: wir haben Wein's genug – einen ganzen Esel voll." (354,4–5) Man könnte hier zwar ergänzen, dass doch auch diese Äußerung nicht nur wortwörtlich genommen werden dürfe. Ungeachtet dessen bleibt die Frage, wie der Satz Z's – mit dem dieser Abschnitt der Hauptsache nach endet – denn ansonsten zu verstehen ist.

Hilfreich ist es vielleicht, auch in diesem Fall eine Art ‚Vorstufe' in Betracht zu ziehen, nämlich den Satz aus *Menschliches, Allzumenschliches* (1878):

Der Reichthum erzeugt nothwendig eine Aristokratie der Rasse, denn er gestattet die schönsten Weiber zu wählen, die besten Lehrer zu besolden [...] und vor Allem Abwendung von verdumpfender körperlicher Arbeit. (KSA 2: 313)

Dem Charakter der hier beginnenden Phase des ‚mittleren' Nietzsche entsprechend haben wir es mit einem deskriptiv gerichteten, quasi-soziologischen, ideologiekritischen Argument zu tun. Der Nietzsche des Za hingegen geht eher präskriptiv vor und scheint Reichtumsattribute nicht als Problem zu empfinden, sondern als positiv wahrgenommene Optionen einer zukünftigen Weltordnung – deswegen vermutlich auch die Zustimmung des ‚Königs zur Rechten'. Freilich: Dass man sich die ‚beste Nahrung' und die ‚schönsten Frauen' ‚nehmen' kann, will einem, jedenfalls bei Zurückstellung moralischer Bedenken, durchaus einleuchten, nicht aber, dass solchem Raubgelüst auch die ‚stärksten Gedanken' zu Gebote stehen. Wenn Z gleichwohl diese Formulierung wählt, dann offenbar, weil er eine ganz besondere Befähigung herausstreichen möchte, die ihn und die Seinen von den gewöhnlichen Reichen unterscheidet und, im Gegensatz zu diesen, rechtfertigt. Welche Befähigung aber könnte dies sein, anders gefragt: Welche Bedeutung verbirgt sich hinter der offenbar als Metapher zu lesenden Formel von den ‚stärksten Gedanken' sowie hinter dem Ausdruck ‚reinster Himmel'?

Schauen wir uns, von dieser Frage ausgehend, noch einmal die eben zitierte Passage an. Seinem empirisch angelegten Beitrag zur Soziologie des Reichtums ließ Nietzsche die Hoffnung nachfolgen auf eine künftige Generation, die, durch solche Reichtumsbedingungen befördert, sich durch „grössere Freiheit des Gemüthes" und „Abwesenheit des Erbärmlich-Kleinen" (KSA 2: 313) auszeichne – Möglichkeiten, die dem ums Überleben kämpfenden und insoweit zur Verstellung genötigten Armen nicht gegeben seien. Er nämlich lerne im Kampf ums Dasein vor allem, „gebückt sich in die Höhlengänge der Gunst einzuschleichen." (ebd.: 314) Dieser Nachtrag macht klar, dass auch bei den Armen Redlichkeit in aller Regel Fiktion bleibt. Hieran scheint Z mit seinem Satz anzuknüpfen, indem er nicht lediglich an materiellen Reichtum (‚beste Nahrung', ‚schönste Frauen') denkt, sondern zugleich an Äquivalente für das, was Nietzsche noch 1878 mit der Formel ‚Freiheit des Gemüts' bezeichnete und herbeisehnte. Das Z-Wort: ‚Das Beste gehört den Meinen und mir' könnte insoweit nichts anderes sein als die probeweise Auszeichnung eines sozialen Zustandes, bei dem zwar ein jeder an sich alles haben kann, bei dem aber zugleich doch auch nichts mehr so eigentlich begehrt wird, weil alle zu sich und folglich zu dem gefunden haben, was der Reiche gängigerweise im Prozess seines Reichwerdens zerstört: Wahrheit (‚stärkste Gedanken') und Redlichkeit (‚reinster Himmel'), wie man nun den Bedeutungshorizont der strittigen Metaphern griffig bündeln könnte. Wenn man nun noch Z's Forderung (aus III/12) einbezieht, dass es eines „*neuen Adels*" bedürfe, „der allem Pöbel und allem Gewalt-Herrischen Widersacher ist und auf neue Tafeln neu das Wort schreibt ‚edel'" (254,17–19), könnte man folgern, dass es Z auch in IV/12 darum ging und nicht um die vom ‚König zur Rechten' erhoffte Sanktionierung von dessen Lebensweise.

IV/13 Vom höheren Menschen

Dieser insgesamt 20-teilige Abschnitt muss aufgrund der Schlussbemerkung der vorhergehenden Rede[171] so verstanden werden, als gehe es um eine Art Protokoll der beim ‚Abendmahl' geführten Gespräche. Die Textform selbst gibt dafür allerdings wenig Anhaltspunkte, sondern erweckt eher den Eindruck, es gehe erneut – wie im Fall von Rede III/12 – um eine Art Zusammenfassung, so dass wir uns hier vergleichsweise kurz fassen können: Erinnert wird an den „Seiltänzer" (356,7), an den ‚blinzelnden' „Pöbel" und an dessen Wahrheit: „wir sind Alle gleich, Mensch ist Mensch, vor Gott – sind wir Alle gleich!" (356,15–17) Dem folgt der drohende Zusatz: „Vor Gott! – Nun aber starb dieser Gott!" (356,18) sowie, teilweise mit einem (selbst-)ironischen Zug[172], gleichsam noch einmal das volle Programm, also etwa: dass, seit er „im Grabe liegt", „ihr erst wieder auferstanden (seid)" (357,4–5); dass „*wir*" nun wollen, „dass der Übermensch lebe" (357,12); und dass für ihn, Z, gelte:

Der Übermensch liegt mir am Herzen, *der* ist mein Erstes und Einziges, – und *nicht* der Mensch: nicht der Nächste, nicht der Ärmste, nicht der Leidendste, nicht der Beste – (357,17–19).

Auch der Rest ist kaum neu. So wissen wir bereits, dass die „kleinen Leute" „des Übermenschen grösste Gefahr" (358,10–11) seien; dass es des „Einsiedler- und Adler-Muth[es]" (358,21) bedürfe; dass der Mensch dem „Weisesten" zwar als „böse" gelte, dies aber „heute" kaum als „wahr" anerkannt werden könne – leider, denn: „das Böse ist des Menschen beste Kraft" (359, 2–4), mehr als dies:

Das Böseste ist nöthig zu des Übermenschen Besten. (359,6)

Dies sowie der Zusatz „Immer Mehr, immer Bessere eurer Art [jener der ‚höheren Menschen'; d. Verf.] sollen zu Grunde gehen, – denn ihr sollt es immer schlimmer und härter haben" (359,19–21), verliert an Schärfe, wenn man sich dessen erinnert, dass das ‚Böse' bei Nietzsche eine Metapher ist für das Neue, und dass Neues – und in diesem Sinne ‚Böses' – nicht anders in die Welt treten kann als mittels Opposition gegen das, was das herrschende Bewusstsein für Normalität hält (vgl. Niemeyer 1998: 303 ff.). Und was den Ausdruck ‚zu Grunde gehen' betrifft, könnte man daran erinnern, dass er seit Descartes erkenntnistheoretisch konnotiert ist, was auch hier nicht ausgeschlossen werden kann, insofern Z fortfährt: „so allein wächst der Mensch in *die* Höhe, wo der Blitz ihn trifft" (359,22–23) – der Blitz der Erkenntnis, wie es scheinen will.

Es zeigt sich jedoch auch ein neuer, fragwürdiger Akzent. Das gilt etwa für den Imperativ: „Seid nicht tugendhaft über eure Kräfte!" (363,2) Z trägt ihn auch in der Variante vor: „Gab es Schmutzigeres bisher auf Erden als Wüsten-Heilige? *Um die* herum war nicht nur der Teufel los, – sondern auch das Schwein." (363,23–25) Dies geht gegen Jesus, dessen ‚Vater' – wie aus IV/6 erinnerlich ist – nicht gerade als „Kostverächter" (389,27)[173] vorgeführt wurde[174] und dem Z nun vorhält, einer Tugend das Wort zu reden, die selbst über seine *eigenen* Kräfte ging. „Er kam vom Pöbel" (365,12) lautet denn auch der in Abschnitt 16 vorgetragene zusammenfassende Befund, diesmal festgemacht an der „grösste[n] Sünde" bisher „auf Erden", begangen durch den, „der sprach: ‚Wehe denen, die hier lachen!'" (365,2–4) Wie ein Nachlassvermerk Nietzsches vom Frühjahr 1884 deutlich macht (vgl. KSA 11: 53), bezieht sich diese Bemerkung auf das Lukas-Evangelium.[175] Z spöttelt: „Muss man denn gleich fluchen, wo man nicht liebt?" (365,10) Und er rät: „Geht aus dem Wege allen solchen Unbedingten! Das ist eine arme kranke Art, eine Pöbel-Art: sie sehn schlimm diesem Leben zu, sie haben den bösen Blick für diese Erde." (365,16–18)

Z's Gegenlehre lautet: „alle guten Dinge lachen" (365,25) sowie: „Wer aber seinem Ziel nahe kommt, der tanzt" (365,26–27) – und wird so am besten verhindern, zum „Standbild" (365,29) zu mutieren und dazustehen „starr, stumpf, eine Säule" (366,1). Z's (Gegen-)Symbol ist die „Krone des Lachenden", die „Rosenkranz-Krone", die er sich selber aufsetzt (366, 10–11)[176] und unter welcher er zu Felde zieht gegen „Trübsal-Blasen und alle Pöbel-Traurigkeit" (367,7), es dabei dem „Sturmwind" gleichtuend, der „den Eseln Flügeln giebt, der Löwinnen melkt" (367, 14), „der Distel- und Tiftelköpfen feind ist und allen welken Blättern und Unkräutern" (367,

17–18). Wenn man hier von Feinheiten absieht[177], wird wohl die Vokabel vom „freien Geist" (367, 22) ins Zentrum zu rücken sein, mit dem „lachende[n] Sturm" als dessen Symbol und mit dem Auftrag, „allen Schwarzsichtigen, Schwärzsüchtigen Staub" (367,22–24) in die Augen zu blasen. Dieser Auftrag erinnert an Nietzsches Freigeistepoche.[178]

IV/14 Das Lied der Schwermuth

Dieser insgesamt dreiteilige Abschnitt zeigt uns Z vor seiner Höhle, seinen Gästen entflohen – und damit die Bühne schaffend für den Auftritt des „alte[n] Zauberers" (370,3), der uns aus IV/5 vor allem als Maske für Wagner in Erinnerung ist. Dort brachte er ein – von Z schließlich als heuchlerisch erkanntes – Klagelied über den Tod Gottes zum Vortrag. Ähnliches lässt sich auch in diesem Fall beobachten: Der ‚Zauberer' blickt „listig" (370,3) um sich und nutzt Z's Abwesenheit in der Höhle, um die Verbliebenen vor Z zu warnen. Zu diesem Zweck stimmt er ein neues Klagelied an[179], das ihm der ihm eigene Teufel, „dieser Geist der Schwermuth, dieser Abend-Dämmerungs-Teufel" (370,29–30), diktiert habe und dessen immer wiederkehrendes Leitmotiv in den Zeilen gründet: „*Nur* Narr! *Nur* Dichter!" (372,12) Mit diesen Attributen ist jeweils Z gemeint, dem der ‚Zauberer' in der 1. Strophe des im dritten Teil von IV/14 dargebotenen Liedes daran zu erinnern sucht, wie sehr ihm selbst „einst" durstete nach „himmlischen Tränen und Thau-Geträufel" (371,15–16).

Mit den restlichen Strophen bringt er in verklausulierter Form zum Ausdruck, wie hoffnungslos Z's Unterfangen sei. Als der „*Wahrheit* Freier" (371,22) beispielsweise könne er nicht durchgehen, eher schon als „listiges, raubendes, schleichendes" „Thier", das „wissentlich, willentlich lügen muss" (371,24–26) und für das gelte:

> Nur Buntes redend,
> Aus Narren-Larven bunt herausschreiend,
> Herumsteigend auf lügnerischen Wort-Brücken,
> Auf bunten Regenbogen,
> Zwischen falschen Himmeln
> Und falschen Erden,
> Herumschweifend, herumschwebend (372,5–11).

Soweit des ‚Zauberers' Z-Diagnose in der 2. Strophe, womit dann auch schon der Grundtenor des insgesamt neunstrophigen Liedes wiedergegeben ist. Denn ob der ‚Zauberer' Z's Wahrheitsanspruch allein deswegen für wenig Erfolg versprechend hält, weil er „Wahrheits-Standbildern" gegenüber feindselig sei und „in jeder Wildniss" sich „heimischer" fühle „als vor Tempeln" (372,19–20); oder ob er darüber spottet, dass Z, „dem Adler gleich", „Lange starr in Abgründe blickt, / In *seine* Abgründe" (372,32–373,1–2); oder ob er zu bedenken gibt, dass es wohl kaum für mehr Dinge Zeugnis ablege als für *seine* (Z's) „Sehnsüchte unter tausend Larven" (373,19), wenn er „lachend" den „Gott" im Menschen ebenso zerreiße „wie das Schaf im Menschen" (373,23–25) – das Ergebnis bleibt doch immer das nämliche, insofern für Z gelte: „Eines Panthers und Adlers Seligkeit! / Eines Dichters und Narren Seligkeit!" (373,27–28)

Ganz zum Schluss singt der ‚Zauberer' noch eine Ballade über seinen eigenen Werdegang: Er selbst – so jedenfalls wird man die Botschaft der 9. Strophe unter Rückerinnerung an die Eröffnungsszene aus IV/5 rekonstruieren dürfen, – sei „einstmals" aus seinem „Wahrheits-Wahnsinne", „krank vom Lichte", „abwärts" gesunken, „Von Einer Wahrheit / Verbrannt und durstig" (374,9–14). Dem folgt übergangslos:

> – gedenkst du noch, gedenkst du, heisses Herz,
> Wie du da durstetest? –
> Dass ich verbannt sei
> Von aller Wahrheit,
> Nur Narr!
> Nur Dichter! (374,15–20)

Mit dieser Mahnung, die fast so klingt, als wende sich der ‚Zauberer' direkt an Z, endet dieser Abschnitt, dessen Kommentierung im nächsten Abschnitt erfolgt. Hier wollen wir uns mit dem Hinweis begnügen, dass Nietzsche in dieses Lied offenbar all jene Motive übernommen hat, die auf die Klage hinausliefen, er produziere ‚nur' Dichtung und keine Wahrheit – mit der Folge, dass seiner Lehre keine Bedeutung zukomme, dies etwa nach dem Muster der dunklen Prophezeiung des ‚Zauberers': „Der Tag klingt ab, allen Dingen kommt nun der Abend, auch den besten Dingen" (371,1–2).

IV/15 Von der Wissenschaft

„Also sang der Zauberer; und Alle, die beisammen waren, giengen gleich Vögeln unvermerkt in das Netz seiner listigen und schwermüthigen Wollust" (375,2) – so beginnt dieser Abschnitt und deutet dadurch an, dass nun die Abrechnung folgt. Der erste Part ist dem „Gewissenhaften des Geistes" (375,4–5) vorbehalten, den wir ja bereits in IV/4 als eine Art Fan Z's kennen gelernt haben. Auch diesmal macht er seinem Image alle Ehre, indem er dem ‚Zauberer' die Harfe wegnimmt und diesen wissen lässt: „wir *sind* verschieden" (376,14). In diese Diagnose schließt er auch die anderen Gäste ein, insofern diese immer noch „mit lüsternen Augen" (376,5) sitzen gleich „Solchen, die lange schlimmen tanzenden nackten Mädchen zusahn" (376,7–8).[180] Das jedenfalls sei nicht sein Interesse, er suche „*mehr Sicher-*

heit", und zwar bei Z, „der festeste Thurm und Wille", „heute, wo Alles wackelt, wo alle Erde bebt" (376,16–19). Man ahnt, dass spätestens dies sowie der Zusatz: „euch gelüstet nach dem schlimmsten gefährlichsten Leben, das *mir* am meisten Furcht macht" (376,25–26), Z nicht wirklich gefallen dürfte.

Nachdem der ‚Gewissenhafte des Geistes' auch noch ergänzt: „aus der Furcht erklärt sich Jegliches, Erbsünde und Erbtugend", auch *seine* Tugend, die „Wissenschaft" (376,34–377,1–2), insofern diese letztlich nichts anderes sei als eine „lange alte Furcht, endlich fein geworden, geistlich, geistig" (377,7–8), hält es Z denn auch für unabdingbar, seinem Fürsprecher Einhalt zu gebieten. Also stellt er, „der eben in seine Höhle zurückkam und die letzte Rede gehört und errathen hatte" (377,9–11), klar:

Furcht nämlich – ist unsere Ausnahme. Muth aber und Abenteuer und Lust am Ungewissen, am Ungewagten, – *Muth* dünkt mich des Menschen ganze Vorgeschichte. / Den wildesten muthigsten Thieren hat er alle ihre Tugenden abgeneidet und abgeraubt: so erst wurde er – zum Menschen. (377,16–20)

Z fährt fort: „*Dieser* Muth, endlich fein geworden, geistlich, geistig, dieser Menschen-Muth mit Adler-Flügeln und Schlangen-Klugheit: *der*, dünkt mich, heisst heute –" (377,21–23) – und erreicht dadurch die Wende: Alle nämlich setzen den Satz fort mit: ... Zarathustra!, und selbst der ‚Zauberer' muss zugestehen: „Wohlan! Er ist davon, mein böser Geist!" (377,27–28)

Soweit also das Happyend dieser kleinen Geschichte, dem allerdings noch eine Art Postskriptum folgt, das zeigt: Alles ist wohl doch noch nicht zum Guten gewendet. So bleibt der Zweifel des ‚Zauberers', ob Z ihn wohl wirklich wieder lieben lerne und wenn ja – da er sich wie kein Zweiter auf die „Kunst" verstehe, seine „Feinde" zu lieben –, ob er dafür wohl Rache nähme „an seinen Freunden" (378,6–8). Und es bleibt die dunkle Andeutung aus den Schlusszeilen: Z gelüstete es „schon wieder nach der guten Luft da draussen und nach seinen Thieren" (378,14–15). Eines aber dürfte klar geworden sein: Z möchte nicht der Held jener sein, die – wie der ‚Gewissenhafte des Geistes' – eines „Führer[s]" bedürfen „aus der Gefahr" (376,29) und die dabei von ihm auch noch eine Wissenschaft erwarten, die „‚das innere Vieh'" (377,6) Mensch zu domestizieren in der Lage ist. Vielmehr will er die Gefahr als zentrale Bildungsbedingung auf dem Weg des Menschen hin zum Übermenschen anerkannt wissen, und dies unter Konzentration auf die Vokabel ‚Mut'[181] bzw. unter Bezug auf den Auftrag an die Humanwissenschaften, eine Psychologie des Mutes resp. des Explorations- und Neugierverhaltens zu entwickeln. Nur am Rande sei hier notiert, dass damit eine Stellungnahme aussteht zu dem Hauptvorwurf des ‚Zauberers' aus der vorhergehenden Rede. Der Verdacht: ‚Nur Narr! Nur Dichter!' steht also nach wie vor im Raum.

IV/16 Unter Töchtern der Wüste

Dieser Abschnitt steht mit IV/14 insoweit strukturell in Parallele, als hier wie dort einer kurzen Einleitung ein langes Lied folgt, das Nietzsche, mit einigen Ergänzungen, gleichfalls in die *Dionysos-Dithyramben* übernommen hat.[182] Zum Vortrag gebracht wird es vom „Wanderer, welcher sich den Schatten Zarathustra's nannte" (379,3–4).[183] Er bietet sich an, der Wiederkehr der „alte[n] dumpfe[n] Trübsal" (379,5) vorzubeugen, die er nach Z's sich abzeichnendem erneuten Verlassen der Höhle aufkommen sieht. Dieses Zweckes wegen möge ihm Z „ein altes Nachtisch-Lied" vergeben, das er „einst unter den Töchtern der Wüste dichtete" (380,5–6), „Morgenland-Mädchen" (380,10), „tief" „wie kleine Geheimnisse, wie bebänderte Rätsel, wie Nachtisch-Nüsse" (380,14–15). Der Leser also sollte gewarnt sein, ist er doch als ‚Nüsseknacker' gefordert – und dabei auf sich allein gestellt. Denn dem Lied folgt keine Diskussion unter den Gästen, die sich für eine Deutung nutzen ließe.

Die Schwierigkeiten beginnen schon mit dem – am Ende wiederholten – Anfang resp. Titel: *„Die Wüste wächst: weh Dem, der Wüsten birgt!"* (380, 26) Denn es mag noch leicht sein, sofort zu erkennen, dass hier die Wüste „als Zustand im Ich, nicht als geographischer Sachverhalt eingeführt wird." (Kaiser 1986: 211) Kann man aber wirklich, so wie Friedrich Georg Jünger oder auch Rudolf Pannwitz (vgl. Miller 1973: 172), von einer allerletzten Warnung am Vorabend einer (neuen) Nihilismus- oder gar Barbareiepoche sprechen, die dann sogleich als allein eines (europäischen) „moralischen Brüllaffen" (381,2) würdige Warnung und insgesamt als unzureichendes Mittel verworfen wird?

Im weiteren Fortgang des Liedes scheint dieses Thema jedenfalls zurückzutreten zugunsten – so der Tenor insbesondere der frühen Nietzschekritik (vgl. etwa Möbius 1909: 125) – pathologieverdächtiger Pornographie, vornehmer gesprochen: Es geht offenbar – so Hellmut W. Brann – um des Autors „Generalbeichte in eroticis" (1931: 132) unter Bezug auf einschlägige Abenteuer aus studentischer Zeit, an einem Beispiel gesprochen: Die Vokabel ‚Flitter' im Ausdruck „Ihres allerliebsten, allerzierlichsten / Fächer- und Flatter- und Flitterröckchens" (383,30–31) meinte Brann (1931: 138) als Indiz für einen Bordellbesuch Nietzsches vom Februar 1865 lesen zu dürfen.[184] Erwähnt sei auch Joachim Köhler (1989: 589), der die Textzeile: „Da fiel ich hinein" aus dem Dreizeiler der 2. Strophe („Da fiel ich hinein, / Hinab, hindurch – unter euch, / Ihr allerliebsten Freundinnen! Sela." 381,19–21) im Sinne von: „Da bin ich auf sie hereingefallen" deutete und dabei (ebenfalls) an Nietzsche als (syphilisgeschädigten) Freier dachte.

Lesarten wie diese – die allerdings nicht alternativlos sind[185] – hatte Elisabeth Förster-Nietzsche (1904: 538) kommen sehen und deswegen im

Blick auf Genese und Absicht von Abschnitt IV/16 behauptet, ihr Bruder habe im Herbst 1884 mit ihr zusammen in Zürich Ferdinand Freiligraths *Gedichte* erstanden und sei aus Übermut auf die Idee verfallen, den Stil des damaligen Erfolgsdichters aus der Abteilung Exotismus, Unterabteilung Wüsten- und Löwenpoesie, zu parodieren. Tatsächlich ist dieser Hinweis, ungeachtet einiger Unstimmigkeiten[186], nicht ganz unberechtigt[187], wenngleich noch andere Spuren in Betracht kommen.[188] Dennoch bleibt der Inhalt dubios: Es geht um Kritik am – so der ‚Wanderer' in seiner Einleitung – „wolkigen feuchten schwermüthigen Alt-Europa" (380,8–9), und zwar unter dem in Strophe 3 und 6 wiederholten Leitmotiv:

> Das zweifelsüchtiger ist als alle
> Ältlichen Eheweibchen.
> Möge Gott es bessern!
> Amen! (381,31–32–382,1–2)

Dies ist fürwahr ein Wunschtraum, besonders wenn man den unfrommen Hintergrund bedenkt: Gott ist tot, ‚Alt-Europa' wird sich folglich nicht ‚bessern' – und Europamüden verbleiben nur die ‚Morgenland-Mädchen' zum stillen Trost.

Derlei „Europäer-Heisshunger" (385,7) wird zwar nicht eindeutig gelobt, sondern gleichsam resignativ zur Kenntnis gegeben, nach dem – unschwer als Luther-Parodie zu erkennenden (vgl. Miller 1973: 185), teilweise wegen seiner angeblichen Deftigkeit gesondert in Betracht gezogenen[189] – Motto:

> Und da stehe ich schon,
> Als Europäer,
> Ich kann nicht anders, Gott helfe mir!
> Amen! (385,7–11)

Aber dies ist, aus den besagten Gründen, ein frommer Wunsch, und so nimmt der Rest seinen unfrommen Lauf: Von „Südfrüchten" (382,12) ist da die Rede, von „Mädchen-Katzen" (382,22), von „Dattel-Herzen", „Milch-Busen" (384,16) und „Süssholz-Herz-Beutelchen" (384,17–18). Und auch wenn angeblich nur eine „Palme" (383,16) besungen wird, ist die Sache recht eindeutig zweideutig: „einer Tänzerin gleich" will sie unserem Sänger scheinen, wie sie sich „biegt und schmiegt und in der Hüfte wiegt" (383,17–18), wobei es vor allem der Zusatz: „– man thut es mit, sieht man lange zu!" (383, 19) in sich hat, jedenfalls nach Meinung Gerhard Kaisers: Es gehe hier um eine „Erektionsphantasie", die „noch vor dem Höhepunkt in eine ebenso infantile Kastrationsphantasie – Strafe für verbotene Lust – um[kippt]" (1986: 214f.).[190] Auch der Umstand, dass unser Minnesänger, der ‚Wanderer', „das andre Bein" der Tänzerin in der „heiligen Nähe" ihres „allerliebsten, allerzierlichsten / Fächer- und Flatter- und Flitterröckchens" (383,28–31) gesucht habe, scheint – jedenfalls nach Meinung von Joachim

Köhler[191] – eine solche Bedeutung zu haben. Kaum zweifelhaft – im Vergleich zu derlei Interpretationsvorschlägen – scheint hingegen der Sinn von Strophe 4:

> Da sitze ich nun,
> In dieser kleinsten Oasis,
> Einer Dattel gleich,
> Braun, durchsüsst, goldschwürig, lüstern
> Nach einem runden Mädchenmunde
> Mehr noch aber nach mädchenhaften
> Eiskalten schneeweissen schneidigen
> Beisszähnen: nach denen nämlich
> Lechzt das Herz allen heissen Datteln. Sela. (382,3–11)

Ist dies also die Botschaft, die Z resp. Nietzsche vorbringen wollte und angesichts derer es ihm nicht ungeschickt schien, sich eines Sprachrohrs, eben des ‚Wanderers', zu bedienen, der mutig genug ist, „mit einer Art Gebrüll" (380,24) gegen die „moralischen Brüllaffen" (381,2) aus ‚Alt-Europa' anzusingen, und dies vor allem auch, weil sich beides schlecht vertrage: nämlich „Tugend-Würde! Europäer-Würde" (384,28) einerseits und „Europäer-Inbrunst, Europäer-Heisshunger!" (385,7) andererseits?

Vordergründig betrachtet scheint es so zu sein. Und wenn man die Zeit einbezieht, in der Nietzsche dies veröffentlichen wollte – die viktorianische Epoche und zugleich die der Hochblüte des Kolonialismus –, wird man nicht ganz abstreiten können, dass ein Hinweis auf eine Doppelmoral wie die geschilderte dringlich war. Dennoch ist fraglich, ob damit wirklich die Tiefe dessen ausgelotet ist, was Nietzsche an- und umtrieb. Erwähnt sei nur Strophe 3, die schon von ihrer Eröffnung her – „Heil, Heil jenem Wallfische" (sic!) (381, 22) – deutlich anspielt auf die alttestamentarische Geschichte vom Propheten Jonas, der sich selbst im Bauch eines Walfisches geborgen wusste (vgl. Volkmann-Schluck 1958: 125).[192] Selbst der kleine Vers:

Da sitze ich nun, / der Wüste nahe und bereits / so ferne wieder der Wüste / und auch in Nichts noch verwüstet (381,10–13)

hat es in sich, verbirgt er doch – jenseits der Attitüde des Playboys – eine tiefe Wahrheit, die in den Zeilen zum Ausdruck kommt:

Vergiss nicht, Mensch, den Wollust ausgeloht: du – bist der Stein, die Wüste, bist der Tod ... (KSA 6: 387).

Dieser wunderbare Satz allerdings[193] – die Zitation zeigt es an – findet sich nicht in Za IV, sondern er beendet jene Variante dieses Liedes, die Nietzsche erst Jahre später präsentieren wird. Vielleicht ist dies der eigentliche Grund für das schlechte Image der Za-IV-Variante.

IV/17 Die Erweckung

Wer weiter gelesen hätte, dem wäre wohl kaum entgangen, wie Z zu dem Lied des ‚Wanderers' steht[194] und wie er den Umstand, dass „die Höhle mit Einem Male voll Lärmens und Wachens (wurde)" (386,3–4), kommentiert. Denn es dominiert der spöttische Eindruck: „bei mir verlernten sie, wie mich dünkt, das Notschrein! / – wenn auch, leider, noch nicht das Schrein." (386,12–14) Den Rest dieses zweiteiligen Abschnitts widmet Z seiner Hoffnung, dass – weil wieder „das Geschrei und Gelächter der höheren Menschen aus der Höhle (kam)" (387,9–10) – vielleicht doch sein „Köder" wirke und „ihr Feind, der Geist der Schwere" (387,12–13), weiche. Mit dem erleichterten Ausruf: „Es sind *Genesende*!" (387,32) endet der erste Teil.

Der zweite Teil bringt die bittere Einsicht, dass Z sich wohl zu früh gefreut hat: Von plötzlicher Totenstille und „wohlriechenden Qualm und Weihrauch" (388,7) verunsichert, muss er zu seinem Schrecken feststellen: „Sie sind Alle wieder *fromm* geworden, sie beten, sie sind *toll*!" (388, 13–14), schlimmer noch: „sie lagen Alle gleich Kindern und gläubigen alten Weibchen auf den Knien und beteten den Esel an." (388,18–20)[195] Dies gilt selbst für den ‚hässlichsten Menschen', also, wie wir seit der gleichnamigen Rede (IV/7) wissen: den ‚Mörder Gottes', der „eine fromme seltsame Litanei zur Lobpreisung des angebeteten und angeräucherten Esels" (388, 23–25) zum Vortrage bringt.

Damit ist das Stichwort gefallen für den Rest dieses Abschnitts. Denn er bringt, beendet jeweils mit dem Refrain: „Der Esel aber schrie dazu I-A" (388,28)[196], eben diese insgesamt achtteilige Litanei, die sich als durchaus nicht so fromm erweist. Denn was als Lob auf den ‚Esel' angekündigt wird, ist tatsächlich als Kritik auf Gott gemünzt, der, wie ein Esel im wortwörtlichen Sinne, „Knechtsgestalt" nahm, „geduldsam [ist] von Herzen" und „niemals Nein [redet]", wobei das Ganze noch ergänzt wird um den – wiederum auf ein Bibelzitat anspielenden[197] – Spott: „wer seinen Gott liebt, der züchtigt ihn." (388,29–389,1–2)[198] In diesem Stil geht es weiter: „Seine Schlauheit ist es, die nicht redet: so bekömmt er selten Unrecht." (389,5–6) Oder: „Unscheinbar geht er durch die Welt. Grau ist die Leib-Farbe, in welche er seine Tugend hüllt." (389,8–10) Oder: „Du gehst gerade und krumme Wege; es kümmert dich wenig, was uns Menschen gerade oder krumm dünkt. Jenseits von Gut und Böse ist dein Reich. Es ist deine Unschuld, nicht zu wissen, was Unschuld ist." (389,17–20) Und schließlich: „Du liebst Eselinnen und frische Feigen, du bist kein Kostverächter." (389,27–28) Wie gesagt: All dies passt auf den Esel als Typus – aber eben auch auf Gott, jedenfalls der Lesart dessen zufolge, den Z hier referiert. Dass Z resp. Nietzsche dieser Lesart zustimmt, darf als gewiss angenommen werden.

IV/18 Das Eselsfest

Diese insgesamt dreiteilige Rede, deren Titel auf einen Text von Georg Christoph Lichtenberg und insoweit auf ein historisch verbürgtes mittelalterliches Narrenfest Bezug nimmt (vgl. Salaquarda 1973: 197f.), bringt zunächst insoweit Überraschendes, als Z empört zu sein scheint über jene Litanei. Beachtet werden muss aber, warum: „Wehe, wenn euch Jemand Anderes zusähe als Zarathustra: / Jeder würde urteilen, ihr wäret mit eurem neuen Glauben die ärgsten Gotteslästerer" (390,8–10) – nicht aber, so soll der Leser offenbar fortfahren, Z. Denn diesem ist die Litanei noch nicht Beweis genug, und so fragt er sie denn auch der Reihe nach aus, gleichsam als Test der Festigkeit ihres Unglaubens.

Der ‚alte Papst' – mit diesem beginnt Z – besteht diesen Test offenbar, denn er antwortet: „Lieber Gott also anbeten, in dieser Gestalt, als in gar keiner Gestalt!" (390,18–20) Z jedenfalls entgegnet nichts – vermutlich, weil er die „Weisheit" erraten hat, die, nach des ‚letzten Papstes' Auffassung, „in solchem Spruch [steckt]" (390,20) und die er vom Ansatz her auch noch preisgibt, insofern er ergänzt: „Der, welcher sprach ‚Gott ist ein Geist' – der machte bisher auf Erden den grössten Schritt und Sprung zum Unglauben" (390,21–22). Denn was hiermit zur Disposition steht, ist eine Gottesvorstellung, die allein schon ihres Anspruchs wegen als negiert gelten muss und im Vergleich zu der jede andere ermäßigte Variante nur zu begrüßen ist, zumal sie das Glaubensbedürfnis des Menschen nicht unbefriedigt lässt. Dies jedenfalls scheint die Konstellation zu sein, die der ‚letzte Papst' für sich geltend machen will und von dem es folgerichtig heißt: sein „altes Herz springt und hüpft darob, dass es auf Erden noch Etwas anzubeten giebt. Vergieb das, oh Zarathustra, einem alten frommen Papst-Herzen!" (390,24–391,1)

Ob der ‚Wanderer' – den Z als nächstes zur Rede stellt – auf Z's ‚Vergebung' rechnen darf, ist weit unklarer. Denn was er vorträgt, ist eigentlich nur, dass er nichts dafür könne, dass der „alte Gott" wieder „lebt", Schuld sei vielmehr der ‚hässlichste Mensch': „der hat ihn wieder auferweckt." (391,9–11) Vergleichbar kleinlaut gibt sich der ‚alte Zauberer', der – mit dem Regievermerk, es antworte der „kluge Zauberer" – schlicht zugesteht: „du hast Recht, es war eine Dummheit" (391,19–20)

Eine weit bessere Figur – aus Z's Perspektive betrachtet – macht da schon der ‚Gewissenhafte des Geistes', zumal er seinen Satz, dass ihm Gott „in dieser Gestalt [der des Esels; d. Verf.] noch am glaubwürdigsten dünkt" (391,30–31), mit dem Kalauer erläutert: „Gott soll ewig sein, nach den Zeugnissen der Frömmsten: wer so viel Zeit hat, lässt sich Zeit. So langsam und so dumm als möglich: *damit* kann ein Solcher es doch sehr weit bringen." (391,32–35) Des Weiteren gibt er zu bedenken – und wird damit seinem Ruf als der ‚Gewissenhafte des Geistes' gerecht –, dass Z selber in der Gefahr stünde, sich „in die Dumm- und Narrheit" zu „vernarren", also zum ‚Esel' zu mutieren, und sei es nur „aus Überfluss und Weisheit" (392,2–5) oder, so darf man wohl ergänzen: um sich einen Scherz zu machen. Denn eben dies ist es, was der ‚hässlichste Mensch' – als der letzte der von Z zur Rede Gestellten – vorträgt: dass Z als „Schelm" (392,23) gelten müsse, weil er „von uns Beiden […] am Besten" (392,25) wissen müsse, dass die Litanei nicht den Zweck hatte, Gott aufzuwecken, denn: „von dir selber lernte ich's einst, oh Zarathustra: wer am gründlichsten tödten will, der *lacht*." (392, 26–27) Damit ist klar: Z's Anfangsempörung, vor allem aber sein Zweifel am ‚hässlichsten Menschen', war nur gespielt.

Der Inhalt des zweiten Teils der Rede ist rasch erzählt: Z verkündet das Ende von derlei „Kinderei" (393,14), denn es stehe zwar geschrieben[199]: „so ihr nicht werdet wie die Kindlein, so kommt ihr nicht in das Himmelreich." (393,16–17) Bei ihm jedoch zähle der Satz:

Aber wir wollen auch gar nicht in's Himmelreich: Männer sind wir worden, – *so wollen wir das Erdenreich*. (393,19–20)

Mit dieser Skizze von Z's ‚neuem Glauben'[200], den er dem ‚alten Glauben' entgegensetzt, endet der zweite Teil. Der dritte beschränkt sich im Wesentlichen auf ein Loblied derart: „ihr Wunderlichen, ihr höheren Menschen, wie gut gefallt ihr mir nun, – / – seit ihr wieder fröhlicher wurdet" (393, 24–25), sowie: „diess Eselsfest […] erfinden nur Genesende!" (394,1–3)

IV/19 Das Nachtwandler-Lied

Der insgesamt zwölfteilige Abschnitt nimmt den eben angeführten Refrain in der Variante auf: „oh wie gut sie mir nun gefallen, diese höheren Menschen!" (395,13–14) Z spricht so, nachdem er mit diesen Menschen hinausgetreten war „in's Freie", mit dem „hässlichsten Menschen an der Hand" (395,4–5), der „noch einmal" – wie in IV/7 – „und zum letzten Mal zu schnauben und zu gurgeln [begann]" (395,16–17) und auf einmal kundtat: „Um dieses Tags Willen – *ich* bin's zum ersten Male zufrieden, dass ich das ganze Leben lebte." (395,23–24) Sowie: „Ein Tag, Ein Fest mit Zarathustra lehrte mich die Erde lieben." (396,2–3) Hiermit ist das Leitmotiv benannt, wie insbesondere die Fortführung zeigt:

War *Das* – das Leben?' will ich zum Tode sprechen. ‚Wohlan! Noch Ein Mal!' (396,4–5)

Denn hierbei handelt es sich – wie auch die Anführungszeichen deutlich machen – im Wesentlichen um ein Zitat aus III/2[201], was wiederum den Verdacht nahe legt, hier wie dort werde der Wiederkunftsgedanke thematisiert.

Und tatsächlich: Nachdem der ‚hässlichste Mensch' auch die (übrigen) ‚höheren Menschen' für diese Devise hat begeistern können, so dass sie, „mit Einem Male ihrer Verwandlung und Genesung bewusst" sowie des Umstandes, „wer ihnen dieselbe gegeben habe", auf Z zusprangen, „dankend, verehrend, liebkosend" (396,12–14), verändert sich der Plot: Z – so der Beginn des zweiten Teils – „stand da, wie ein Trunkener" (396,29) und sprach plötzlich, nachdem er wieder „ein Wenig zu sich selber" (397,7–8) zurückgekommen war: *„Kommt! Kommt! Es geht gen Mitternacht!"* (397, 17–18) – ein Satz, der aufhorchen lassen muss. Denn die Vokabel ‚Mitternacht' kennen wir bereits aus III/15 als Symbol dafür, dass die Zeit stillstehen kann, weil nun ‚Ewigkeit' erreicht ist und ‚Lust' resp. ein Gefühl von Vollkommenheit dominiert – womit der Wiederkunftsgedanke seine Bedrohlichkeit verlöre.

Aber mehr als dies: Jene elf – inklusive Leerzeile zwölf – Verse, die den dritten Teil von *Das andere Tanzlied* bilden, werden hier wieder aufgenommen, und zwar insgesamt als Schluss des 12. Teils sowie, unter Verzicht auf zwei offenbar nicht zu verwendende Verse[202], je einzeln als Schlusszeile der Teile 3–12 von *Das Nachtwandler-Lied*. Dies ist überaus raffiniert konstruiert und wurde offenbar durch die Überlegung Nietzsches veranlasst, dass er den Lesern von Za III noch eine nähere Erläuterung schuldig sei für jene zwölf Verse, die Z den zwölf Glockenschlägen – in aufsteigender Linie – zugeordnet hatte.

Schauen wir also, welcher Erkenntnisgewinn sich hieraus beziehen lässt. Was als erstes auffällt und durch den Wegfall jener zwei Verse bedingt sein mag: Von der Zuordnung zu Glockenschlägen ist nicht mehr die Rede. Ansonsten scheint der Ertrag begrenzt. Denn, um hiermit zu beginnen: Die entscheidende Botschaft aus *Das Nachtwandler-Lied*, die mit der hier wiederholten – und leicht variierten – Textzeile: *Oh Mensch, gieb Acht!* (398,15) besiegelt wird, lautet, dass sie „heimlich, schrecklich, herzlich zu dir redet, die alte tiefe tiefe Mitternacht" (398,13–14), was die Sache kaum klarer macht. Etwas anders verhält es sich im Fall des Siegels: *„was spricht die tiefe Mitternacht?"* (399,1–2) Denn Z nimmt in diesem insgesamt vierten Teil des hier thematischen Abschnitts Topoi aus IV/10 wieder auf, etwa den von den „tiefen Brunnen", der schlafenden „Welt" (398,17–18) oder auch den „Thau" (398,23), der fällt, dies aber mit der Differenz, dass er nun, im Vergleich[203], seine Fragen sehr viel deutlicher auf den Punkt bringt:

wer soll der Erde Herr sein? Wer will sagen: *so* sollt ihr laufen, ihr grossen und kleinen Ströme! (398,27–28)

Diese Fragen sind weitgehend rhetorisch gemeint, denn sie sind gerichtet an die ‚höheren Menschen', deren ‚Genesung' Z nun für geglückt hält.[204]

Auch das nachfolgende Siegel „*Die Welt ist tief!*" (399,17–18) bleibt diesem Vorstellungskomplex verhaftet, wie der auch hier wiederholte Refrain[205] zeigt: „Wer soll der Erde Herr sein?" (399,5) Als Erläuterung im Blick auf die Vokabel ‚tief' wird man dabei wohl den Zusatz gelten lassen dürfen: „Ihr höheren Menschen, erlöst doch die Gräber, weckt die Leichname auf!" (399,13–14) Folgerichtig scheint der im nächsten – insgesamt sechsten – Teil dargebotene Vers: „Es quillt heimlich ein Geruch herauf, – / – ein Duft und Geruch der Ewigkeit [...] / – von trunkenem Mitternachts-Sterbeglücke, welches singt: die Welt ist tief *und tiefer als der Tag gedacht!*" (400,4–9) Insoweit mag auch die Funktion dieses Siegel geklärt sein, wenngleich nicht übersehen werden darf: beglaubigt wird hiermit ein durchaus beklemmender Denkansatz, der charakterisiert ist durch ein Zugleich von nach-christlichem Wiederauferstehungsphantasma und Neuschöpfungsmythos in einer Ordnung der Dinge ohne Gott und mithin ohne das fünfte der Zehn Gebote, das ‚Tötungsverbot' – und in der folgender Satz durchaus als Drohung verstanden werden kann:

Die Reinsten sollen der Erde Herrn sein, die Unerkanntesten, Stärksten, die Mitternachts-Seelen, die heller und tiefer sind als jeder Tag. (400,15–17)

Denn ‚Tag' ist hier – als „dummer, tölpischer, dumpfer Tag" (400,13–14) – eine Metapher für „Welt" (400,21), besser wohl für Weltlichkeit und insoweit für das Bemühen, die Sinnentleertheit weltlichen Schaffens auszugleichen durch den Griff „nach irgendeinem Gotte", auch: „nach mir" (400,24–25), eine Gefahr, der Z auszuweichen sucht mittels seiner Versicherung: „doch bin ich kein Gott, keine Gottes-Hölle: *tief ist ihr Weh.*" (400,28–29) So endet der siebte Teil, ohne dass klar wäre, wofür dieses Siegel steht, geschweige denn: worauf sich die Vokabel ‚ihr' bezieht: auf ‚Gottes-Hölle'? Oder auf ‚Welt'? Und selbst wenn Letzteres gemeint sein sollte, bleibt der Umstand, dass die Vorstellung, das ‚Weh' der ‚Welt' könne durch jene – sich als Gott-Ersatz darbietenden – ‚Reinsten', die zukünftigen ‚Herren der Erde', kompensiert werden, durchaus beklemmend. Das gilt zumindest für jene, die sich nicht den ‚Mitternachts-Seelen' zurechnen dürfen.

„Gottes Weh ist tiefer, du wunderliche Welt! Greife nach Gottes Weh, nicht nach mir! Was bin ich! Eine trunkene süsse Leier" (401,2–4) – so beginnt der achte Teil, der damit endet, dass Z, nachdem er sein Leid als ‚süsse Leier' ebenso beklagt hat wie den Umstand, dass er eine „Mitternachts-Leier" sei, „die Niemand versteht" (401,5–6), gleichwohl bekennt:

Lust nämlich, wenn schon Weh tief ist: *Lust ist tiefer noch als Herzeleid.* (401,18–19)

‚Lust' ist hier weltlich konnotiert und wird auch der „Mitternacht" zugesprochen, „wie sie lacht, wie sie röchelt und keucht", „diese trunkene Dichterin", die ihr „Weh" zurück „käut" „im Traume", „und mehr noch ihre

Lust" (401,12–18) – was uns insgesamt offenbar sagen soll: Z, der ‚trunkene Dichter', nimmt lieber das (weltliche) ‚Weh' dieser ‚Lust' auf sich als ‚Gottes Weh' angesichts der ‚wunderlichen Welt'.

Der neunte Teil greift die entscheidende, eben schon angesprochene Frage auf, festgemacht an einem zentralen biblischen Mythos, den Z auch in III/14 sowie IV/10 bemüht hat: es geht um den „Weinstock" (401,21), der gar nicht schlimm findet, dass er beschnitten wird, denn: „Was vollkommen ward, alles Reife – will sterben!" (401,24) Auch die Umkehrung scheint ihm angebracht: „alles Unreife will leben" – was er allerdings kommentiert mit „wehe!" (401,25–26) Damit steht der Spruch aus *Das andere Tanzlied* schon vor der Tür, um dessen Besiegelung es hier geht: „*Weh spricht: ‚vergeh!'*" (402,8) Dass Z dem ‚Weinstock' so rasch zustimmt – diese Wortwahl ist wohl erlaubt, auch wenn der Text selbst dies nicht zwingend macht –, liegt an dem Fall, den Z zur verhandelten Sache vorträgt: „Alles, was leidet, will leben, dass es reif werde und lustig und sehnsüchtig, – / sehnsüchtig nach Fernerem, Höherem, Hellerem. ‚Ich will Erben, so spricht Alles, was leidet, ich will Kinder, ich will nicht *mich*'" (401,27–29–402,1–2). Denn dies findet nicht Z's Zustimmung, insofern gelte:

Lust aber will nicht Erben, nicht Kinder, – Lust will sich selber, will Ewigkeit, will Wiederkunft, will Alles-sich-ewig-gleich. (402,3–5)

Damit ist er also endlich heraus, der Wiederkunftsgedanke in seiner poetischen Form mit der durchaus ganz unpoetischen Pointe, dass das Neue dem Bestehenden immer wieder neu abgenötigt werden muss und kein Weg aus dieser Zwickmühle führt zu einem künftigen Heil in Gestalt derer, die vollenden, was man selbst versäumt hat.

Der Rest von *Das Nachtwandler-Lied* gehorcht diesem Motiv. So wird im zehnten Teil, der mit dem Vers: „*Denn alle Lust will – Ewigkeit!* (402,28–29) besiegelt wird und in dem es in Anknüpfung an IV/10 kurz und bündig heißt: „Mitternacht ist auch Mittag" (402,15), nachgetragen:

Alles von neuem, Alles ewig, Alles verkettet, verfädelt, verliebt, oh, *so liebtet* ihr die Welt, – / – ihr Ewigen, liebt sie ewig und allezeit: und auch zum Weh sprecht ihr: vergeh, aber komm zurück! (402,25–28)

Das Letztere mag psychologisch klug beobachtet sein – Fakt ist, dass die Ausflucht in Richtung der Perspektive einer zukünftig besseren Welt zumindest im Modus herkömmlichen, fortschrittsoptimistischen Denken nun endgültig verbaut ist, wie insbesondere der elfte Teil deutlich macht. Denn nach dem im Vergleich zu *Das andere Tanzlied* nun deutlich erweiterten Kanon: „Lust will *aller* Dinge Ewigkeit, *will tiefe, tiefe Ewigkeit!*" (285, 21–286,16) ist ausgeschlossen, dass die ominöse Macht namens ‚Lust' nicht auch dies will: „Liebe" und „Hass" (403,8), „Wehe", „Hölle", „Schmach", „Krüppel", „*Welt*" (403,11–12) – und selbst nach euch „höheren Menschen", so Z, „sehnt sie sich", „nach eurem Werth, ihr Missrathenen" (403, 14–15), ja mehr als dies und gleichsam in einer letzten Aufwallung gesprochen:

Nach Missrathenem sehnt sich alle ewige Lust. (403,15–16)

Wenigstens dies also wird man als Trost festhalten dürfen: Der Wiederkunftsgedanke, in dieser Radikalität gedacht und so sehr auf eine ihn angeblich treibende Macht – eben jene ‚Lust' – zurückgeführt, ist unvereinbar mit einer irgendwie zum ‚Guten' oder ‚Besseren' orientierenden Erziehungs- oder gar Züchtungspolitik.

Wie weit aber ist es von dieser beruhigenden Vorstellung hin zu der anderen, die schon im Motiv der amor fati aus *Die Fröhliche Wissenschaft* angelegt zu sein scheint und die man wohl mit dem Wort ‚Fatalismus' belegen muss? Sowie: Ist es eigentlich vorstellbar, das Z am Ende des Werkes, das seinen Namen trägt und in dem er sich mit einer Schärfe sondergleichen an der Kritik des Bestehenden abmüht, die Lehre vertritt, das nichts zu ändern sei? Man wird dies wohl verneinen müssen und folglich die Frage nach dem Sinn und Zweck des Wiederkunftsgedanken noch etwas genauer zu verfolgen haben. Die hier in Rede stehende Textvorlage bietet dafür allerdings keine zureichende Basis. So muss denn auch der Zweck des Kommentars an dieser Stelle als erfüllt gelten, zumal der noch folgende zwölfte Teil von IV/19 im Wesentlichen nur eine Zusammenstellung der bisher erörterten neun Siegel liefert in an den dritten Teil von III/15 angelehnter Gestalt.

IV/20 Das Zeichen

Eröffnet wird diese letzte Rede Z's mit einer Art Paraphrase der Eröffnungssätze von *Zarathustra's Vorrede*, wobei es die Varianten in sich haben. Denn statt „eines Morgens stand er mit der Morgenröthe auf, trat vor die Sonne und sprach zu ihr" (11,7–8) heißt es nun: „Des Morgens aber nach dieser Nacht" kam Z „heraus aus seiner Höhle, glühend und stark, wie eine Morgensonne, die aus dunklen Bergen kommt" (405,2–5). Der folgende Satz, beginnend mit: „„Du grosses Gestirn" (405,6) ist zwar weitgehend unverändert und wird von Z ja auch als Zitat (aus I/1) ausgewiesen. Inhaltlich gesehen will aber nicht recht einleuchten, dass sich Z, hier nun seinerseits und als Indiz für seine Entwicklung seit Za I als (Morgen-)Sonne auftretend, sich in dieser Eigenschaft an die Sonne wendet – es sei denn, er fordere sie in ihrer seit Platon fraglosen Bedeutung als Wissens- und Wahrheitsquelle heraus. Eben dies scheint – wie der Schluss zeigt – der Fall zu sein.

Bevor dies verdeutlicht werden kann, muss der Rest der Rede genauestens bedacht werden. Zunächst scheint es, dass Antwort gegeben werden soll auf zumindest eines der offenen Probleme aus IV/19. Denn der Satz: „Lust aber will nicht Erben, nicht Kinder" (402,3–5) kontrastiert deutlich dem nun im Zentrum stehenden Jubel Z's: *„meine Kinder sind nahe, meine Kinder"* (406,32–33). Z spricht dies allerdings nicht etwa im Blick auf die ‚höheren Menschen', mit denen er, am Morgen nach dem ‚Eselsfest', keineswegs mehr so zufrieden ist, wie es am Ende von IV/18 schien. Im Gegenteil: „sie schlafen noch, diese höheren Menschen, während *ich* wach bin" (405,12–13), lautet der Tadel nun, sowie: „das *gehorchende* Ohr fehlt in ihren Gliedern." (405,20)[206] Der Befund folgt sogleich: *„das* sind nicht meine rechten Gefährten! Nicht auf sie warte ich hier in meinen Bergen." (405,12–15)

Als letzter Beleg dafür, dass er dies richtig sieht, gilt ihm ein ‚Löwe'[207], der plötzlich ihm „zu Füssen" liegt, „einem Hunde gleich, der seinen alten Herrn wiederfindet." (406,26–28)[208] Denn als dieser ‚Löwe' der ‚höheren Menschen' gewahr wird, springt er „wild brüllend" auf sie zu; „die höheren Menschen aber, als sie ihn brüllen hörten, schrien alle auf, wie mit Einem Munde, und flohen zurück und waren im Nu verschwunden." (407,20–23) Alles also scheint umsonst gewesen zu sein, alles wirkt wie auf Anfang gestellt. Dies registriert auch Z, insofern ihn auf einmal die Erinnerung überkommt:

Hier ist ja der Stein [...], auf dem sass ich gestern am Morgen; und hier trat der Wahrsager zu mir, und hier hörte ich zuerst den Schrei, den ich eben hörte, den grossen Nothschrei. (407,30–34)

Es liegt auf der Hand, dass hier der Wiederkunftsgedanke umschrieben wird, allerdings in seiner erschreckenden, deprimierenden Variante aus III/13: alles kehrt wieder, auch „der Mensch, dess du müde bist" (274,18). Und ‚müde' ist Z nun wahrlich auch der ‚höheren Menschen', ebenso wie der Folgerung, dass nun die langwierige und letztlich vergebliche Suche nach dem Urheber eben jenes ‚Notschreis' wieder anheben müsse – und mithin auch Za V nichts weiter geworden wäre als eine komplette Kopie von Za IV.

Wenn dies allerdings – wie mancher Nietzscheinterpret meint (vgl. Niemeyer 1998: 370 ff.) – schon der ganze Sinn des Wiederkunftsgedankens wäre, müsste man um ihn in der Tat nicht viel Aufhebens machen. Die Details der hier thematischen Szene weisen denn auch in eine etwas andere Richtung. Vom ‚Löwen' beispielsweise war bisher im gesamten Za nicht die Rede, jedenfalls nicht mit den hier zentralen Konnotationen[209]: Angekündigt wird er von „unzähligen Vögeln" (406,8), die im weiteren Fortgang als „Tauben" (406,28) erkennbar werden und die Z umschwirren „einer Wolke von Pfeilen gleich, welche sich über einen neuen Feind ausschüttet. Aber siehe, hier war es eine Wolke der Liebe, und über einen neuen Freund."

(406,12–14) Damit ist der Anschluss hergestellt an das Szenario aus III/12: Z wurde dem Leser hier vorgeführt als jemand, der sich beim Warten auf sein „Zeichen" – „nämlich der lachende Löwe mit dem Taubenschwarme" (246,9–10), ein überaus vielschichtiges Symbol[210], – die Zeit vertrieb, indem er sich seine eigene Geschichte erzählte. Diesmal ist keine Zeit für derlei Bilanz, denn das ersehnte „*Zeichen*", das „sein Herz verwandelte" (406, 23–24), ist da. Deswegen eben auch der schon eingangs zitierte und hier ins Zentrum gerückte Ausruf:

meine Kinder sind nahe, meine Kinder (406,32–33)

Der Ausdruck ‚Kind' ist, wie es in der Logik der Begriffsverwendung aus I/2 nahe liegt, zumindest auch metaphorisch gemeint. Der Kreis als Symbol der ewigen Wiederkunft des Gleichen ist durchbrochen, es kann, so will es zunächst scheinen, neu nachgedacht werden über das Aufkommen einer ganz neuen Generation, deren (Vor-)Zeichen jener ‚Löwe' ist.

Was diesen in seiner Besonderheit auszeichnet, wird rasch klar. Denn es geht nicht allein um jenen von Z resp. Nietzsche oft genug beschworenen sprichwörtlichen (Löwen-)Mut. Es geht vielmehr darum, dass dieser ‚Löwe', anders als selbst Z, sich nicht täuschen lässt von den ‚höheren Menschen' – und dass er, quasi seinem Naturell nach, erst gar nicht der Gefahr unterliegt, jemals, so wie diese, einen Notschrei auszustoßen, um damit alles weitere, also die ewige Wiederkehr der Suche nach der Quelle des Schreis, freizusetzen. Das Wort ‚Naturell' freilich bedarf der Übersetzung – und Z leistet sie, indem er bei seinem Nachdenken darüber, dass nun alles wiederkehre, sich auch dessen erinnert, was „gestern am Morgen jener alte Wahrsager mir wahrsagte" (408,2), nämlich:

ich komme, dass ich dich zu deiner letzten Sünde verführe. (408,4–5)

Z rätselt zunächst noch über den Sinn dieses Satzes. Eine denkbare Deutung könnte ausgehen von dem zur Rede IV/2 Gesagten: Z's ‚letzte Sünde' laute, so der ‚Wahrsager', „*Mitleiden!*" (301,26), was wir, im Zusammenhang mit dessen Mahnruf: „es ist höchste Zeit!" (301,34) dahingehend auslegten, dass Z durch den ‚Wahrsager' aufgefordert werde, den Wiederkunftsgedanken zu lehren, und dies gleichsam aus ‚Mitleid' mit den Menschen, die dieser Art von nach-christlicher und insoweit ‚sündhafter' ‚Erlösung' bedürfen. Ist das aber auch die Deutung, die wir für IV/20 anwenden dürfen?

Offenbar vom Ansatz her schon, wenn auch mit einer bedeutsamen Variation, die sich aus dem Umstand ergibt, dass der ‚Löwe' die ‚höheren Menschen' inzwischen, im erkennbaren Einvernehmen mit Z, vertrieben hat und diese insoweit nicht mehr als Gegenstand von Z's Sendungsbewusstsein in Betracht kommen – aber eben auch nicht mehr als Wesen, an deren ewiger Wiederkehr Z interessiert wäre. Insoweit liegt es nahe, dass er nicht bereit ist, der Aufforderung des ‚Wahrsagers' – der ja seinerseits als Teil dieser ‚höheren Menschen' zu gelten hat und insoweit nur noch qua Erinnerung Einfluss auszuüben vermag – Folge zu leisten. Eben dies ist die Pointe des entscheidenden Satzes:

> *Mitleiden! Das Mitleiden mit den höheren Menschen!* schrie er auf und sein Antlitz verwandelte sich in Erz. Wohlan! *Das* – hatte seine Zeit! (408,12–14)

Damit ist der Wiederkunftsgedanke – und das zu sehen ist zentral – zumindest in dem ihm üblicherweise unterstellten Bedeutungsgehalt schlicht und einfach von Z selbst dementiert worden. Was ihn – besser gesagt: Nietzsche – in Zukunft einzig interessieren wird, ist nicht mehr der ‚höhere Mensch' und dessen Schicksal resp. Wiederkehr, sondern einzig und allein der Übermensch resp. dessen Vorbote: der ‚Löwe'. Deswegen auch lauten die vorletzten Zeilen dieser Rede und somit die des gesamten Za IV:

> Wohlan! Der Löwe kam, meine Kinder sind nahe, Zarathustra ward reif, meine Stunde kam: – / Dies ist *mein* Morgen, *mein* Tag hebt an! *herauf nun, herauf, du grosser Mittag*! (408,17–20)

Man kann bis in die Feinheiten des Satzbaus hinein erkennen[211], welcher Paradigmenwechsel hier erfolgt: weg vom – immer noch auf Zyklizität von Zeit hinweisenden – Wiederkunftsgedanken hin zur Vorstellung wahrer Zeitlosigkeit und Vollkommenheit. Das hat eine Änderung in der Selbstauslegung Z's zur Folge: Z, der Erzieher – als welchen wir ihn eigentlich den gesamten Za über in Tätigkeit gesehen haben –, hört auf zu existieren, dies jedenfalls in Sachen des auf intentionales Handeln bezogenen Gehalts des Erziehungsbegriffs. Stattdessen greift ein eher auf Selbsterziehung abstellendes Verständnis, wie es bereits in I/2 angelegt war. Denn genau besehen ist in dem eben angeführten Zitat jene hier schon Grund gelegte Steigerung vom ‚Löwen' hin zum ‚Kind' erkennbar, mitsamt der bereits in der Erläuterung zu I/2 angedeuteten Folgerung, dass der ‚Löwe' als Vorschein des eigentlichen Übermenschen (resp. ‚Kindes') gelesen werden muss und inklusive der insbesondere von Alexander Nehamas (2000: 188) betonten Folgerung, dass es Z selbst ist, der sich hier als ‚Kind' kommen sieht.[212] Daraus wiederum folgt, dass Z in *Das Zeichen* eine Lektion unterbreitet, die sich nur bei äußerst vordergründiger Betrachtung – so wie bei Timo Hoyer (2002) – unter der Vokabel des ‚Scheiterns' einordnen lässt. Angemessener ist das Urteil, dass nun erst, nach Erproben aller anderen Optionen, als alternativlos behauptet werden kann, was zu Beginn nur eine Setzung war und was Z in I/7 mit den Worten ausdrückte: „Ich bin ein Geländer am Strome: fasse mich, wer mich fassen kann!" (47,17–18)

Einer allerletzten Erläuterung bedarf noch die Vokabel ‚grosser Mittag'. Sie nämlich weist den Leser unmittelbar hin auf IV/10, so dass die Folgerung nahe liegt: Diesmal kann die Schöpferfreude Z's ungestört wirken,

Das Zeichen

diesmal ist kein Zweifel mehr möglich, diesmal ist wirklich „eines siebenten Tages Abend" (343,9), und: diesmal wäre auch der andere wichtige Satz aus IV/10 angebracht: „Still! Die Welt ist vollkommen." (343,28) Gewiss: Diese Zitate sind hier nicht zu registrieren. Dass sie aber im Raum stehen, verdeutlichen die Sätze, mit denen Za IV – und mithin das Gesamtwerk[213] – endet:

Also sprach Zarathustra und verliess seine Höhle, glühend und stark, wie eine Morgensonne, die aus dunklen Bergen kommt. (408,21–23)

Wie erinnerlich, handelt es sich hier um die Wiederholung des Anfangs dieser Rede – aber eben auch um eine Paraphrase des Anfangs von I/1. Der Clou der insoweit zweifach ins Zentrum gerückten Variante gründet darin, dass Z nun nicht mehr der ‚Sonne' und des ihr entlehnten „Überfluss[es]" (11,15) bedarf, sondern sich selbst, am Ende seiner erfolgreich absolvierten dritten Geistesverwandlung, als ‚Sonne' fingieren kann, „shining simply because of who he is." (Nehamas 2000: 189) Ob man der daran angeschlossenen Konsequenz[214] oder jener, die Werner Stegmaier zog[215], folgen muss, ist deswegen noch längst nicht ausgemacht. Denn vielleicht genügt es ja, sich vor Augen zu führen, dass es wichtig war, als Leser zumindest doch diese Lektion in Sachen einer ebenso anspruchsvollen wie mutigen Selbsterziehung hin zum Übermenschen an Z's Beispiel aus Nietzsches Hauptwerk entnommen zu haben.

Anmerkungen

[1] Die Zitate aus Za werden hier und im Folgenden mit Seiten- und Zeilenangabe nachgewiesen, jeweils auf Basis der KSA. Diese ist zwar nicht seiten-, wohl aber zeilenidentisch mit der KGW.

[2] Die Zitate aus anderen Werken Nietzsches werden hier und im Folgenden mit Band- und Seitenangabe nachgewiesen, und zwar in der Regel auf Basis der KSA oder, bei Briefen, der KSB.

[3] Empirisch gesehen ist allenfalls der Fakt gesichert, dass sich am Ende des Ersten Weltkrieges mehr als eine Viertelmillion des Za in Umlauf befanden (Schaberg 2002: 262f.), was allerdings über eine tatsächlich stattgehabte Lektüre durch deutsche Weltkriegssoldaten wenig aussagt (vgl. Niemeyer 2002: 85ff.).

[4] Berühmt-berüchtigt ist der Bannspruch Thomas Manns: „Dieser gesicht- und gestaltlose Unhold und Flügelmann Zarathustra mit der Rosenkrone des Lachens auf dem unkenntlichen Haupt, seinem ‚Werdet hart!' und seinen Tänzerbeinen ist keine Schöpfung, er ist Rhetorik, erregter Wortwitz, gequälte Stimme und zweifelhafte Prophetie, ein Schemen von zweifelhafter Grandezza, oft rührend und meist peinlich – eine an der Grenze des Lächerlichen schwankende Unfigur." (1947: 15)

[5] In dieser Frage tat sich vor allem der Leipziger Nervenarzt Paul J. Möbius (1909) hervor.

[6] So gab Rüdiger Safranski im Herbst 2000 zu Protokoll: „Immer der Prophetenton, immer zu viel Pedal, ein langweiliges Dauerpathos, das hält kein Mensch aus. Das ist nur für Übermenschen." (zit. n. Bloch 2001: 96)

[7] Dies zeigen die wichtigsten der bisher vorliegenden Kommentare zum Za (Naumann 1899/1900/1901; Weichelt 1922; Lampert 1986; Shapiro 1989; Whitlock 1990; Duhamel 1991; Rosen 1995) sowie zu einzelnen Teilen (vgl. etwa Pieper 1990; Honneth 2004; Santaniello 2005). Ausdrücklich hervorgehoben seien auch die zentralen systematisierenden Erörterungen (vgl. etwa Aldermann 1977; Higgins 1987; White 1990; Richards 1990; Fleischer 1993; Thumfart 1995, Schmidt/Spreckelsen 1995), zumal jene aus literaturwissenschaftlicher Perspektive (vgl. etwa Bennholdt-Thomsen 1974; Gasser 1993; Braun 1998; Zittel 2000), aber auch Beiträge aus psychiatrischer bzw. biographischer Sicht (vgl. etwa Kesselring 1954; Köhler 1989: 369ff.), ebenso wie zwei neuere, einschlägige Reader (Gerhardt 2000; Villwock 2001).

[8] Hierzu rechnen nicht Z's Reden *Von den Freuden- und Leidenschaften*, *Von den Fliegen des Marktes*, *Von der Keuschheit*, *Vom Freunde*, *Vom Wege des Schaffenden*, *Vom Biss der Natter, Von Kind und Ehe* (aus *Za I*), *Von den Erhabenen*, *Von der unbefleckten Erkenntnis*, *Von den Gelehrten*, *Von grossen Ereignissen*, *Der Wahrsager* (aus *Za II*), *Vor Sonnen-Aufgang*, *Auf dem Oelberge*, *Vom Vorübergehen*, *Von den Abtrünnigen*, *Die Heimkehr* (aus *Za III*) sowie *Der Blutegel* (aus *Za IV*).

[9] Hingewiesen sei hier auf den Kommentar in Band 14 der KSA und den Nachbericht in Band VI 4 der KGW. Nachgewiesen werden hier Textvarianten sowie

zentrale Quellen unter Einschluss von Bibelstellen (vgl. hierzu auch Hayoun 1997; Salaquarda 2000).

[10] Stil und Wortwahl im Za haben zu zahlreichen Studien Anlass gegeben (vgl. u. a. Masini 1973; Völker 1978: 65–84; Naumann 1985; Finke-Lecaudey 1992; Braun 1998: 248ff.; v. Seggern 2002).

[11] Za I wurde zwischen dem 21. und 31. Januar 1883 in Rapallo niedergeschrieben und erschien im August 1883 mit einer Auflage von (so gut wie unverkäuflichen) 1000 Stück (vgl. Schaberg 2002; Bishop/Stephenson 2005: 197ff.).

[12] Der altiranische Religionsstifter Zoroaster, auf den Nietzsche offenbar aufmerksam wurde durch das Studium der Heraklitischen Überlieferung sowie infolge der zeitgenössischen Orientbegeisterung, lebte um 600 v.Chr. (vgl. Mehregan 1979). Die Bedeutung der historischen Figur für die Kunstfigur wird in der neueren Nietzscheforschung eher als gering veranschlagt (vgl. Aiken 2003, 2006; Westerdale 2006).

[13] Nietzsche erklärte diese Vorrede, für die inzwischen ein extensiver Wort-für-Wort-Kommentar vorliegt (vgl. Honneth 2004), im August 1886 als gültig „für das ganze Werk". (KSB 7: 224)

[14] Zu beachten sind auch die Parallelen zur zoroastrischen Überlieferung (vgl. Mehregan 1979: 294). Und: Nietzsche stand zu dieser Zeit (1883) an der Schwelle zum vierzigsten Lebensjahr, er hatte als Dreißigjähriger (1874) begonnen, seine ihm anerzogene zweite geistige Heimat (Wagner) zu verlassen – und er ging seit einigen Jahren zumindest im Sommer in das Gebirge, wo er seinen Geist und seine Einsamkeit genoss.

[15] Diese beiden Tiere begleiten Z, in der Regel einvernehmlich um ihn besorgt, durch alle vier Teile des Za. Näheres zu ihrer Funktion und Bedeutung unter Bezug auf (antike) Mythen und ikonographische Darstellungen findet sich andernorts (vgl. etwa Thatcher 1977; Laiseca 2001: 230; Pappas 2004).

[16] Dieses bildungsphilosophische Motiv – zentriert um die Vokabel ‚Honig' als biblisches Symbol für die Weisheit Gottes (vgl. Laiseca 2001: 229) – wird auch im späteren Verlauf immer wieder bemüht, etwa in den Abschnitten II/22, IV/2 sowie IV/8.

[17] Wortwörtlich böte sich an: „Es beginnt die Tragödie …" Dem Sinn nach trifft aber wohl eher die Formulierung den Kern, die Nietzsche 1886 erprobte: „man sei auf seiner Hut! Irgend etwas ausbündig Schlimmes und Boshaftes kündigt sich an: incipit *parodia*, es ist kein Zweifel …" (KSA 3: 346). Als Nietzsche dies schrieb, hatte er wohl noch im Ohr, dass der Beginn von I/1 tatsächlich nach einer (schlimmen und boshaften) Parodie klingt.

[18] Mit diesen Worten endet die Vorrede insgesamt, was – da die folgenden Reden Z's in der Regel mit der Formel „Also sprach Zarathustra" besiegelt werden – deren Sonderstellung unterstreicht.

[19] Als Generalprobe zu dieser Szene hat Aph. 125 namens *Der tolle Mensch* aus dem Dritten Buch von *Die Fröhliche Wissenschaft* zu gelten. Allerdings redet Z zu einem Heiligen und nicht, wie noch der ‚tolle Mensch', zu Marktbesuchern, die ohnehin nicht an Gott glauben.

[20] Über Nachlassvarianten informiert Marie-Luise Haase (1984).

[21] In der Nietzscheforschung wird mit diesem Wort jene Schaffensphase bezeichnet, die offiziell 1876 mit Nietzsches Abwendung von Wagner endet.

Anmerkungen

[22] Zu denken ist an die berühmt gewordene Formulierung aus Nietzsches Erstling: „denn nur als *aesthetisches Phänomen* ist das Dasein und die Welt ewig *gerechtfertigt*" (KSA 1: 47).

[23] Diese von Nietzsche hochkomplex angelegte und auf an sich inkompatible Literaturgattungen hinweisende Figur (vgl. Braun 1998: 290ff.) wird in dieser Szene mit Stange hoch über das Volk gestellt, „so dass dieses gleichsam auf ein Kreuz weit über ihm blickt." (ebd.: 295)

[24] Diese Vokabel spielt auf die in der griechischen Mythologie dem Adler nachgesagte Fähigkeit an, in die Sonne zu schauen, ohne zu blinzeln; sie soll also zum Ausdruck bringen, dass dem ‚letzten Menschen' der Anblick des kommenden Übermenschen unerträglich sei (vgl. Laiseca 2001: 230).

[25] Hingewiesen sei auf Annemarie Piepers (1990: 23ff.) aufwändige Interpretation.

[26] Angespielt wird hier auf den Tanz um das goldene Kalb (vgl. Gasser 1993: 44).

[27] Zu denken ist an: „Wer nicht zur Tür hineingeht in den Schafstall, sondern steigt anderswo hinein, der ist ein Dieb und ein Mörder." (Joh 10,1)

[28] Entlehnt hat sie Nietzsche offenbar dem Werk *The Revolt of Islam* (1817) des Byron-Freundes P. B. Shelley (vgl. Janz 1978: 228).

[29] Gemeint ist jener Passus, demzufolge der Teufel Jesus auf einen „sehr hohen Berg" geführt, ihm „alle Reiche der Welt und ihre Herrlichkeit" gezeigt und ihm gesagt habe: „Das alles will ich dir geben, so du niederfällst und mich anbetest." (Mt 4,8,9)

[30] Etwa in *Fatum und Geschichte* (vgl. Niemeyer 1998: 348ff.).

[31] In wortwörtlicher Übersetzung haben wir es mit der Stadt Kammasuddamam zu tun, die Buddha im Verlauf seiner Wanderungen besuchte (vgl. KGW VI 4: 868). In Betracht zu ziehen ist des Weiteren eine Anspielung auf das griechische Theben, Geburtsstätte des Dionysos sowie Schauplatz der Ödipus-Sage (vgl. Allison 2001: 128ff.; Stark 2004: 92ff.).

[32] Freud lobte, schon Nietzsche habe die „Präexistenz des Schuldgefühls und die Verwendung der Tat zur Rationalisierung desselben" (1915: 391) anerkannt.

[33] Schon 1882 hatte Nietzsche davon gesprochen, „dass ein männlicheres, ein kriegerisches Zeitalter anhebt […] – jenes Zeitalter, das den Heroismus in die Erkenntniss trägt und *Kriege führt* um der Gedanken und ihrer Folgen willen." (KSA 3: 526).

[34] Hierzu gehört etwa die Frage: „Ist heute schon genug Stolz, Wagniss, Tapferkeit, Selbstgewissheit, Wille des Geistes, Wille zur Verantwortlichkeit, *Freiheit des Willens* vorhanden, dass wirklich nunmehr auf Erden ‚der Philosoph' – *möglich* ist?" (KSA 5: 361)

[35] Dabei soll uns nicht irritieren, dass offenbar auch dem Konstruktivismus das Wort geredet wird in Gestalt etwa des Satzes: „‚Manche Seele wird man nie entdecken, es sei denn, dass man sie zuerst erfindet.'" (51,23–24) Denn wie die Wortwahl schon verrät, handelt es sich hierbei lediglich um eine erkenntnistechnische Konzession im Blick auf die – fallweise gesondert in Betracht zu ziehende – Relevanz von Beobachtungstheorien. Es geht aber nicht etwa um eine erkenntnistheoretische Position nach Art der Postmoderne.

³⁶ Als weitere Fortführung ist hier der Aphorismus *Wir Unverständlichen* aus dem 1887 erschienenen Fünften Buch von *Die Fröhliche Wissenschaft* (KSA 3: 622f.) in Betracht zu ziehen.

³⁷ Das Gespräch Jesu mit dem reichen Jüngling (Mt 19,16ff.), das von Colli/Montinari zusätzlich in Betracht gezogen wird (KSA 14: 288), ist eher von randständiger Bedeutung. Gleiches gilt für die von Stanley Rosen (1995: 99) freigelegte Spur in Richtung des Szenario aus Platons Dialog *Phaidros*.

³⁸ Gemeint ist hiermit die unglückliche, weil einseitige und von Mutter wie Schwester mit Argwohn und Intrigen torpedierte Verliebtheit Nietzsches in Lou v. Salomé vom Frühjahr und Sommer 1882 (vgl. Niemeyer 1998: 40ff.), über die man an sich schweigen könnte, wenn Nietzsche im Za nicht immer wieder von ihr in verklausulierter Form reden würde.

³⁹ Gemeint ist hiermit vor allem die Kriegsausgabe des Za mit von Nietzsches Schwester ausgewählten „Nietzsche-Worte[n] für Krieg und Frieden" sowie die von ihr mit Kriegsausbruch verstärkt publizierte Mär vom Ursprung des Gedankens vom ‚Willen zur Macht' aus Nietzsches Kriegserlebnis von 1870/71 (vgl. Niemeyer 2002: 93ff.)

⁴⁰ Zu denken ist an das von Wagner für *Die Kunst und die Revolution* geltend gemachte Motto („wo jetzt der Staatsweise und Philosoph zu Ende ist, da fängt wieder der Künstler an"), aber auch an die in *Oper und Drama* entfaltete Theorie „der ‚Vernichtung des Staates' zugunsten der ‚reinen Menschenliebe'" (Borchmeyer/Salaquarda 1994: 1359).

⁴¹ Zu denken ist an den Schluss des *Rheingold*, wobei die Differenzen zu beachten sind: „Die Götter verkörpern hier […] die […] zum Untergang verurteilte Vertragswelt des Staates […]. Zarathustra hingegen zeichnet eine neue Regenbogenbrücke an den Horizont" – und eröffnet so den Ausblick auf eine Welt, in der es „die ‚Verträge' nicht mehr geben [wird], in die sich Wotan verstrickt hat" (Borchmeyer/Salaquarda 1994: 1359).

⁴² Gemeint ist vor allem der Satz: „,Zarathustra' ist die ächte unverderbte Form des Namens Zoroaster, also ein *persisches* Wort. Von den Persern wird auf p. 81 Mitte geredet." (KSB 6: 378)

⁴³ „Du sollst deinen Vater und deine Mutter ehren, auf daß du lange lebest in dem Lande, das dir der Herr, dein Gott, gibt." (Ex 20,12)

⁴⁴ Nicht minder beredt ist das gleichfalls auf Za bezogene Notat: „Ein Buch zum Denken, nichts weiter: es gehört Denen, welchen Denken *Vergnügen* macht, nichts weiter […]", ganz zu schweigen von der Fortführung: „Daß es deutsch geschrieben ist, ist zum Mindesten unzeitgemäß: ich wünschte es französisch geschrieben zu haben, damit es nicht als Befürwortung irgend welcher reichsdeutschen Aspirationen erscheint." (KSA 12: 450)

⁴⁵ Gemeint ist hier etwa der Satz: „Du sollst deinen Nächsten lieben wie dich selbst; denn ich bin der Herr." (Lev 19,18)

⁴⁶ Erwähnt sei hier nur der am 24. November 1882, also zwei Monate vor Niederschrift von I/17 verfasste Brief Nietzsches an Lou v. Salomé, in dem es heißt: „Ich fühle jede Regung der *höheren* Seele in Ihnen, ich liebe nichts an Ihnen als diese Regungen." (KSB 6: 281)

⁴⁷ Förster-Nietzsche (1904: 560) behauptete, der Spruch sei zufälliges Produkt

einer im Frühjahr 1882 in Naumburg von ihr für ihren Bruder veranstalteten Lesung aus Turgenjews Novelle *Erste Liebe* (die eine entsprechend zu lesende Peitschenszene zum Inhalt hat).

48 Rüdiger Braun (1998: 229f.) vermutet hier eine Anspielung auf einen sarkastischen Ratschlag für Anti-Feministen, ausgesprochen von der Frauenrechtlerin Mary Wollstonecraft im Jahre 1792.

49 Dieses Foto wurde möglicherweise angeregt durch eine auf vergleichbare Liebespein anspielende Darstellung aus dem 14. Jahrhundert, in welcher das Baseler Rée-Idol Aristoteles eine wenig rühmliche Rolle spielt – nicht zufällig übrigens, wie David B. Allison (2001: 155ff.) im Zuge seiner amüsanten Rekonstruktion mutmaßt.

50 Des Weiteren ist eine Passage aus Hölderlins Trauerspiel *Der Tod des Empedokles* (1797–1800) in Betracht zu ziehen (vgl. Vivarelli 1989: 530), wie ohnehin Hölderlin als wichtige Quelle auch schon für den jungen Nietzsche zu gelten hat.

51 Diese kulminiert in der Feststellung Nietzsches nach Wagners Tod, dieser habe es nicht verstanden, „zur rechten Zeit zu sterben." (KSB 6: 335) Einzubeziehen wäre des Weiteren Nietzsches Krankengeschichte und beispielsweise der Umstand, dass er 1879 unter dem Einfluss des gesundheitlich bedingten Niedergangs seiner Lebensfreude gegen die ‚Überflüssigen' zu Felde zog und sich gegen das Fortpflanzungsrecht von „Unzufriedenen, Schwarzgalligen und Murrköpfen" (KSA 2: 496) verwahrte.

52 „Gleichnisse sind alle Namen von Gut und Böse: sie sprechen nicht aus, sie winken nur. Ein Thor, welcher von ihnen Wissen will!" (98,32–35) Das klingt ein wenig nach Selbstimmunisierung und wird nicht klarer durch die gleich nachfolgende Aufforderung an seine „Brüder", „auf jede Stunde" zu achten, „wo euer Geist in Gleichnissen reden will", denn, so Z: „da ist der Ursprung eurer Tugend." (99,1–2)

53 Zu denken ist etwa an: „Ihr aber seid das auserwählte Geschlecht [...]" (1 Petr 2,9).

54 Walter Kaufmann (1982: 458f.) vermutet hier einen Einfluss der *Nikomachischen Ethik* des Aristoteles.

55 Man darf hier *Menschliches, Allzumenschliches* und seine Entstehungsgeschichte nicht außer Acht lassen: Konzipiert unter dem Einfluss des damaligen Nietzsche-Freundes Paul Rée, der im Hause Wagner allein seines jüdischen Glaubens wegen als ‚Feind' galt, erlebte Nietzsche den Erkenntnis fördernden Aspekt der – so verstandenen – ‚Feindesliebe'. Und er erlebte zugleich die Erkenntnis hemmenden Aspekte eines gleichsam falschen ‚Freundes' (eben Wagner) (vgl. Niemeyer 1998: 206ff.).

56 Zu denken ist an: „Da sprach Jesus zu seinen Jüngern: Will mir jemand nachfolgen, der verleugne sich selbst und nehme sein Kreuz auf sich und folge mir." (Mt 16,24)

57 Za II wurde in den ersten zwei Juliwochen 1883 in Sils-Maria zu Papier gebracht und erschien im September 1883. Der Verkauf verlief ähnlich schleppend wie im Fall von Za I.

58 Angespielt wird hiermit auf: „Da aber die Leute schliefen, kam sein Feind und säte Unkraut zwischen den Weizen und ging davon." (Mt 13,24)

⁵⁹ Es handelt sich um einen Topos der klassischen griechischen Dichtung, den Wilhelm Heinse in seinem Künstlerroman *Ardinghello und die glückseligen Inseln* (1787) aufnahm (vgl. Montinari 1988: 485; Zittel 2000: 47).

⁶⁰ Aufschlussreich für eine genauere Umschreibung des Topos ‚glückselige Inseln' ist ein Brief Nietzsches vom August 1883 aus Sils-Maria an seinen damals als Za-I-Korrektor tätigen Intimus Heinrich Köselitz in Venedig (vgl. KSB 6: 418). Nietzsche erläutert hier das eskapistische und nicht-entfremdende Bildungsprogramm, dem Z nachzugehen suche, und er ergänzt noch, dass Köselitz mit dem Ort Venedig ein solches für sich gefunden habe (so wie dies Nietzsche für sich annimmt im Blick auf Sils-Maria).

⁶¹ Dies gilt beispielsweise für das an sich harmlose Scherzwort: „Hinweg von Gott und Göttern lockte mich dieser Wille; was wäre denn zu schaffen, wenn Götter – da wären!" (111,24–25) Denn dahinter verbirgt sich die gar nicht mehr so harmlose Umkehrung: „*wenn* es Götter gäbe, wie hielte ich's aus, kein Gott zu sein! *Also* giebt es keine Götter. / Wohl zog ich diesen Schluss; nun aber zieht er mich. –" (110,11–12) Nietzsche hat den ersten Satzteil selbstredend nicht als ernsthaften Anti-Gottesbeweis zur Anerkennung gebracht wissen wollen, wohl aber, wie der zweite Satzteil andeutet, möglicherweise geahnt, dass er eines Tages – und hier spricht der ‚Wahnsinnsbrief' an Jacob Burckhardt vom Januar 1889 eine deutliche Sprache (vgl. Niemeyer 1998: 236) – versucht sein könne, die Schlussfolgerung durch die Formel zu ersetzen: ‚Also beschloss auch ich, Gott zu sein!'

⁶² Unklar bleibt – die Vokabel ‚Priester' spricht eher dagegen (vgl. Trillhaas 1983) –, ob hier wirklich die evangelische Konfession (und mithin die des Vaters) gemeint ist.

⁶³ Dafür spricht – wie andernorts begründet wurde (vgl. Niemeyer 1998: 211ff.) – eine Postkarte Nietzsches vom September 1878, wonach er um den Begriff von Wagners Größe willen sich dessen „Allzumenschliches etwas vom Leibe halten" (KSB 5: 352) müsse.

⁶⁴ Diesen Schluss erlaubt *Menschliches, Allzumenschliches*, insofern der hier unter der Überschrift *Lukas 18,14 verbessert* dargebotene Aphorismus 87 lautet: „Wer sich selbst erniedrigt, will erhöht werden." (KSA 2: 87) Nietzsche beabsichtigte offenbar hier wie dort, den allein moralisierenden Impetus des Neuen Testaments nachzuweisen. Denn der Vergleich des Za-Zitats mit der Bibelstelle („Denn wer sich selbst erhöht, der wird erniedrigt werden, und wer sich selbst erniedrigt, der wird erhöht werden.") zeigt, dass Nietzsche auf die unterschwelligen Motive des Handlungsträgers fokussiert, in der Bibel hingegen die Sanktionierungsvollmacht des göttlichen Willens dominiert.

⁶⁵ Genannt seien nur Sätze wie: „Wahrlich, in's Höchste musste ich fliegen, dass ich den Born der Lust wiederfände!" (125,30–31) Oder: „es giebt ein Leben, an dem kein Gesindel mit trinkt!" (125,33–34) Und schließlich, in deutlicher Anspielung auf das Wetter, das Nietzsche in Sils-Maria vorfand, unmittelbar bevor er Za II zu schreiben begann (vgl. KSB 6: 383): „Vorüber die Bosheit meiner Schneeflocken im Juni! Sommer werde ich ganz und Sommer-Mittag!" (126,8–10)

⁶⁶ „Weil du aber lau bist und weder kalt noch warm, werde ich dich ausspeien aus meinem Munde." (Offb 3,16)

⁶⁷ „Und wenn ich weissagen könnte und wüßte alle Geheimnisse und alle Er-

kenntnis und hätte allen Glauben, also daß ich Berge versetzte, und hätte der Liebe nicht, so wäre ich nichts." (1 Kor 13,2)

[68] Als Komplementärstück zu diesem ursprünglich unter dem Titel *Lied der Einsamkeit* geplanten Abschnitt (vgl. KSA 14: 299) darf der fünf Jahre später vorgelegte Dionysos-Dithyrambus *Von der Armut der Reichsten* gelten (vgl. Kjaer 1995: 137 ff.).

[69] Konkret: „Auf einer loggia hoch über der [...] piazza [Barberini; d. Verf.], von der aus man Rom übersieht und tief unten die fontana rauschen hört" (KSA 6: 341).

[70] Nietzsche hatte sie dort ein Jahr zuvor, im April 1882, kennen und lieben gelernt ...

[71] Weitergehende Ableitungen und mithin auch Kjaers Zustimmung zu den Deutungsbemühungen Alice Millers („Aus diesem Gedicht spricht der Neid auf diejenigen, die nehmen können, die als Kind Liebe bekommen konnten"; 1988: 66) sind textfern und/oder nur zu akzeptieren, wenn man Anhänger der von Kjaer propagierten Methode der „solidarischen Deutung" (1995: 132) ist.

[72] Pia Daniela Volz (2002: 203) zieht auch eine der depressiven Mutter geschuldete Einsamkeitserfahrung als ursächlich ins Kalkül.

[73] „Ich habe es euch alles gezeigt, daß man also arbeiten müsse und die Schwachen aufnehmen und gedenken an das Wort des Herrn Jesu, daß er gesagt hat: ‚Geben ist seliger denn nehmen.'" (Apg 20,35)

[74] Dafür sprechen von Nietzsche gestrichene Folgesätze wie etwa: „Ach, dass ich [eine Stunde lang] meinen Liebsten ein [...] Räuber hieße und [ein] Raubvogel!" (KSA 14: 300) Den hier angeschlagenen Ton wird Nietzsche – wie noch zu zeigen ist – erst in II/11 riskieren, und zwar im Zuge der Kritik des Verhaltens seiner ‚Liebsten' in der Lou-Affäre.

[75] Nietzsche schrieb in einem unmittelbar nach Abschluss der Fahnenkorrektur von Za II verfassten Brief an Köselitz Ende August 1883: „Im Einzelnen ist unglaublich Vieles persönlich Erlebte und Erlittene darin, das nur mir verständlich ist – manche Seiten kamen mir fast *blutrünstig* vor." (KSB 6: 443) Dass diese Sätze in ganz besonderer Weise auf II/11 passen, ist die hier vertretene These.

[76] Rüdiger Safranski hat dies nicht beachtet, mit der Folge, dass ihn der ersatzweise betonte Kontext – die unmittelbar vorhergehenden ‚Reden' II/9, II/10, II/11 – zu der (psychologisierenden) These verleitete, es gehe Nietzsche um „Wille zur Macht über sich selbst" und insoweit um „eine Wiedergeburt aus dem Grab der lebenserstickenden Depression." (Safranski 2000: 291)

[77] Der Reinschrift zufolge sollte diese Rede ursprünglich den Titel *Von gut und böse* tragen (vgl. KSA 14: 302).

[78] Gemeint ist der Satz: „Es giebt noch eine andere Welt zu entdecken – und mehr als eine! Auf die Schiffe, ihr Philosophen!" (KSA 3: 530)

[79] „Und Gott der Herr baute ein Weib aus der Rippe, die er von den Menschen nahm, und brachte sie zu ihm." (Gen 2,22)

[80] Zu denken ist an die Bücher 2 und 10 der *Politeia* (vgl. Zittel 2000: 36 ff.).

[81] „Der Vorwurf Platons an die Dichter, daß sie nur Abbilder von Abbildern und damit eine defizitäre Scheinwelt konstituieren, wird hier [...] gegen Platon selbst gerichtet." (Zittel 2000: 37)

[82] Zu denken ist an die erste Strophe von *An Goethe* aus dem Zyklus *Lieder des*

Prinzen Vogelfrei: „Das Unvergängliche / Ist nur dein Gleichniss! / Gott der Verfängliche / Ist Dichter-Erschleichniss ..." (KSA 3: 639)

⁸³ Ein Wort, das schließlich ja auch Goethe selbst in der Erdgeistszene des *Faust I* („Welch erbärmlich Grauen / Fasst Übermenschen dich") gebraucht (vgl. Zittel 2000: 45).

⁸⁴ „Alles Vergängliche / Ist nur ein Gleichnis; / Das Unzulängliche / Hier wird's Ereignis; / Das Unbeschreibliche / Hier ist es getan; / Das Ewig-Weibliche / Zieht uns hinan."

⁸⁵ Den Titel *Die Pflugschar* hatte Nietzsche eine Zeitlang für *Menschliches, Allzumenschliches* und später für *Morgenröthe* erwogen (vgl. Schaberg 2002: 112).

⁸⁶ Zu denken ist etwa an: „Und es kam zu ihm viel Volks, die hatten mit sich Lahme, Blinde, Stumme, Krüppel und viele andere und warfen sie Jesu vor die Füße, und er heilte sie." (Mt 15,30)

⁸⁷ Entlehnt hat es Nietzsche offenbar einer Rede Ralph Waldo Emersons; als weitere Quelle kommt Friedrich Hölderlins Roman *Hyperion* sowie der sechste Brief von Friedrich Schillers *Über die ästhetische Erziehung des Menschen in einer Reihe von Briefen* in Betracht (vgl. Vivarelli 2000: 339).

⁸⁸ Die postmoderne Lesart von Nietzsches Za wurde zumeist angeregt durch den Abschnitt *Wie die ‚wahre Welt' endlich zur Fabel wurde* aus der *Götzen-Dämmerung*, zumal hier mittels der Überschrift „INCIPIT ZARATHUSTRA" (KSA 6: 81) der Eindruck erweckt wird, Nietzsche habe Z als Heroen und Vollender des Niedergangs der Vernunftmetaphysik ausgerufen. Dass dem nicht so ist, habe ich andernorts zu zeigen versucht (vgl. Niemeyer 1995).

⁸⁹ Dies belegt der Zusatz, dass manch einer schon „ärgste Bosheit" heißt, „was doch nur zwölf Schuhe breit und drei Monate lang ist!" (185, 16–17) Der Ausdruck ‚zwölf Schuhe breit' nimmt Bezug auf eine Rechtsbestimmung der Zellengröße. Ähnliches gilt für den zweiten rätselhaften Ausdruck (‚drei Monate lang'). Denn man musste der damaligen Rechtssprechung zufolge schon eine Strafe von mehr als drei Monaten in Aussicht haben, um ein Fall für das Schwurgericht (und nicht nur das Schöffengericht) zu sein und Anspruch erheben zu dürfen auf das Attribut ‚ärgste Bosheit' (vgl. Naumann 1900: 165; KSA 14: 307). Dass man Nietzsche ohne Beachtung dieser Zusammenhänge allein wegen dieses Satzes für verrückt erklären kann, zeigt das Beispiel Paul J. Möbius (1909: 119).

⁹⁰ Emanuel Hirsch deutete sie als „bewußte Nachbildung der alttestamentlichen Berufungsvisionen. Moses, Elias, Jesaja, auch Johannes der Täufer schauen hier noch deutlich genug durch Nietzsches Worte hindurch." (Hirsch 1921: 410)

⁹¹ Die Vorlage lautet: „Ich habe euch noch viel zu sagen; aber ihr könnt es jetzt nicht tragen." (Joh 16,12) Bei Nietzsche heißt es: „Ach meine Freunde! Ich hätte euch noch Etwas zu sagen, ich hätte euch noch Etwas zu geben! Warum gebe ich es nicht? Bin ich denn geizig?" (190,10–12)

⁹² Za III entstand im Januar 1884 in Nizza und erschien zu den üblichen Konditionen und mit gewohnt niederschmetterndem Verkaufergebnis im April 1884.

⁹³ Gemeint ist die berühmte Gleichsetzung des „bestirnte[n] Himmel[s] über mir" mit dem „moralische[n] Gesetz in mir" aus Kants *Kritik der praktischen Vernunft*, die, so Wolfram Groddeck (1989: 490), Nietzsche seit 1868 zumindest über die Quelle Kuno Fischer bekannt gewesen sein dürfte.

Anmerkungen 139

⁹⁴ Das erklärt auch die zahlreichen Interpretationsversuche (vgl. u. a. Volkmann-Schluck 1973: 142 ff.; Bennholdt-Thomsen 1974: 83 ff.; Groth 1980; White 1990: 85 ff.; Köhler 1989: 524 ff.; Pieper 1990: 372 ff.; Groddeck 1994; Salaquarda 2000 a: 81 ff.; Naumann 2001; Müller Nielaba 2001; Peter 2001; Loeb 2002; Shapiro 2004).

⁹⁵ Hierzu gehört der Hinweis, dass Nietzsche die ersten Worte („Als es unter den Schiffsleuten ruchbar wurde, dass Zarathustra auf dem Schiffe sei …"; 197, 3–4) erst in gleichsam letzter Minute einfügte, um den Status dieser Rede als eine Art Fortsetzung zu sichern (vgl. KSA 14: 308 f.).

⁹⁶ In *Ecce homo* wird Nietzsche diese Zeilen wieder aufnehmen und daran das Bild eines von ihm als Ideal erträumten „vollkommnen Lesers" (KSA 6: 303) seiner Schriften knüpfen.

⁹⁷ Dies war auch der Titel, den Nietzsche ursprünglich für die gesamte Rede vorgesehen hatte (vgl. KSA 14: 308).

⁹⁸ Paraphrasiert wird hier eine Stelle aus Shakespeares *Hamlet*, während die Szene selbst angeregt wurde durch Sindbads Reisen aus *Tausend und eine Nacht* (vgl. KGW VI 4: 898 f.).

⁹⁹ Als Vorstufe ist hier zu denken an den folgenden Passus aus *Die fröhliche Wissenschaft*: „und es wird nichts Neues daran sein, sondern jeder Schmerz und jede Lust und jeder Gedanke und Seufzer und alles unsäglich Kleine und Grosse deines Lebens muss dir wiederkommen, und Alles in der selben Reihe und Folge – und ebenso diese Spinne und dieses Mondlicht zwischen den Bäumen, und ebenso dieser Augenblick und ich selber." (KSA 3: 570)

¹⁰⁰ In III/13 wird deutlich, dass es sich bei dem Hirten um Z handelt. Wir werden darauf zurückkommen.

¹⁰¹ Eine hier nicht zu verfolgende Spur führt auf Lessings *Laokoon* (vgl. hierzu Müller Nielaba 2001).

¹⁰² Vorausgesetzt, es gehe nicht – im Sinne von I/2 – darum, das ‚Kind' wieder in sich selbst freizulegen, denn dann böte sich eher die Vokabel ‚Selbsterziehung' an. Wie noch zu zeigen sein wird, gewinnt diese Deutungsoption mit der allerletzten Rede (IV/20) an Wahrscheinlichkeit.

¹⁰³ Schon damals diagnostizierte Nietzsche einen im zwischenmenschlichen Zusammenleben meist unerkannt wirksamen repressiven Imperativ und ergänzte: „So entsteht nothwendig der Sand der Menschheit: Alle sehr gleich, sehr klein, sehr rund, sehr verträglich, sehr langweilig." (KSA 9: 73)

¹⁰⁴ Dies soll hier nicht weiterverfolgt werden, es muss genügen, darauf hinzuweisen, dass es Z an eben dieser Stelle für geboten hält, „Zäune" um seine „Gedanken" und auch um seine „Worte" zu errichten, damit „mir nicht in meine Gärten die Schweine und Schwärmer brechen!" (237,21–23)

¹⁰⁵ Dazu gehören Sätze wie beispielsweise, dass er offenbar „zu grob und herzlich rede […] für die Seidenhasen" und zu fremd für „alle Tintenfische und Feder-Füchse" (241,3–5). Dazu gehört aber auch der Schluss, wo Z munter weiter fabuliert: darüber, dass, „wer die Menschen einst fliegen lehrt, […] alle Grenzsteine verrückt [hat]", so dass ihm diese „in die Luft fliegen" und er die Erde „neu taufen [wird] – als ‚die Leichte'" (242,4–6); oder darüber, dass der „Vogel Strauss" schneller läuft als das „schnellste Pferd, aber auch er steckt noch den Kopf schwer in schwere Erde: also der Mensch, der noch nicht fliegen kann" (242,7–9); und

schließlich darüber, dass, wer „leicht werden will und ein Vogel", „sich selber lieben (muss): – also lehre *ich*." (242,11–12)

[106] Dass man sich hingegen wegen derlei Zeilen für die Person des Autors – etwa aus psychiatrischer Sicht (vgl. etwa Kesselring 1954: 98) – interessieren sollte, sei nicht bestritten.

[107] Diese wurde von Alexander Nehamas (2000: 173) sorgsam registriert und seiner Lesart Nietzsches als eines Philosophen des Perspektivismus eingefügt (vgl. auch Nehamas 1996).

[108] Nietzsche hatte Goethes Variante („Hier sitze ich, forme Menschen / Nach meinem Bilde ...") 1872 mit Begeisterung zitiert und es seinem Grundgedanken nach als „Hymnus der Unfrömmigkeit" (KSA 1: 68) gelobt. Insoweit liegt der Gedanke nahe, dass Z hier an jenem Schöpfungsenthusiasmus des jungen Goethe resp. jungen Nietzsche anknüpfen soll (vgl. Loeb 2004: 125).

[109] Gemeint ist u. a. der Satz: „Oh meine Brüder, nicht zurück soll euer Adel schauen, sondern *hinaus*! / Vertriebene sollt ihr sein aus allen Vater- und Urväterländern! / Eurer *Kinder Land* sollt ihr lieben: diese Liebe sei euer neuer Adel, – das unentdeckte, im fernsten Meere!" (255,21–24)

[110] Hierzu gehört der Satz: „Vieler Edlen nämlich bedarf es und vielerlei Edlen, *dass es Adel gebe*!" (254,20–21) Instruktiv ist auch die Nachlassnotiz: „Es muß viele Übermenschen geben: alle Güte entwickelt sich nur unter seines Gleichen. Ein Gott wäre immer ein *Teufel*!" (KSA 11: 541)

[111] Zwar finden sich Worte wie: „Oh meine Brüder, ich weihe und weise euch zu einem neuen Adel: ihr sollt mir Zeuger und Züchter werden und Säemänner der Zukunft" (254,25–27). Das Wort ‚Züchter' spielt allerdings im weiteren Textverlauf keine Rolle mehr. Und was die Vokabel ‚neuer Adel' betrifft, so ist schon die Fortführung deutlich: „[...] nicht zu einem Adel, den ihr kaufen könntet" (254,28), mehr aber noch der Satz: „Nicht, woher ihr kommt, mache euch fürderhin eure Ehre, sondern wohin ihr geht!" (255,1–2) Das Neue am ‚neuen Adel' ist insoweit gar nicht auf der Ebene von Überlieferung zu sichern, was in linken Kreisen der bürgerlichen Jugendbewegung aufmerksam registriert wurde (vgl. Barbizon 1913/14: 254). Damit kann auch ausgeschlossen werden, dass es durch überlieferungsgewisse ‚Züchtung', etwa im Sinne einer standesgemäßen Eheschließungspolitik, herbei zu führen ist.

[112] Es geht im Wesentlichen um den Nachsatz Z's: „Oh meine Brüder, verstandet ihr auch diess Wort?" (267,7–8), den Loeb meinte in Parallele setzen zu dürfen zu Nietzsches 1872er Formulierung aus seinem Erstling *Die Geburt der Tragödie*: „Ihr versteht das Wort – wie ihr auch [...] meine Hoffnungen verstehen werdet." (KSA 1: 154) Nietzsche hatte sich damit in verschlüsselter Form dem Antisemitismus Wagners und dessen Strategie angeschlossen, den *Ring des Nibelungen* als Moritat auf die Unterdrückung des deutschen Genius (Siegfried) durch die ‚tückischen Zwerge' Mime und Alberich auszudeuten (vgl. Niemeyer 1998: 169). Von hier aus allerdings – wie es Loeb tut – eine Brücke zu schlagen hin zu jenem hier in Rede stehenden Passus aus Za IV und zusätzlich zu mutmaßen, dass dieser Aspekt in der Lage sei, die Attraktivität dieses Werkes für Antisemiten wie Theodor Fritsch – der Nietzsche im März 1887 brieflich für seine Sache zu gewinnen versucht hatte (vgl. Niemeyer 2003) – erklären könne (vgl. Loeb 2004: 138), ist unseriös, zumal Loeb

bezeichnenderweise sein extensives Zitat von Abschnitt 28 (ebd.: 132) ausgerechnet an jener Stelle abbricht, an der Z, gleichsam als verklausulierte Absage in Richtung der einstmals via Wagner gehegten Hoffungen, bekundet: „Was Vaterland! *Dorthin* will unser Steuer, wo unser *Kinder-Land* ist" (267,29–268,1).

[113] Hierzu gehörte im hier in Rede stehenden Fall, dass man schlicht ignorierte, was Nietzsche selbst in Sachen der Erläuterung des Imperativs vorgetragen hatte: nämlich dass er ihm notwendig sei wegen seiner Neigung, das ihm Feindseligste – etwa die „Zudringlichkeiten" seiner Schwester im Zusammenhang der Lou-Affäre – „mit der größten Milde zu behandeln" (KSB 6: 498).

[114] Der Chiliasmus rekurriert als Glaube, Christus werde dereinst ein Tausendjähriges Reich des Friedens errichten, auf das prophetische Buch *Die Offenbarung des Johannes* (vor allem Offb 20,1–10).

[115] Es geht wesentlich um Eschatologie und somit um die Vorstellung, es könne eine Art Ende der Weltgeschichte eintreten, sofern eine neue, nachchristliche Lehre – eben jene Nietzsches – in Geltung trete, die dem Menschen eine heilsgewisse Lebensführung ermögliche.

[116] Der Ausgang von der griechischen Wortbedeutung („heimkehren") erlaubt die Erläuterung: „‚Der Genesende' ist derjenige, der sich zur Heimkehr sammelt, nämlich zur Einkehr in seine Bestimmung." (Heidegger 1954: 74)

[117] Gemeint ist der Satz: „Schluß von Zarathustra 3, Herauf abgründlicher Gedanke! Jetzt bin ich dir gewachsen! ,*Stein-hart-machen*' Du bist mein Hammer!" (KSA 10: 559)

[118] Über diese *Siegfried*-Szene wird sich Nietzsche selbst noch in *Der Fall Wagner* lustig machen (vgl. KSA 6: 33f.).

[119] Laura Laiseca folgend ist der Rosenapfel hier nicht mehr – wie im Alten Testament – „das Symbol für die Versuchung des Teufels, sondern für die ,Welt'", und dies mit geistlos von der ewigen Wiederkehr schwätzenden Tieren, die Z sagen, „daß die Welt wie ein Garten des Paradieses wartet." (2001: 232)

[120] Gemeint ist der Beginn von II/19.

[121] Nur am Rande sei hier vermerkt, dass diese Formulierung – wie auch das Krankenlager-Szenario insgesamt – an die durch Schopenhauer-Lektüre verstärkte (Sinn-)Krise Nietzsches vom Herbst 1865 erinnert (vgl. Niemeyer 1998: 113ff.).

[122] In IV/13 wird Z die Varianten anbieten: „das Böse ist des Menschen beste Kraft." (359,2–4) Sowie: „Das Böseste ist nöthig zu des Übermenschen Besten." (359,6)

[123] Joachim Köhler (1989: 479) las diese Zeilen – die Nietzsche ursprünglich schon für das Ende von III/14 hatte verwenden wollen (vgl. KSA 14: 325) – als Anspielung auf den Schluss von Wagners *Tristan und Isolde* mit der Botschaft, dass er, Nietzsche, um eine Alternative zu Isoldes Tod gewusst hätte.

[124] Die weibliche Form wird hier bewusst verwendet. Nietzsche nämlich benutzt die lateinische Variante (,vita') des Lebens.

[125] Diese Vokabeln erinnern an den Bericht Lou v. Salomés, den wir im Zusammenhang der Erläuterung von II/22 zitiert haben.

[126] „Das asketische Ideal der Wissenschaft, das angesichts des bestirnten Himmels ,dem Menschen seine bisherige Achtung vor sich selbst auszureden' trachtet, wird mit diesem Gedicht umgewendet, indem es dem Menschen – buchstäblich –

die ‚Achtung' vor sich wieder einredet: ‚Oh Mensch! Gieb Acht!'" (Groddeck 1989: 502f.)

¹²⁷ Verwiesen sei hier auf die von diesem Urteil Nietzsches (vgl. KSA 6: 304f.) angeregte Analyse von Claudia Crawford (1991: 220ff.).

¹²⁸ Za IV entstand zwischen Dezember 1884 und Februar 1885 in Nizza. In Ermangelung eines (neuen) Verlegers ließ Nietzsche im April 1885 auf eigene Kosten eine Kleinauflage von 45 Exemplaren erstellen, von welcher er zwischen 1885 und 1888 u.a. an Köselitz, von Gersdorff, Overbeck sowie seine Schwester und deren Mann insgesamt neun Exemplare verteilte (vgl. Schaberg 2002: 147ff.). Die erste im Handel erhältliche Ausgabe von Za IV erschien im März 1892.

¹²⁹ Gary Shapiro (1983: 46) las Za IV als (vorweggenommenen) Kommentar zum folgenden Aphorismus: „wir sind das erste studirte Zeitalter in puncto der ‚Kostüme', ich meine der Moralen, Glaubensartikel, Kunstgeschmäcker und Religionen, vorbereitet wie noch keine Zeit es war, zum Karneval grossen Stils, zum geistigsten Faschings-Gelächter und Übermuth [...]. Vielleicht, dass wir hier gerade das Reich unsere *Erfindung* noch entdecken, jenes Reich, wo auch wir noch original sein können, etwa als Parodisten der Weltgeschichte und Hanswürste Gottes" (KSA 5:157).

¹³⁰ Im Einzelnen vermutet Alexander Nehamas (2000: 181), Lampert habe Teil IV als unvereinbar mit seiner Lesart der Teile I bis III – als didaktisierbare Lehre vom guten Leben – ad acta gelegt und darüber die Pointe verpasst (resp. verpassen wollen), auf die Teil IV zuläuft: auf eine Art Metakritik gerade dieser Lesart.

¹³¹ Gemeint ist der Ausruf: „‚Was liegt an meinem Glücke! Es ist Armut und Schmutz, und ein erbärmliches Behagen. Aber mein Glück sollte das Dasein selbst rechtfertigen!'" (15,27–29)

¹³² „Und er sprach zu ihnen: Folget mir nach; ich will euch zu Menschenfischern machen." (Mt 4,19)

¹³³ Gemeint ist der Satz: „Oh meine Brüder, ich weihe und weise euch zu einem neuen Adel: ihr sollt mir Zeuger und Züchter werden und Säemänner der Zukunft" (254,25–27).

¹³⁴ Die Etikettierung Nietzsches als ‚Züchtungstheoretiker' (im biologischen Begriffsgebrauch) ist insoweit mit einer gewissen Skepsis zu betrachten (vgl. Niemeyer 2004).

¹³⁵ Beispiel: „Fieng wohl je ein Mensch auf hohen Bergen Fische?" (297,32)

¹³⁶ Hinzuweisen ist auf II/18, wo Z als ein Mann „gleich einem Schatten" vorgeführt wird, wie er mit den Worten: „‚es ist Zeit! Es ist höchste Zeit!'" (167,15–16) durch die Luft fliegt, scheinbar „zur Hölle" (167,23) fahrend. In Betracht zu ziehen ist auch III/3, wo „des Wanderers Schatten und die längste Weile und die stillste Stunde" Z zuredeten: „‚es ist höchste Zeit!'" (204,32–33)

¹³⁷ Erinnert sei an III/3 und den Ausruf: „Und wahrlich! Wo solche Bäume bei einander stehn, da *sind* glückselige Inseln!" (204,10–11)

¹³⁸ Dieses Bild wird klarer, wenn man den folgenden Passus aus III/12 einbezieht: „Nicht [dies „mache euch fürderhin eure Ehre"; d. Verf.], dass euer Geschlecht an Höfen höfisch wurde, und ihr lerntet, bunt, einem Flamingo ähnlich, lange Stunden in flachen Teichen stehn." (255,7–10)

¹³⁹ Auch diese Spur hat Jörg Salaquarda (1973: 184) im Blick, insofern er auf

Nietzsches – mit Seitenblick auf seine kleinen Ohren gesprochenes – späteres, gegen den deutschtümelnden Dogmatismus vieler seiner Zeitgenossen gerichtetes stolzes Bekenntnis hinweist: „Ich bin der *Antiesel* par excellence" (KSA 6: 302).

[140] Gedacht werden kann an II/18 und den Satz: „Diesen Rath aber rathe ich Königen und Kirchen und Allem, was alters- und tugendschwach ist – lasst euch nur umstürzen!" (169,27–30)

[141] Deutlich ist hier die Anspielung auf II/1, wo Z sein eigenes Gesicht im Spiegel als Teufelsfratze sieht.

[142] Eine weitere Spur, der Kathleen Marie Higgins (1987: 206 ff.) minutiös nachging, weist in Richtung der Posse *Lukios oder Der Esel*, für dessen Autor Lukian resp. dessen Vorbild, den Kyniker Menipp, sich Nietzsche schon als Student lebhaft interessiert hatte.

[143] Sie nämlich bringt die dann fortgelassene Ergänzung: „Und diese Frauen von heute – sind sie nicht auch rechte schlechte Pöbel-Frauen? Willfährig, genüßlich, vergeßlich, mitleidig, – sie haben's alle nicht weit zur Hure." (KSA 11: 400) Nietzsche hat diesen Passus nicht völlig ausgelassen, sondern, wie noch zu zeigen sein wird, in modifizierter Form in IV/8 übernommen.

[144] Dass es tatsächlich um einen solchen geht, offenbart das Nachlassnotat: „‚Wer liebt mich noch' – ein *erfrierender* Geist / Ein Epileptischer / Ein Dichter / Ein König" (KSA 11: 342). Mit den Worten: „Wer wärmt mich noch, wer liebt mich noch?" (313,18–19) beginnt auch das hier in Rede stehende Klagelied des ‚alten Mannes'.

[145] Nietzsche hat diese Verse unter dem Titel *Klage der Ariadne* in den *Dionysos-Dithyramben* erneut verwertet und den zitierten Schlusszeilen den Hinweis angefügt: „Ein Blitz. Dionysos wird in smaragdener Schönheit sichtbar." (KSA 6: 401) Insoweit haben wir es mit einer neuen Variante zu der schon im Kontext von III/14 erläuterten ‚Über-Held'-Thematik zu tun. Dieser Sachverhalt, das bereits im Zuge der Erläuterung von II/9 angesprochene Ariadne-Motiv sowie die Fälschungen von Nietzsches Schwester, die Titulierung Cosima Wagners als (seine Geliebte) Ariadne in diversen ‚Wahnsinnszetteln' ihres Bruders vom Januar 1889 betreffend, werden in der Nietzscheforschung seit Erich F. Podachs (1930: 88ff.) Einlassungen extensiv debattiert (vgl. etwa Del Caro 1988; Köhler 1989: 474ff.; Theisen 1991; Salaquarda 1996; Dietzsch 2001).

[146] Als Vorstufe für diese Zeilen und als Zeugnis für Nietzsches (frühe) Gottessehnsucht, aber auch für seinen Zweifel an Gott kommt ein Gedichtfragment von 1864 in Betracht, in welchem Nietzsche, obgleich Teil der „Frevler Rotte", den „unbekannte[n] Gotte" (BAW 2: 428) anruft als denjenigen, den er kennen lernen will und künftig sein Leben zu weihen sich vornimmt.

[147] Zu denken ist vor allem an *Der Fall Wagner* (vgl. Borchmeyer/Salaquarda 1994: 1361).

[148] Dies zeigt der folgende Satz aus II/13: „Verachtung ist noch in seinem Auge; und Ekel birgt sich an seinem Munde." (151,11–12)

[149] Wolfgang Trillhaas (1983: 34) saß mit seiner Meinung, Nietzsche habe hier Leo XIII. – den allgemein als hoch bedeutend und liberal anerkannten Papst der Jahre 1878 bis 1903 – im Blick gehabt, der Fälschungspolitik Förster-Nietzsches auf, insofern diese schlicht unterdrückte, dass ihr Bruder den Besuch Wilhelms II. bei Leo XIII. (im September 1888) in der authentischen (Trillhaas offenbar unbekann-

ten) Fassung des *Ecce homo* mit den Worten kommentiert hatte: „Der deutsche Kaiser mit dem Papst paktierend, als ob nicht der Papst der Repräsentant der Todfeindschaft gegen das Leben wäre! ..." (KSA 6: 296)

[150] Zu denken ist hier an: „Und er soll sie weiden mit einem eisernen Stabe und wie eines Töpfers Gefäße soll er sie zerschmeißen." (Offb 2,27)

[151] Zu denken ist insbesondere an die berühmten Sätze: „Und die Erde war wüst und leer, und es war finster auf der Tiefe, und der Geist Gottes schwebte auf dem Wasser." (Gen 1,2)

[152] Zu denken ist an die Prominenz der Vokabel „Hässlichkeit" (KSA 6: 68) im Kontext der Charakterisierung des Sokrates, seiner Physiognomie nach, aber auch und vermutlich einschlägiger an das 1872er Loblied auf Sokrates als ‚Mörder' des Gottes Dionysos (vgl. Santaniello 2005: 44).

[153] Es darf eigentlich nicht sein, dass die von Nietzsche verworfene Variante dieser Rede (vgl. KSA 14: 334f.) letztlich klarer ist als die zum Abdruck gelangte. Vielleicht aber war der Autor schon um sein Image besorgt, er böte nicht genug an Mysterium.

[154] „Es sei denn, daß ihr euch umkehret und werdet wie die Kinder, so werdet ihr nicht ins Himmelreich kommen." (Mt 18,3)

[155] Bei ihr ist zu denken an: „Was hülfe es dem Menschen, so er die ganze Welt gewönne und nähme doch Schaden an seiner Seele? Oder was kann der Mensch geben, damit er seine Seele wieder löse?" (Mt 16,26)

[156] Eine leicht modifizierte Variante dieser Passage wollte Nietzsche – wie zu erinnern ist – in Rede IV/3 unter dem Stichwort „Pöbel-Mischmasch" (305,13) aufnehmen.

[157] Die vermeintlich harmlose Wendung: „Ein Wanderer bin ich, der viel schon hinter deinen Fersen her gieng" (339,16–17) lässt an Wagners These denken, dass der Deutsche der Schöpfer und Erfinder, der Romane der Bildner und Ausbeuter sei. Derivate dieser These finden sich in Nietzsches *Geburt der Tragödie*, etwa in Gestalt der (absurden) Annahme, dass der Prometheussage „für das arische Wesen eben dieselbe charakteristische Bedeutung innewohnt, die der Sündenfallmythus für das semitische hat" (KSA 1: 69; vgl. hierzu Niemeyer 2003: 217ff.).

[158] Ein Zeugnis hierfür gibt der Antisemit Theodor Fritsch, der im März 1887 in zwei – von Nietzsches antisemitischer Schwester vernichteten – Briefen an Nietzsche herantrat, mit der Folge, dass Nietzsche Overbeck eher empört denn belustigt wissen ließ: „Zarathustra ‚der göttliche Mensch' hat es den Antisemiten angethan; es giebt eine eigne antisemitische Auslegung davon, die mich sehr hat lachen machen." (KSB 8: 48) Der von Nietzsches Schwester mit hier nicht darzulegenden Mitteln (vgl. hierzu Niemeyer 2003) in sein Gegenteil verkehrte Nachsatz ehrt Nietzsche, ebenso wie sein Ärger über seine Naivität in Sachen seines antisemitischen Verlegers, der sich letztmalig in der – an sich für *Ecce homo* gedachten, dann aber verworfenen – Bemerkung Ausdruck verschaffte, er verdanke es dem „fluchwürdige[n] deutsche[n] Antisemitismus", dass Za „seinen Eintritt in die Welt als unanständige Litteratur gemacht hat." (KSA 14: 506) Die Frage bleibt allerdings: Hatte Nietzsche wirklich alles dafür getan, derartige Auslegungen zu unterlaufen? Und wenn ja: Hatte möglicherweise Nietzsches späterer Schwager Bernhard Förster, den Nietzsche im Mai 1885 einen Privatdruck von Za IV vermacht hatte, sei-

nen Gesinnungsgenossen Fritsch über den hier genutzten Topos ‚ewiger Jude' sowie das Begriffspaar ‚Jude und Junker' in Kenntnis gesetzt?

[159] Nicht etwa wegen der gleichnamigen Rede (III/1), mit der sie so gut wie nichts zu tun hat, sondern wegen der Aphorismensammlung *Der Wanderer und sein Schatten*. Dies zeigt insbesondere Aphorismus 213, dessen Bedeutung für eine angemessene Lesart von IV/9 nicht unterschätzt werden sollte (vgl. Niemeyer 1998: 253f.).

[160] Hier wie dort ist offenbar die Lektüre von Ralph Waldo Emerson (1803–1882) folgenreich geworden (vgl. Vivarelli 1987: 249).

[161] Erwähnt sei nur: „Ich bin der Weinstock, ihr seid die Reben. Wer in mir bleibt und ich in ihm, der bringt viele Frucht" (Joh 15,5).

[162] Auch hier zeigt offenbar die Lektüre eines Aufsatzes von Ralph Waldo Emerson Wirkung (vgl. Vivarelli 1987: 227f.).

[163] Was hiermit gemeint ist, wird in IV/11 deutlich.

[164] Man muss beachten, dass Jesus „nicht nur mit jenen (feiert), die sich schon jetzt ihres Platzes beim himmlischen Mahl sicher wähnen. Er lädt alle zur Teilnahme ein, Zöllner und Sünder, Neugierige und Suchende, Satte und Hungrige, Reiche und Arme, Freunde und Feinde." (Scholl 2004: 171)

[165] Bisher – etwa in IV/2 – wurde lediglich der Fall eines von außen bedrängenden und insoweit offenbar realen „böse[n] Thier[s]" (303, 9–11) bedacht.

[166] Dass dies nicht unberechtigt wäre, zeigt I/5.

[167] Zu vermuten ist (vgl. KSA 14: 340) Wagners Abhandlung *Was ist deutsch?* und hier insbesondere der Satz: „Das Wort ‚deutsch' findet sich in dem Zeitwort ‚deuten' wieder: ‚deutsch' ist demnach, was uns *deutlich* ist, somit das Vertraute und Gewohnte, von den Vätern Ererbte, unserm Boden Entsprossene." (Wagner 1865/78: 37)

[168] Vorgetragen wird sie, in Parenthese, vom „König zur Linken", der erklärt, Z sei als der „Weise aus dem Morgenlande" möglicherweise zu entschuldigen, denn er kenne die „lieben Deutschen" nicht, denen das Attribut „‚deutsch und derb'" (350,10) viel eher gerecht werde. Dass Nietzsche diesen Einwand nicht den ‚König zur Rechten' vortragen ließ, legt die – im Zusammenhang der Erläuterung von IV/3 bereits angedeutete – These nahe, man habe es bei dieser Figurenskizze auch mit einer in politischer Absicht zu tun hat.

[169] Zu denken ist an: „‚Der Mensch lebt nicht vom Brot allein, sondern von einem jeglichen Wort, das durch den Mund Gottes geht.'" (Mt 4,4)

[170] Exemplarisch genannt seien nur Vokabeln wie „happy playboy" (Higgins 1988: 45) oder „kumpelhafte Sprücheklopferei" (Zittel 2000: 209).

[171] „Diess aber war der Anfang von jener langen Mahlzeit, welche ‚das Abendmahl' in den Historien-Büchern genannt wird. Bei derselben aber wurde von nichts Anderem geredet als *vom höheren Menschen*." (355,13–15) Nietzsche hat hiermit gleichsam en passant deutlich gemacht, auf welchen Paralleltext hin seine Dichtung angelegt ist, und dies auch noch mit dem Versprechen, er verfüge über die weit besseren Zeugen des in der Bibel gänzlich falsch überlieferten Geschehens.

[172] Dies gilt etwa für die Formulierung: „Nun erst kreisst der Berg der Menschen-Zukunft." (357,10–11) Claus Zittel (2000: 146) jedenfalls sah Anlass genug, seine hierauf bezüglichen kritischen Überlegungen unter die (witzige) Überschrift zu rücken: *Von Mäusen und Übermenschen*.

¹⁷³ Diese Vokabel fällt zwar, wie die Zitation zeigt und wir noch sehen werden, erst im zweiten Abschnitt von IV/17. Es scheint aber gleichwohl zulässig, sie schon hier zu verwenden.

¹⁷⁴ Erinnert sei nur an Satz: „Wahrlich zu einem Sohne sogar kam er nicht anders als auf Schleichwegen. An der Thür seines Glaubens steht der Ehebruch." (323, 32–35)

¹⁷⁵ Konkret geht es um: „Weh euch, die ihr hier lachet! denn ihr werdet weinen und heulen." (Lk 6,25)

¹⁷⁶ Vermutet wird hier eine Anspielung auf die Selbstkrönung Napoleons im Jahre 1804 (vgl. KSA 14: 341).

¹⁷⁷ Claus Zittel (2000: 211) etwa interpretierte das Bild vom geflügelten Esel als „vernichtende Karikatur von Pegasos, dem Dichtersymbol" – und insoweit auch als vernichtenden Selbstkarikatur, insofern sich Z noch in III/9 als jemand habe feiern lassen, der (zu Pferde) auf „jedem Gleichniss […] zu jeder Wahrheit" reite (231, 20–22).

¹⁷⁸ Hinzuweisen ist beispielsweise auf den Satz aus *Die fröhliche Wissenschaft*: „Die liebliche Bestie Mensch verliert jedesmal, wie es scheint, die gute Laune, wenn sie gut denkt; sie wird ‚ernst'! Und ‚wo Lachen und Fröhlichkeit ist, da taugt das Denken Nichts': – so lautet das Vorurtheil dieser ernsten Bestie gegen alle ‚fröhliche Wissenschaft'. – Wohlan! Zeigen wir, dass es ein Vorurtheil ist!" (KSA 3: 555)

¹⁷⁹ Nietzsche hat es später unter dem Titel *Nur Narr! Nur Dichter!* in seine *Dionysos-Dithyramben* übernommen. Auf die diesem Kontext zugedachte (Gedicht-)Interpretation von Gerhard Kaiser (1986) sei hier nachdrücklich hingewiesen.

¹⁸⁰ Um diese Bemerkung zu verstehen, muss man beachten, dass der ‚Zauberer' sein Lied mit der Ankündigung eingeleitet hatte, seinen „Abend-Dämmerungs-Teufel" gelüste es, „nackt zu kommen, ob männlich, ob weiblich, noch weiss ich's nicht" (370,30–33).

¹⁸¹ Schon im Vorhergehenden ist diese Vokabel immer wieder ins Zentrum gerückt worden, am Nachdrücklichsten wohl in III/2 in der Variante: „Muth aber ist der beste Todtschläger, Muth, der angreift: der schlägt noch den Tod todt" (199,12–13).

¹⁸² In beiden Varianten hat das Lied immer wieder für Aufmerksamkeit gesorgt (vgl. u. a. Volkmann-Schluck 1958; Miller 1973; Kaiser 1986: 206 ff.).

¹⁸³ In IV/9 haben wir diesen ja bereits als Z's ‚Nachfolger' kennengelernt.

¹⁸⁴ Brann bezog sich dabei – ähnlich wie später Thomas Mann unter dem Stichwort: „erotische[r] Wachtraum von peinlicher Humorigkeit" (1947: 11) – auf den Umstand, dass sich Nietzsche dem Zeugnis seines Freundes Paul Deussen zufolge seinerzeit hierüber mit den Worten ausgelassen hatte: „Ich sah mich […] plötzlich umgeben von einem Dutzend Erscheinungen in Flitter und Gaze, die mich erwartungsvoll anschauten." (zit. n. Gilman 1981: 59)

¹⁸⁵ Hingewiesen sei hier nur auf Margot Fleischers (1993: 104ff.) subtile Deutung von IV/16, die ihren Ausgang nimmt von der Inbeziehungsetzung der Vokabel ‚hinabfallen' (aus dem in Rede stehenden Dreizeiler) zu Z's Vollkommenheitsvision aus IV/10, seinen Fall „in den Brunnen der Ewigkeit" (344,8–9) betreffend.

¹⁸⁶ So spricht Nietzsches Schwester davon, man habe damals die „38. Auflage" (1904: 538) erstanden, wohingegen sich im Nachlass nur ein Exemplar der 1883 erschienenen 43. Auflage findet (vgl. Campioni et al. 2003: 233).

[187] C. A. Miller verwies beispielsweise auf Freiligraths Gedicht *Unter den Palmen* sowie auf die Sammlungen *Balladen und Romanzen* sowie *Vermischte Gedichte* und konzedierte: „Much of its imagery can be found there: the roaring lion, Leviathan, palm tree, oasis, houris und the desert itself." (1973: 167)

[188] Joachim Köhler (1989: 587) vermutete einen Einfluss von Guy de Maupassants Nordafrika-Kolumnen. Gerhard Kaiser wiederum konstatierte mit Seitenblick auf Goethe: „Nietzsches Europäer in der Oase ist [...] ein ins Exotische ausgeschweifter Nachkomme älterer nordischer Wanderer in südlichen Gefilden." (1986: 212)

[189] „Luthers Antwort [...] wird hier zur traurig-ungeheuerlichen Potenzprahlerei. Der moralische Phallos steht dem Europäer. Er kann nicht anders." (Kaiser 1986: 217)

[190] Kaiser hielt dies jedenfalls für den geheimen Sinn des gleich nachfolgenden Witzchens, wonach eine ‚Palme', als ‚Tänzerin' gedacht, die Vorstellung evoziere, diese stünde „immer nur auf Einem Beine" (383, 22) – und übersetzte folgerichtig: „Die Frau erscheint als männliches Schreckbild des kastrierten Mannes." (1986: 215)

[191] Köhler las den (in der Tat auffälligen) Austausch der Vokabel ‚Bein' durch ‚Beinchen' in der *DD*-Version dieses Liedes als Indiz dafür, dass Nietzsche die Kindersprache habe imitieren und eigentlich habe sagen wollen, dass jedes Kind – aber eben nicht der letztlich verklemmte (Europäer-),Wanderer' – wisse, „daß den Mädchen etwas fehlt, ,ein Beinchen', das die Knaben haben." (1989: 593)

[192] Bemerkenswert ist auch die Vokabel „um*sphinxt*" (382, 24), dies jedenfalls aus Perspektive der Ödipussage (vgl. Volkmann-Schluck 1958: 127f.).

[193] Nietzsches Wortbildung ‚ausloht' geht zurück auf Lohen = Brennen resp. Gerben (vgl. Kaiser 1986: 218).

[194] Instruktiv ist in dieser Frage auch IV/18, insofern Z den ‚Wanderer' hier, als „freien Geist", mit den Wort kritisiert: „Schlimmer, wahrlich, treibst du's hier noch als bei deinen schlimmen braunen Mädchen" (391,6–7)

[195] Angespielt wird hiermit auf die Anbetung des goldenen Kalbs, in welcher zum Ausdruck gelangt, dass auch das Volk Israel in den Götzendienst zurückfiel, nachdem Mose es verlassen hatte (vgl. Salaquarda 1973: 211).

[196] Nietzsche wurde hier offenbar beeinflusst durch den Schluss von Heinrich Heines Gedicht *Für die Mouche* (vgl. Kaufmann 1982: 440).

[197] Zu denken ist u. a. an: „Denn welchen der Herr liebhat, den züchtigt er" (Hebr 12,6).

[198] Als Vorstufe ist hier aus I/1 in Betracht zu ziehen: „Ich liebe den, welcher seinen Gott züchtigt, weil er seinen Gott liebt: denn er muss am Zorn seines Gottes zu Grunde gehen." (18,6–7)

[199] Zu denken ist an: „Wahrlich ich sage euch: Es sei denn, daß ihr euch umkehret und werdet wie die Kinder, so werdet ihr nicht ins Himmelreich kommen." (Mt 18, 3)

[200] Als Rechtfertigung mag hier der Hinweis dienen, dass Nietzsche für diese Rede ursprünglich den Titel *Der alte und der neue Glaube* – nach dem gleichnamigen Buch von David Friedrich Strauß – vorgesehen hatte (vgl. KSA 14: 343).

[201] „‚War *das* das Leben? Wohlan! Noch Ein Mal!'" (199,13–14)

202 Gemeint sind die Textzeilen: „"Ich schlief, ich schlief –, / Aus tiefem Traum bin ich erwacht" (285,25–286,2).

203 Erinnert sei an Fragen wie beispielsweise: „Wann trinkst du diesen Tropfen Thau's, der auf alle Erden-Dinge niederfiel – wann trinkst du diese wunderliche Seele – / – wann, Brunnen der Ewigkeit! du heiterer schauerlicher Mittags-Abgrund! wann trinkst du meine Seele in dich zurück?" (345,1–6)

204 Dass dies eine Selbsttäuschung war, wird die gleich nachfolgende letzte Rede zeigen, für die Nietzsche denn auch – in einer schließlich doch nicht genutzten – Variante den Satz geplant hatte: „Wer soll der Erde Herr sein? so begann er wieder. Nun! *Diese* da [die ‚höheren Menschen'; d. Verf.] wahrlich nicht – lieber noch zerschlüge ich *Diese* da mit meinem Hammer." (KSA 14: 344)

205 Diese Vokabel rechtfertigt sich allein schon durch die folgende Nachlassnotiz vom Frühjahr 1884: „*Wer soll der Erde Herr sein?* Das ist der *Refrain* meiner praktischen Philosophie." (KSA 11: 76)

206 Spätestens diese Pointe erlaubt den Schluss, es gehe hier nebenbei auch um eine Parodie auf die Schlussszene von Platons *Symposion* (vgl. Conway 1988: 274 ff.).

207 In einem Nachlassvermerk vom Herbst 1883 bezeichnet „als drittes Thier Zarathustra's – Symbol seiner *Reife* und *Mürbe*." (KSA 10: 517)

208 Die Szene erinnert an die Rückkehr des Odysseus, aber auch an die Prognose aus Nietzsches Erstling, „Tiger und Panther" (KSA 1: 132) würden sich zum Zeichen des Sieges über den sokratischen Menschen schmeichelnd zu den Knien seiner Freunde niederlegen (vgl. Loeb 2004: 122).

209 Deswegen auch kann zumindest an dieser Stelle vom ‚Löwen' aus Rede I/2 geschwiegen werden.

210 Das Bild selbst, angeregt durch Nietzsches Erinnerung an die „Tauben von San Marco" (KSA 3: 648) im Kontext der ‚Löwen'-Stadt Venedig (vgl. Loeb 2004: 135), nimmt vermutlich Bezug auf eine Thukydides-Episode, die Nietzsche schon als Schüler in Pforta bekannt gewesen sein dürfte und an der ihn wohl das in ihr verborgene Lob auf eine entspannte Haltung ungeachtet der geforderten Anstrengung beeindruckt hat (vgl. Calder III 1985: 358). Der Zusammenhang Löwe/Taube könnte des Weiteren durch die alttestamentarische Prophezeiung eines Friedenreichs nach Jesaja 11,6–9 angeregt worden sein (ebd.: 359), was darauf hinweisen würde, dass Z nun, gegen Ende von Za IV, sein Reich (gleichfalls) als Friedensreich kognizierte.

211 Bisher – etwa in III/13 – war der Ausruf „Herauf" (270,13) dem Wiederkunftsgedanken vorhergegangen.

212 Nehamas (2000: 187) kritisiert sehr zu Recht durchaus verbreitete Auslegungen (vgl. etwa Lampert 1986: 311; Pippin 1988: 63), wonach Z bei der Vokabel ‚meine Kinder' an ein künftiges, für seine Lehre besser prädisponiertes Auditorium denke.

213 Nietzsche plante zwar noch im November 1884 einen „fünften und sechsten Theile (es hilft nichts, ich muß meinem Sohne Zarathustra erst zu seinem schönen *Tode* verhelfen, er läßt mir sonst keine Ruhe.)" (KSB 6: 557) Es blieb aber bei vereinzelten Aufzeichnungen und Notizen.

214 Nehamas folgerte, dass Nietzsches Buch *Also sprach Zarathustra* seinen

Untertitel nicht zu Unrecht trägt: „a book for all and none; all can read it, but it is written for no one's sake. We learn no lesson from it. Better, we learn that its lesson cannot be taught." (2000: 189)

215 Gemeint ist Stegmaiers Lektüre von Z's Lehren als „Anti-Lehren", „Lehren, die die Unmöglichkeit des Lehrens über die Distanz im Verstehen deutlich machen" und die auf diese Weise „eine neue und radikalere Vernunft-Kritik einschließen, eine Vernunft-Kritik, die nicht mehr voraussetzt, daß Individuen irgendetwas a priori verbindet." (1997: 194)

Literatur

1. Siglen der zitierten Ausgaben der Werke und Briefe Nietzsches

BAW = Friedrich Nietzsche: Frühe Schriften. Hrsg. v. H. J. Mette. München 1994
KGW = Friedrich Nietzsche: Kritische Gesamtausgabe. Werke. Hrsg. v. G. Colli u. M. Montinari. Berlin, New York 1975 ff.
KSA = Friedrich Nietzsche: Sämtliche Werke. Kritische Studienausgabe. Hrsg. v. G. Colli u. M. Montinari. München 1988.
KSB = Friedrich Nietzsche: Sämtliche Briefe. Kritische Studienausgabe. Hrsg. v. G. Colli u. M. Montinari. München 1986.

2. Literatur zu *Also sprach Zarathustra*

Aiken, D. W., 2003: Nietzsche and his Zarathustra. A Western Poet's Transformation of an Eastern Priest and Prophet. In: Z. f. Religions- und Geistesgeschichte 55, S. 335–353.
Aiken, D. W., 2006: Nietzsche's Zarathustra. The Misreading of a Hero. In: Nietzsche-Studien 35, S. 70–103.
Baier, H., 1984: „Das Paradies unter dem Schatten der Schwerter". Die Utopie des Zarathustra jenseits des Nihilismus. In: Nietzsche-Studien 13, S. 46–68.
Benne, Ch., 2002: *Also sprach Confusius*: Ein vergessenes Kapitel aus Nietzsches Wiener Frührezeption. In: Orbis Litterarum 57, No. 5, S. 370–402.
Benne, Ch., 2004: Clara Thustras Rache: Der Nietzschekult im Spiegel ausgewählter Parodien. In: Barbera, S./D'Iorio, P./Ulbricht, J. H. (Hrsg.): Friedrich Nietzsche. Rezeption und Kult. Pisa, S. 105–133.
Bennholdt-Thomsen, A., 1974: Nietzsches *Also sprach Zarathustra* als literarisches Phänomen. Eine Revision. Frankfurt a. M.
Bennholdt-Thomsen, A., 2001: Träume und Visionen als Erkenntnis- und Darstellungsmittel in *Also sprach Zarathustra*. In: Villwock, P. (Hrsg.): Nietzsches „Also sprach Zarathustra". Basel, S. 55–75.
Bloch, P. A., 2001: Die Rätselstruktur des *Zarathustra*. Über Nietzsches Begriff-Sinnlichkeit. In: Villwock, P. (Hrsg.): Nietzsches „Also sprach Zarathustra". Basel, S. 91–124.
Braun, R., 1998: Quellmund der Geschichte. Nietzsche poetische Rede in *Also sprach Zarathustra*. Frankfurt a. M.
Brobjer, Th. H., 2004: Women as Predatory Animals, or Why Nietzsche Philosophized with a Whip. Nietzsche and the Mystery of the Ass. In: Acampora, Ch. D./Acampora, R. R. (Hrsg.): A Nietzschean Bestiary. Lanham u. a., S. 181–192.
Byrum, St., 1974: The Concept of Child's Play in Nietzsche's „Of the Three Metamorphoses". In: Kinesis 6. Carbondale, III, S. 127–135.

Calder III, W. M., 1985: The Lion Laughed. In: Nietzsche-Studien 14, S. 357–359.

Conway, D. W., 1988: Nietzsche's Zarathustra as Political Irony. In: Political Theory 16, p. 257–280.

De Bleeckere, S., 1979: „Also sprach Zarathustra": Die Neugestaltung der „Geburt der Tragödie". In: Nietzsche-Studien 8, S. 270–290.

Duhamel, R., 1991: Nietzsches Zarathustra, Mystiker des Nihilismus. Eine Interpretation von Nietzsches „Also sprach Zarathustra. Ein Buch für Alle und Keinen". Würzburg.

Finke-Lecaudey, G., 1992: Poetische Verfahren der Wortbildung in *Also sprach Zarathustra*. In: Cahiers d'etudes germaniques 23, S. 47–59.

Förster-Nietzsche, E., 1918: Nachbericht. In: Nietzsche, F.: Also sprach Zarathustra. Kriegsausgabe. 180.-240. Tausend. Neue Auflage. Leipzig.

Gadamer, H.-G., 1986: Das Drama Zarathustras. In: Nietzsche-Studien 15, S. 1–15.

Gasser, P., 1993: Rhetorische Philosophie. Leseversuche zum metaphorischen Diskurs in Nietzsches „Also sprach Zarathustra". Bern.

Gerhardt, V. (Hrsg.), 2000: Friedrich Nietzsche, Also sprach Zarathustra. Berlin.

Gerhardt, V., 2000 a: Die „grosse Vernunft" des Leibes. Ein Versuch über Zarathustras vierte Rede. In: Ders. (Hrsg.): Friedrich Nietzsche, Also sprach Zarathustra. Berlin. S. 123–163.

Gooding-Williams, R., 2001: Zarathustra's Descent: incipit tragoedia, incipit parodia. In: Journal of Nietzsche Studies 9/10, S. 50–76.

Gordon, H., 1980: Nietzsche's Zarathustra as Educator. In: Journal of Philosophy of Education 14, S. 181–192.

Groddeck, W., 1994: „Vom Gesicht und Räthsel". Zarathustras physiognomische Metamorphosen. In: Groddeck, W./Stadler, U. (Hrsg.): Physiognomie und Pathognomie. Berlin, New York, S. 301–323.

Groth, H. M., 1980: Nietzsche's Ontogenetic Theory of Time: The Riddle of the Laughing Shepherd. In: American Imago 37, No. 1, S. 351–370.

Groth, H. M., 1982: Nietzsche's Zarathustra: His Breakdown. In: American Imago 39, No. 1, S. 1–20.

Haase, M.-L., 1984: Der Übermensch in *Also sprach Zarathustra* und im Zarathustra-Nachlass 1882–1885. In: Nietzsche-Studien 13, S. 228–244.

Haase, M.-L., 1994: Zarathustra auf den Spuren des Empedokles und eines gewissen Herrn Bootty. Ein Beitrag zur Quellenforschung. In: Borsche, T./Gerratana, F./Venturelli, A. (Hrsg.): ‚Centauren-Geburten'. Wissenschaft, Kunst und Philosophie beim jungen Nietzsche. Berlin, New York, S. 503–523.

Ham, J., 2004: Circe's Truth: On the Way to Animals and Women. In: Acampora, Ch. D./Acampora, R. R. (Hrsg.): A Nietzschean Bestiary. Lanham u. a., S. 193–210.

Hayoun, M.-R., 1997: Nietzsches „Zarathustra" und die Bibel. In: Stegmaier, W./Krochmalnik, D. (Hrsg.): Jüdischer Nietzscheanismus. Berlin, New York, S. 327–344.

Heidegger, M., 1954: Wer ist Nietzsches Zarathustra? In: Guzzoni, A. (Hrsg.): 100 Jahre philosophische Nietzsche-Rezeption. Frankfurt a. M., S. 73–88.

Higgins, K. M., 1987: Nietzsche's Zarathustra. Philadelphia.

Higgins, K. M., 1988: *Zarathustra* IV and Apuleius: Who is *Zarathustra's* ass? In: International Studies in Philosophy 20, No. 3, S. 29–53.

Higgins, K. M., 1996: The Whip Recalled. In: Journal of Nietzsche Studies 12, S. 1–18.
Higgins, K. M., 2004: Nietzsche and the Mystery of the Ass. In: Acampora, Ch. D./ Acampora, R. R. (Hrsg.): A Nietzschean Bestiary. Lanham u. a., S. 100–118.
Himmelmann, B., 2000: Zarathustras Weg. In: Gerhardt, V. (Hrsg.): Friedrich Nietzsche, Also sprach Zarathustra. Berlin. S. 17–36.
Hollingdale, R. J., 1969: Introduction. In: Friedrich Nietzsche: Thus Spoke Zarathustra. London, S. 11–35.
Honneth, A., 2004: Das Paradox des Augenblicks. „Zarathustras Vorrede" und Nietzsches Theorem der „ewigen Wiederkehr des Gleichen". Würzburg.
Hoyer, T., 2002: „[...] ich bedarf der Hände, die sich ausstrecken". Zarathustras pädagogisches Scheitern. In: Nietzscheforschung 9, S. 219–231.
Jenkins, K., 1982: The Dogma of Nietzsche's Zarathustra. In: Journal of Philosophy of Education 16, S. 251–254.
Kaiser, G., 1986: Wie die Dichter lügen. Dichten und Leben in Nietzsches ersten beiden Dionysos-Dithyramben. In: Nietzsche-Studien 15, S. 184–224.
Kesselring, M., 1954: Nietzsche und sein Zarathustra in psychiatrischer Beleuchtung. Affoltern.
Kjaer, J., 1995: Zarathustras *Nachtlied* und der Dionysosdithyrambus *Von der Armut des Reichsten*. In: Nietzscheforschung 3, S. 127–146.
Klaf, F. S., 1959: „Night song": Nietzsche's Poetic Insight into the Psychotic Process. In: The Psychoanalytic Review 46, No. 4, S. 80–84.
Klass, T./Kokemohr, R., 1998: „Man muß noch Chaos in sich haben, um einen tanzenden Stern gebären zu können" – Bildungstheoretische Reflexionen im Anschluß an Nietzsches *Also sprach Zarathustra. Ein Buch für Alle und Keinen*. In: Niemeyer, Ch./Drerup, H./Oelkers J./Pogrell, L. v. (Hrsg.): Nietzsche in der Pädagogik? Weinheim, S. 211–230.
Kuhn, E., 2002: Die Gefährten Zarathustras in Nietzsches gutem Europa. In: Goedert, G./Nussbauer-Benz, U. (Hrsg.): Nietzsche und die Kultur – ein Beitrag zu Europa? Hildesheim u. a., S. 56–66.
Laiseca, L., 2001: Die Wendung zur Natur und zum Leibe in den Symbolen des *Zarathustra*. In: Reschke, R. (Hrsg.): Zeitenwende – Wertewende (= Nietzscheforschung, Sonderband 1). Berlin, S. 145–158.
Lampert, L., 1979: Zarathustra and His Disciples. In: Nietzsche-Studien 8, S. 309–333.
Lampert, L., 1986: Nietzsche's Teaching. An Interpretation of *Thus Spoke Zarathustra*. New Haven, London.
Lissmann, Ch. M., 1999: Zarathustras Träume und Visionen. In: Schirmer, A./ Schmidt, R. (Hrsg.): Entdecken und Verraten. Zu Leben und Werk Friedrich Nietzsches. Weimar, S. 250–264.
Loeb, P. S., 2002: The Dwarf, the Dragon, and the Ring of Eternal Recurrence: A Wagnerian Key to the Riddle of Nietzsche's *Zarathustra*. In: Nietzsche-Studien 31, S. 91–113.
Loeb, P. S., 2004: Zarathustra's Laughing Lions. In: Acampora, Ch. D./Acampora, R. R. (Hrsg.): A Nietzschean Bestiary. Lanham u. a., S. 121–139.
Lorraine, T., 1994: Nietzsche and Feminism: Transvaluing Women in *Thus Spoke Zarathustra*. In: Internationals Studies in Philosophy XXXVI, No. 3, S. 13–21.

Masini, F., 1973: Rhythmisch-metaphorische Bedeutungsfelder in „Also sprach Zarathustra". In: Nietzsche-Studien 2, S. 276–307.
Mehregan, H., 1979: Zarathustra im Awesta und bei Nietzsche – Eine vergleichende Gegenüberstellung. In: Nietzsche-Studien 8, S. 291–308.
Messer, A., 1922: Erläuterungen zu Nietzsches Zarathustra. Stuttgart.
Miller, C. A., 1973: Nietzsche's „Daughter of the Desert": A Reconsideration. In: Nietzsche-Studien 2, S. 157–195.
Müller Nielaba, D., 2001: Der gefrässige Durst des Erzählens. In: Villwock, P. (Hrsg.): Nietzsches „Also sprach Zarathustra". Basel, S. 43–47.
Montinari, M., 1988: Die spröde Art, Nietzsche zu lesen. Die Niederschrift von *Also sprach Zarathustra* am Beispiel des Kapitels „Auf den glückseligen Inseln". In: Weber, G. W. (Hrsg.): Idee – Gestalt – Geschichte: Festschrift für Klaus von See. Odense. S. 481–511.
Naumann, B., 1985: Nietzsches Sprache „Aus der Natur". Ansätze zu einer Sprachtheorie in den frühen Schriften Nietzsches und ihre metaphorische Einlösung in „Also sprach Zarathustra". In: Nietzsche-Studien 14, S. 126–163.
Naumann, B., 2001: Rhetorik der Zeit. Perspektiven des Gedankens der Ewigen Wiederkehr. In: Villwock, P. (Hrsg.): Nietzsches „Also sprach Zarathustra". Basel, S. 48–54.
Naumann, G., 1899/1900/1901: Zarathustra-Kommentar. 1.–4. Tl. Leipzig.
Nehamas, A., 2000: For whom the Sun shines: A Reading of *Also sprach Zarathustra*. In: Gerhardt, V. (Hrsg.): Friedrich Nietzsche, Also sprach Zarathustra. Berlin, S. 165–190.
Ottmann, H., 2000: Kompositionsprobleme von Nietzsches *Also sprach Zarathustra*. In: Gerhardt, V. (Hrsg.): Friedrich Nietzsche, Also sprach Zarathustra. Berlin, S. 47–67.
Pappas, N., 2004: The Eternal-Serpentine. In: Acampora, Ch. D./Acampora, R. R. (Hrsg.): A Nietzschean Bestiary. Lanham u. a., S. 71–82.
Peter, N., 2001: „Gesicht und Räthsel" eines modernen Apokalyptikers? In: Villwock, P. (Hrsg.): Nietzsches „Also sprach Zarathustra". Basel, S. 35–42.
Pieper, A., 1990: „Ein Seil geknüpft zwischen Tier und Übermensch". Philosophische Erläuterung zu Nietzsches erstem „Zarathustra". Stuttgart.
Pieper, A., 2001: Zarathustras Botschaft – hundert Jahre später. In: Reschke, R. (Hrsg.): Zeitenwende – Wertewende (= Nietzscheforschung, Sonderband 1). Berlin, S. 145–158.
Pippin, R. B., 1988: Irony and Affirmation in Nietzsche's *Thus Spoke Zarathustra*. In: Gillespie, M. A./Strong, T. B. (Hrsg.): Nietzsche's New Seas. Chicago, London, S. 45–71.
Rauh, M., 1969: Die Einsamkeit Zarathustras. In: Z. f. Religions- und Geistesgeschichte 21, S. 55–72.
Reschke, R., 2000: Die andere Perspektive: Ein Gott, der zu tanzen verstünde. Eine Skizze zur Ästhetik des Dionysischen im *Zarathustra*. In: Gerhardt, V. (Hrsg.): Friedrich Nietzsche, Also sprach Zarathustra. Berlin. S. 257–284.
Rosen, St., 1995: The Mask of Enlightenment. Nietzsche's Zarathustra. Cambridge.
Roth-Bodmer, E., 1975: Schlüssel zu Nietzsches Zarathustra. Ein interpretierender Kommentar zu Nietzsches Werk „Also sprach Zarathustra". Diss. Univ. Zürich. Meilen (Selbstverlag).

Salaquarda, J., 1973: Zarathustra und der Esel. Eine Untersuchung der Rolle des *Esel* im Vierten Teil von Nietzsches „Also sprach Zarathustra". In: Theologia Viatorum XI, S. 181–213.
Salaquarda, J., 1999: Der Sohn des Elephanten-Weibchens. Nietzsches Theorie des Schaffens und die psychologisch-biographische Interpretationen von „Also sprach Zarathustra". In: Schirmer, A./Schmidt, R. (Hrsg.) Entdecken und Verraten. Zu Leben und Werk Friedrich Nietzsches. Weimar, S. 213–224.
Salaquarda, J., 2000: Friedrich Nietzsche und die Bibel unter besonderer Berücksichtigung von *Also sprach Zarathustra*. In: Nietzscheforschung 7, S. 323–334.
Salaquarda, J., 2000a: Die Grundconception des *Zarathustra*. In: Gerhardt, V. (Hrsg.): Friedrich Nietzsche, Also sprach Zarathustra. Berlin, S. 69–91.
Santaniello, W., 2005: Zarathustra's Last Supper. Nietzsche's Eight Higher Men. Hampshire/UK, Burlington/USA.
v. Seggern, H.-G., 2002: Allen Tinten-Fischen feind. Metaphern der Melancholie in Nietzsches *Also sprach Zarathustra*. In: Nietzscheforschung 9, S. 263–276.
Schacht, R., 1995: Zarathustra/*Zarathustra* as Educator. In: Sedwick, P. R. (Hrsg.): Nietzsche: A Critical Reading, Oxford, Cambridge, S. 222–249.
Schmidt, R./Spreckelsen, C., 1995: Nietzsche für Anfänger. Also sprach Zarathustra. München.
Shapiro, G., 1983: Festival, Parody, and Carnival in Zarathustra IV. In: Goicoechea, D. (Hrsg.): The Great Year of Zarathustra (1881–1981). Lanham u. a., S. 45–62.
Shapiro, G., 2004: Dogs, Domestication, and the Ego. In: Acampora, Ch. D./Acampora, R. R. (Hrsg.): A Nietzschean Bestiary. Lanham u. a., S. 53–60.
Silverman, H. J., 1992: The inscription of the moment: Zarathustra's gate. In: International studies in philosophy 20, Nr. 2, S. 53–61.
Sonoda, M., 1972: Zwischen Denken und Dichten. Zur Weltstruktur des „Zarathustra". In: Nietzsche-Studien 1, S. 234–246.
Stark, T., 2004: „Even Better than a Cow, O Zarathustra!" In: Acampora, Ch. D./ Acampora, R. R. (Hrsg.): A Nietzschean Bestiary. Lanham u. a., S. 89–99.
Stegmaier, W., 1997: Anti-Lehren. Szene und Lehre in Nietzsches *Also sprach Zarathustra*. In: Gerhardt, V. (Hrsg.): Friedrich Nietzsche, Also sprach Zarathustra. Berlin 2000. S. 191–224.
Thatcher, D. S., 1977: Eagle and Serpent in *Zarathustra*. In: Nietzsche-Studien 6, S. 240–260.
Thumfart, St., 1995: Der *Leib* in Nietzsches Zarathustra. Frankfurt a. M. u. a.
Trillhaas, W., 1983: Nietzsches „Priester". In: Nietzsche-Studien 12, S. 32–50.
Villwock, P. (Hrsg.), 2001: Nietzsches „Also sprach Zarathustra". Basel.
Vivarelli, V., 1987: Nietzsche und Emerson: Über einige Pfade in Zarathustras metaphorischer Landschaft. In: Nietzsche-Studien 16, S. 227–263.
Vivarelli, V., 1989: Empedokles und Zarathustra: Verschwendeter Reichtum und Wollust am Untergang. In: Nietzsche-Studien 18, S. 509–563.
Vivarelli, V., 2000: Umkehr und Wiederkehr. Zarathustra in seinen Bildern. In: Gerhardt, V. (Hrsg.): Friedrich Nietzsche, Also sprach Zarathustra. Berlin. S. 323–350.
Vivarelli, V., 2001: „Meeresstille" und „röchelnde Todesstille" in Zarathustras meta-

phorischer Landschaft. In: Villwock, P. (Hrsg.): Nietzsches „Also sprach Zarathustra". Basel, S. 76–90.
Völker, L., 1978: Muse Melancholie – Therapeutikum Pose. Studien zum Melancholie-Problem in der deutschen Lyrik von Hölty bis Benn. München.
Volkmann-Schluck, K.-H., 1958: Nietzsches Gedicht „Die Wüste wächst, weh dem, der Wüsten birgt […]". In: Ders.: Leben und Denken. Interpretationen zur Philosophie Nietzsches. Frankfurt a. M. 1968, S. 115–150.
Volkmann-Schluck, K.-H., 1973: Die Stufen der Selbstüberwindung des Lebens (Erläuterungen zum 3. Teil von Nietzsches Zarathustra). In: Nietzsche-Studien 2, S. 137–156.
Weichelt, H., 1922: Zarathustra-Kommentar. Zweite, neubearbeitete Auflage. Leipzig.
Westerdale, J. P., 2006: Zarathustra's Preposterous History. In: Nietzsche-Studien 35, S. 47–69.
Whitlock, G., 1990: Returning to Sils-Maria. A Commentary to Nietzsche's „Also sprach Zarathustra". New York.
Wohlfahrt, G., 1997: Wer ist Nietzsches Zarathustra? In: Nietzsche-Studien 26, S. 319–330.
Zittel, C., 2000: Das ästhetische Kalkül von Friedrich Nietzsches *Also sprach Zarathustra*. Würzburg.

4. Literatur zu Nietzsche allgemein

Allison, D. B., 2001: Reading the New Nietzsche. Lanham u. a.
Andreas-Salomé, L., 1894: Friedrich Nietzsche in seinen Werken. Dresden o. J.
Bishop P./Stephenson, R. H., 2005: Friedrich Nietzsche and Weimar Classicism. New York.
Blanchot, M., 1969: Nietzsche und die fragmentarische Schrift. In: Hamacher, W. (Hrsg.): Nietzsche aus Frankreich. Frankfurt a. M., Berlin 1986, S. 47–74.
Borchmeyer, D./Salaquarda, J., 1994: Nachwort. Legende und Wirklichkeit einer epochalen Begegnung. In: Diess. (Hrsg.): Nietzsche und Wagner. Bd. 2. Frankfurt a. M., Leipzig, S. 1271–1386.
Brann, H. W., 1931: Nietzsche und die Frauen. Leipzig.
Campioni, G. et al. (Hrsg.), 2003: Nietzsches persönliche Bibliothek. Berlin, New York.
Crawford, C. 1991: Nietzsche's Great Style: Educator of the Ears and of the Heart. In: Nietzsche-Studien 20, S. 210–237.
Del Caro, A., 1988: Symbolizing Philosophy. Ariadne and the Labyrinth. In: Nietzsche-Studien 17, S. 125–157.
Dietzsch, St., 2001: Nietzsche und Ariadne. In: Nietzscheforschung 8, 291–306.
Fink, E., 1960: Nietzsches Philosophie. Stuttgart.
Fleischer, M., 1993: Der „Sinn der Erde" und die Entzauberung des Übermenschen. Eine Auseinandersetzung mit Nietzsche. Darmstadt.
Förster-Nietzsche, E., 1904: Das Leben Friedrich Nietzsche's. Zweiter Band. Zweite Abtheilung. Leipzig.
Förster-Nietzsche, E., 1914: Der einsame Nietzsche. Leipzig.

Gilman, S. L. (Hrsg.), 1981: Begegnungen mit Nietzsche. Bonn.
Groddeck, W., 1989: „Oh Himmel über mir". Zur kosmischen Wendung in Nietzsches Poetologie. In: Nietzsche-Studien 18, S. 490–508.
Herrmann, U., 2006: Wandervogel und Jugendbewegung im geistes- und kulturgeschichtlichen Kontext vor dem Ersten Weltkrieg. In: Ders. (Hrsg.): „Mit uns zieht die neue Zeit …". Weinheim u. München, S. 30–79.
Hirsch, E., 1921: Nietzsche und Luther. Mit einem Nachwort von Jörg Salaquarda. In: Nietzsche-Studien 15 (1986), S. 398–439.
Hoffmann, D. M., 1991: Zur Geschichte des Nietzsche-Archivs. Berlin, New York.
Janz, C. P., 1978: Friedrich Nietzsche. Biographie. Band 2. München, Wien.
Kaufmann, W., 1982: Nietzsche. Philosoph, Psychologe, Antichrist. Darmstadt.
Köhler, J., 1989: Zarathustras Geheimnis. Friedrich Nietzsche und seine verschlüsselte Botschaft. Eine Biographie. Reinbek 1992.
Köhler, J., 1996: Friedrich Nietzsche und Cosima Wagner. Die Schule der Unterwerfung. Berlin.
Mann, Th., 1947: Nietzsches Philosophie im Lichte unserer Erfahrung. Berlin.
Miller, A., 1988: Der gemiedene Schlüssel. Frankfurt a. M.
Möbius, P. J., 1909: Nietzsche. Leipzig.
Nehamas, A., 1996: Nietzsche. Leben als Literatur. Göttingen.
Niemeyer, Ch., 1995: Die Fabel von der Welt als Fabel oder Nietzsches andere Vernunft. Irrtümer um eine Geschichte? In: Nietzscheforschung 3, S. 233–245.
Niemeyer, Ch., 1998: Nietzsches andere Vernunft. Psychologische Aspekte in Biographie und Werk. Darmstadt.
Niemeyer, Ch., 2002: Nietzsche, die Jugend und die Pädagogik. Eine Einführung. Weinheim u. München.
Niemeyer, Ch., 2003: Nietzsche, völkische Bewegung, Jugendbewegung. Über vergessene Zusammenhänge am Exempel der Briefe Nietzsches an Theodor Fritsch vom März 1887. In: Vierteljahrsschr. f. Wiss. Pädagogik 79, S. 292–330.
Niemeyer, Ch., 2004: Nietzsche – ein Züchtungstheoretiker? Kritische Anmerkungen zu Timo Hoyers Dissertation *Nietzsche als Erziehungstheoretiker* am Exempel seiner Deutung von Aphorismus Nr. 295 aus *Jenseits von Gut und Böse*. In: Pädagogische Rundschau 58, S. 297–321.
Podach, E. F., 1930: Nietzsches Zusammenbruch. Heidelberg.
Safranski, R., 2000: Nietzsche. Biographie seines Denkens. München.
Salaquarda, J., 1996: Noch einmal *Ariadne*. Die Rolle Cosima Wagners in Nietzsches literarischem Rollenspiel. In: Nietzsche-Studien 25, S. 99–125.
Schaberg, H., 2002: Nietzsches Werke. Eine Publikationsgeschichte und kommentierte Bibliographie. Basel.
Theisen, B., 1991: Die Gewalt des Notwendigen. Überlegungen zu Nietzsches Dionysos-Dithyrambus „Klage der Ariadne". In: Nietzsche-Studien 20, S. 186–209.
Venturelli, A., 1998: Das Grablied. Zur Entwicklung des jungen Nietzsche. In: Nietzsche-Studien 27, S. 29–51.
Volz, P. D., 1995: Vom „Alchemisten-Kunststück, aus Koth Gold zu machen". Vignette zur Schreib-Metaphorik Nietzsches. In: Nietzscheforschung 2, S. 303–35.
Volz, P. D., 2002: „Der Begriff des Dionysos noch einmal". Psychologische Betrachtungen zum Dionysischen als Herkunftsmythos. In: Nietzscheforschung 9, S. 189–205.

White, A., 1990: Within Nietzsche's Labyrinth. New York, London.
Wilcox, J. T., 1998: That Exegis of an Aphorism in *Genealogy III*: Reflections on the Scholarship. In: Nietzsche-Studien 27, S. 448–462.

5. Sonstige Literatur

Drewermann, E., 1989: Kleriker. Psychogramm eines Ideals. Olten.
Freud, S., 1915: Einige Charaktertypen aus der psychoanalytischen Arbeit. In: Gesammelte Werke, Hrsg. v. A. Freud u. a., Bd. 10. Frankfurt a. M. 1999, S. 364–391.
Scholl, N., 2004: Die Bibel verstehen. Darmstadt.
Wagner, R., 1865/78: Was ist deutsch? In: Ders.: Gesammelte Schriften und Dichtungen, Bd. III, Leipzig 1907, S. 42–86.

Sachregister

Abgrund/abgründlich 66ff. 71. 80. 114
Adel 77ff. 111. 140. 142
Adler 10. 13. 43. 51f. 80. 111. 113f. 133
Ariadne 47. 82ff. 143
Ästhetik 11. 133

Beste, das 78. 81. 109ff. 112. 141
böse/das, die Böse(n) 18f. 20. 26. 41. 45. 53. 57. 60. 74. 76f. 81. 112. 135. 141
Bosheit 47. 60. 107. 136. 138
Brücke 12. 18. 26. 44. 57. 74. 77
bunt 55. 57

Chaos 12

Dasein 11. 133. 142
Demokratie 25
Demut 41
deutsch/das, die Deutsche(n) 28f. 35. 107f. 134. 142. 145
Dichter/Dichtung 56. 59. 113ff. 124
Dionysos 46f. 82ff. 143

edel 11. 22. 77. 79. 111. 140
Einsamkeit 9. 34. 43. 47. 61. 64. 67. 105
Ekel 11. 78. 80. 95. 143
Erde 17. 34. 122f. 148
Erkenntnis 20. 24. 35. 46. 54. 56. 64. 95f. 98. 104. 112. 133
Erlösung 17. 41. 59. 80. 90
Eros 48f. 55. 116. 146
Esel 91ff. 106. 109f. 112. 119ff. 143. 146
Europäer, guter 103
Ewige Wiederkunft 7. 9. 13. 43. 62. 67ff. 71. 80ff. 90. 105. 121. 124ff. 139. 148

Fernstenliebe 30f. 39f.
Freude 40
Freundschaft 27. 31

Geist 14. 20ff. 33. 37. 44. 46. 52. 56
– freier 46. 113. 147
– der Schwere 49. 66f. 76. 119
Genie 58
Gerechtigkeit 43
Gesindel 42. 92. 136
Gleichheit 12. 43. 111. 139
Glück 11ff. 32. 71. 89. 95. 105. 142
Gott 38. 49. 87. 93. 95. 98f. 120
Göttlichkeit 77
gut/das, die Gute(n) 9. 13. 18. 23. 26. 45. 53. 74. 76f. 79. 135

hart/Härte 7. 40. 64. 66. 79. 131
Herde 13. 30
Herr 78. 91. 122f. 148
Herrschsucht 74f.
Höhle 9. 61. 96. 100. 113
Honig 10. 89. 102

Ich 18f. 30
Insel, glückselige 38. 48. 64. 70. 72. 89ff. 108. 136. 142

Ja-sagen 15. 69
Jude/jüdisch 28f. 93f. 102. 140. 144

Kamel 14. 76
Kind 14f. 35. 55. 70. 76. 84. 108. 124. 126ff. 139f. 148
Klugheit 59f. 115. 120
krank/Kranke/Krankheit 17. 19
Krieg 24. 45. 92f. 133

Lachen 112. 114. 121. 131. 146
Leben 16. 23f. 26. 40. 45f. 49f. 53. 67. 76ff. 80f. 84ff. 109. 115. 121. 141. 147
Leib 17f. 19. 56. 107f.
Leiden 80. 100
Liebe 37f. 46. 50. 107
– große 45. 74. 89

Sachregister

Löwe 14f. 46. 59. 79. 108. 126ff. 148
Lust 22. 30. 86f. 123f. 126. 136

Meer 38. 55. 64f. 71. 75. 103. 140
Mensch 19. 30. 65. 68. 76. 79. 86. 89. 101. 103. 111. 141
- größter 41
- großer 58. 95
- hässlichster 98ff. 106. 119ff. 144
- höchster 50. 60. 90
- höherer 88. 90. 94. 100. 106. 112. 121ff. 134. 145. 148
- kleiner 71ff. 81. 100. 111. 139
- kleinster 34. 41. 81
- letzter 12f. 22f. 72. 93. 133
Menschheit 30
Metaphysik 17
Mitleid 31. 40. 89f. 100. 127f.
Mittag 36. 63. 81. 105f. 124. 128
Mittelmäßigkeit 72
Mitternacht 86. 122. 124
Moral 9. 87
Müdigkeit 17. 22. 78. 87
Mut 20. 66ff. 111. 115. 146

Nächstenliebe 30f. 73f.
Nihilismus 12. 73. 87. 104. 116

Peitsche 7. 25. 33. 85f. 135
Persien/Perser 9. 28f. 134
Pöbel 77f. 92f. 101. 111f. 143f.
Prophet 9. 35
Psychologie 16. 18f. 20. 23f. 39. 41. 60. 63. 87. 89

Rache/Rachsucht 44. 47
Raubtier 78
Reich Gottes 106. 119
- Zarathustras 90. 96. 102. 106. 148
- Tausendjähriges 5. 79f. 90. 141

Schaffen 13. 15. 37ff. 40. 79. 89
Scham 40
Schatten 55. 63. 102ff. 106
Schauspieler 94
Schlange 13. 43. 68. 80. 98. 115
Seele 18f. 42. 46f. 82ff. 105f. 108. 133. 148

Selbst 18. 42. 64. 74
Selbsterziehung 35. 129. 139
Selbstsucht 74ff.
Sonne 9. 43. 45ff. 106. 125. 129
Spiel 15
Staat 25
Sterben 22. 33. 135

Tanz 49. 112
Tod 22f. 33. 67. 78
- Gottes 7f. 33. 36. 39. 96f. 99f. 113
Traum 65. 74. 123
Trieb 22. 107
Tugend 11. 16. 33. 42. 44. 50. 71f. 93. 100. 135

Übermensch 7. 10f. 13. 15f. 18. 24. 26. 31. 34ff. 38. 41. 44. 58ff. 66. 74ff. 81. 103f. 111f. 115. 128f. 131. 133. 141. 145
Unschuld 15
Untergang 10. 82
Unterwelt 10. 55. 57

Vaterland 141
Verachtung, große 73f.
Verbrecher 19
Vereinsamung 47
Vergessen 15. 23
Verkleinerung 72
Vernunft 11
- große 18
Volk 25f. 32. 34. 53
Vollkommenheit 105. 122. 129. 146

Weisheit 20. 45. 85. 111
Welt 39. 53f. 78. 105. 122. 133
Werden 53
Werte 30. 45. 53
Wille zur Macht 7. 20. 27ff. 32. 34f. 52ff. 137
Wille zur Wahrheit 38. 45. 54
Wollust 74f. 84. 118
Wüste 76. 116. 118

Züchter/Züchtung/züchtend 68. 78. 81. 89. 140. 142
Zufall 58. 64
Zwerg 66ff. 76